AF523836

Bernd Hesse

Die letzte Baustelle

Wahre Kriminalfälle

Das Neue Berlin

Über das Buch

Ein eingespieltes und eingeschworenes Team arbeitet in der Kanzlei in Frankfurt an der Oder; die Mandanten von Rechtsanwalt und Strafverteidiger Bernd Hesse wissen das zu schätzen. In höchst unterschiedlichen Fällen wird er beauftragt. Wenn er hier den Stoff für seine Geschichten findet, geht es Hesse nicht nur um Spannung und interessante kriminalistische und strafrechtliche Aspekte, sondern um die Schicksale hinter den Geschehnissen.

Über den Autor

Bernd Hesse wurde 1962 in Bad Saarow geboren. Nach dem Abitur und einer Ausbildung zum Maschinen- und Anlagenmonteur arbeitete er als Rohrleitungsmonteur für Erdölanlagen. Später studierte er Jura an der Freien Universität Berlin und promovierte zum Dr. iur. Nach seiner Zulassung als Rechtsanwalt studierte er Literaturwissenschaft und Linguistik an der Europa-Universität Viadrina und promovierte zum Dr. phil. Er betreibt eine Rechtsanwaltskanzlei in Frankfurt (Oder) und Berlin, ist auf Wirtschaftsrecht, Arbeitsrecht und Strafrecht spezialisiert und als Strafverteidiger tätig. Das Brandenburgische Oberlandesgericht bestellt ihn regelmäßig zum Ausbilder. Neben juristischen Publikationen veröffentlichte er die Kriminalromane »Rubel, Rotlicht und Raketenwerfer« und »Wodka, Weiber, Wasserleiche«, zwei Sammlungen authentischer Kriminalfälle (»Die Hinrichtung«, »Durch die Hölle«) und ein Anekdotenbuch über E.T.A. Hoffmann.

Inhalt

Die letzte Baustelle oder Pacta sunt servanda

Der Grundsatz »pacta sunt servanda«, nach dem Verträge einzuhalten sind, entstammt entgegen einem weitverbreiteten Irrglauben und wie der lateinischen Schreibweise zufolge vermutet werden könnte, nicht dem römischen Recht, sondern entwickelte sich erst im kanonischen Recht des Mittelalters. Sei es, wie es sei, dieser Grundsatz wurde zwei Verbrechern zu einem schrecklichen Verhängnis.

*

Franziska fuhr mit einem alten schwarzen Rad am Ufer eines Spreearms entlang. Das Radfahren tat ihr gut, auch wenn Berlin nicht ungefährlich für Radfahrer war. Die Eile der Stadt, die Sorglosigkeit gegenüber anderen … ach Quatsch, ihre Gedanken drifteten ab, plätscherten einfach vor sich hin, obwohl ihr dieses Rad einiges an Mühe abforderte. Sie hatte es über eine Ebay-Kleinanzeige erworben. Zwei Räder waren ihr in der Hauptstadt der Fahrraddiebe schon gestohlen worden. Die Hände würde sie denen abhacken, wenn sie die beim Klauen erwischte ... Hier musste es sein, sie war ganz in der Nähe ihres Ziels. Die Wege vor sich beobachtend, nahm sie den Schatten in der kleinen Parkanlage rechts vor ihr nicht wahr. Ihr Herz pochte nicht nur von der Anstrengung.

Da vorne lief er tatsächlich und hatte einen Hund dabei, einen recht großen. Angst vor Hunden hatte sie nie gehabt.

Aber da sie sich mit Hunden auskannte, begegnete sie ihnen mit Respekt. Anders war es mit dem Mann am anderen Ende der Leine. Wie lange hatte sie sich seine und die Bilder seines Geschäftspartners im Internet angesehen? Immer strahlende Lebemänner. Gut, langsam in die Jahre gekommen, aber im Geschäft weiterhin viel Biss, viele Ideen, sicher noch mehr Träume und ganz bestimmt viele Leichen im Keller. Zumindest eine davon war ihr bekannt. Ihre schwarzen Haare lugten nur etwas unter dem Helm hervor. Wenn sie jetzt über einen spitzen Stein führe und einen Platten bekäme, würde es den ganzen Plan zunichtemachen, durchfuhr es Franziska. Zu lange hatte sie darauf hingearbeitet, zu lange hin und her gegrübelt, ob es richtig war, alles wieder aufzuwühlen. Vielleicht hätte sie besser zu Hause bleiben und alles auf sich beruhen lassen sollen. So kamen doch die meisten Menschen ganz gut mit ihrem Leben zurecht.

Sie radelte nun etwas langsamer, noch völlig unbeachtet von ihrem Ziel. Ihre Hände begannen zu schwitzen. Gerade als sie an ihm vorbeifahren wollte, zog der Hund, den er nicht unter Kontrolle zu haben schien, auf die andere Seite des Weges. Franziska musste abbremsen, klingelte und rief gleichzeitig: »Passen Sie doch auf!«

»Das ist kein Radweg!«, fuhr er sie an und zog seinen Hund zu sich.

»Geh erst mal mit deiner Töle in die Hundeschule!«, feuerte Franziska zornig zurück und war schon vorüber. Zum Glück hatte er so sehr auf seinen Hund achtgegeben, dass er sie nicht angesehen und ihr nur von hinten nachgeschaut hatte. Das mit der »Töle« tat ihr im Nachhinein leid, da sie Hunde mochte, und auch den dort, nur nicht seinen Besitzer. Was konnte der Hund dafür, mit so einem Gassi gehen zu müssen!

Wolfgang S. genoss die herbstliche Kühle des abendlichen Spaziergangs durch Berlins Mitte mit seinem Weimaranerrüden Max. Er mochte sein Haus in Duisburg, wusste aber auch die

Tage in Berlin zu schätzen, wo für ihn zurzeit mehr Geld zu machen war. Nachdem sich in seinem Leben die finanzielle Lage mal wieder konsolidiert hatte, stellte sich aber erstaunlicherweise keine Zufriedenheit ein. Das stimmte nicht ganz, gestand er sich ein. Eine Genugtuung gab es ihm schon, es immer wieder zu schaffen, sich aufzurappeln und durchzubeißen. Als Taxifahrer das Studium finanziert, eine Anwaltskarriere hingelegt, viele Narren aufs Kreuz gelegt, sich verzockt, die Anwaltszulassung verloren, mal Koffer mit Kohle herangeschleppt, mal Gläubiger an den Hacken gehabt, auch solche, die ihm für nicht gezahlte Raten Körperteile abzutrennen drohten, Geld auf immer wieder andere Weise herangeschafft: Klubs, Mädchen, Autoersatzteile, Stahl, Öl, Immobilien und noch so einiges. Ein stetiges Auf und Ab. Wenn man nicht zugreift, bekommt man auch nichts. Man darf in diesem Leben nicht darauf hoffen, dass einem was geschenkt wird. Und jetzt hatte er es wieder geschafft.

Der frühe Abend schenkte frische Luft, Bewegung und einen klaren Kopf, den er für den nächsten Tag brauchte. Den letzten Gedanken verwarf er sogleich. Die ganze Zeit über hatte er einen klaren Kopf gebraucht. Morgen würde gefeiert!

Für sich wählte Wolfgang die Wege entlang des Spreearms an der Fischerinsel und für Max die entlang der Wiesen und Parkanlagen. Am Uferstreifen gab es Abschnitte für beide: auf der einen Seite Wasser, auf der anderen Gebüsch. Dass er in Berlin und bei seinen Geschäften seit geraumer Zeit beobachtet wurde, bemerkte er nicht. In seiner Berliner Zweitwohnung würde bei ihrer Rückkehr auf Max dessen Hundefutter und auf ihn eine Flasche sehr guten Rotweins warten. Man musste sich das Leben auch schön machen, und davon verstand er schließlich einiges. Außerdem hatten sie etwas zu feiern.

»Max, zieh nicht so!«

Plötzlich hörte er eine Fahrradklingel dicht hinter sich und eine keifende Frau, der er nur entgegenbrüllte, dass dies hier kein Fahrradweg sei, während er Max zu sich zog. Die junge Frau kreischte was von »Töle« und »Hundeschule« und war genauso schnell verschwunden, wie sie gekommen war. Sicher so eine fahrradbesessene Ökotrulla mit unrasierten Achseln, die dachte, dass die Welt ihr gehöre und Haustiere methanausscheidende Luxusartikel einer Überflussgesellschaft seien.

Verärgert zog er wieder an der Leine. Der Hund hatte kein Verständnis für seinen Herrn, wie Menschen die Stellung zu ihrem Hund gelegentlich bezeichneten, und zog seinerseits. Der Mensch lief viel zu langsam. Hier auf der Fischerinsel, mitten in Berlin, kannte Max alle Gerüche; da war nicht viel Neues hinzugekommen. Ihn zog es fort.

Der Mann riss nun noch mal an der Leine. Der Hund blickte sich um und starrte den Mann einen Augenblick an. Sein Herr sah etwas Merkwürdiges in den Augen seines Hundes. Die empfand er für einen Augenblick als unnatürlich hell. Er lächelte. Der Hund war nach seinem Geschmack. Da mochte sein Geschäftspartner frotzeln, wie er wollte. Schon als Wolfgang sich darüber informiert hatte, was für einen Hund er sich anschaffen sollte, meinte er, dass die charakteristischen Eigenschaften jener Rasse diejenigen seien, die sie beide verbanden: stur, intelligent und energisch. Er selbst war in die Jahre gekommen, aber mit diesem Hund traute sich keiner zu dicht an ihn heran.

Max und er hatten viele Gemeinsamkeiten. Er selbst hatte sich im wahrsten Sinne des Wortes durchbeißen müssen und ließ nicht locker, wenn er seine Beute erst mal zwischen den Zähnen hatte. Ihm war bewusst, dass er bei dieser Selbsteinschätzung übertrieb. Aber sie gefiel ihm. Und letztlich logen sich doch alle selber die Taschen voll. Und er hatte auch ein gutes Recht dazu. Schließlich hatte sich der Selfmade-Millionär erst nach oben kämpfen müssen.

Mit den Worten »Lass das!«, »Aus!« und »Pfui!« zog er Max von etwas weg, was nun das Interesse des Hundes geweckt hatte und so klein war, dass Wolfgang es nicht erkennen konnte. Immer wieder hatte er von Leuten gelesen, die Giftköder oder Wurststückchen mit Rasierklingen ausbrachten, um Hunde zu töten. Bei diesem Gedanken schüttelte er kaum merklich den Kopf. Die Menschheit schien komplett verrückt zu sein.

Seine Gedanken strebten zum kommenden Tag. Auch dafür waren solche Hunderunden geeignet: Er ließ das Geschehene Revue passieren und schmiedete neue Pläne. Der nächste Tag war mit Terminen vollgepfropft, die ihm früher lagen: feierliche Einweihung des neuen Gebäudekomplexes in Anwesenheit einer Senatorin – der regierende Oberbürgermeister wollte sich wohl aus politischen Gründen nicht sehen lassen, da es keine Sozialwohnungen zu verteilen gab –, anschließend Pressekonferenz und am Ende die Party in ihrer Firma.

Ab da wäre es wieder eine Veranstaltung für ihn. Manni würde sich nicht lumpen lassen, sondern die Puppen tanzen lassen, und das im wahrsten Sinne des Wortes. Manfred K. und er kannten sich schon viele Jahre, waren vor Urzeiten Anwälte in unterschiedlichen Kanzleien in Nordrhein-Westfalen gewesen, begegneten sich nicht nur am Abend in der Klubszene, verloren sich dann aber aus den Augen, genauso wie sie ihre Anwaltszulassungen verloren, weil die kreuzbraven Tugendwächter der Anwaltskammern der Auffassung waren, dass ihr recht legerer Umgang mit Mandantengeldern nicht standesgemäß sei. Mannis Interesse für die Rechtswissenschaften hielt sich in Grenzen; er wollte nur so schnell wie möglich so viel Geld wie möglich machen. Darin waren sich beide einig. Wolfgang selbst war ein guter Unterhalter und Gastgeber, war bei ihren Feiern auch spendabel und konnte an deren Ende die eine oder andere Frau abschleppen. Manni konnte die Gesellschaften immer noch ein wenig besser unterhalten, sie bei der Stange halten und nebenher Geschäfte eintüten. Mit seinem Esprit schaffte der es auch, einen Hydranten für Philatelie zu begeistern.

Seine Abneigung gegen Presseauftritte hatte Wolfgang bei weiteren Geschäften mit nordafrikanischen Machthabern entwickelt, die Geld in die Kassen spülen sollten. Als sich in den Neunzigerjahren die offiziellen Ansichten zu diktatorischen Herrschern, deren Öl und Geld wandelten und Menschenrechtsverletzungen sowie Demokratiedefizite moniert wurden, kramten Schmierfinken die alten Bilder heraus und störten seine Geschäfte. All das Gute, was er geleistet hatte, sollte plötzlich null und nichtig sein. Journalisten, die einst lobend über ihn und seine Geschäfte berichtet hatten, wandten sich nun von ihm ab und bewarfen ihn mit Dreck, nur um den Eindruck einer eigenen reinen Weste zu vermitteln.

Seit dieser Zeit drängte er sich bei Presseterminen nicht mehr in die erste Reihe und spann die Fäden im Hintergrund. Seine Erfahrung sagte ihm auch, dass Geschäftsleute mit Macht und Reichtum im Hintergrund agierten. Sollten sich die mediengeilen Wirtschaftspromis selbst ans Messer liefern. Je mehr Neid sie auf sich vereinten, desto schneller fanden sich willfährige Handlanger, die sie zu Fall brachten. Die Geschäftswelt war ein Haifischbecken und er würde sich nicht mehr zum Fraße vorwerfen lassen.

Manfred und er waren bei großen Geschäften in der Stahlindustrie wieder aufeinandergetroffen, hatten ihre Freundschaft aufgefrischt und neben ihren anderen Unternehmungen eine Gesellschaft zum Stahlhandel gegründet und dort einen Geschäftsführer eingesetzt. Dann gab es Ermittlungen gegen diesen, weil Steuervorteile für Auslandsgeschäfte erschlichen worden waren, zu denen es keine wirklichen Geschäftsvorfälle gab, ein Steuerstrafverfahren wurde eingeleitet, der Geschäftsführer in persona für über eine Million Euro nicht gezahlter Steuern haftbar gemacht, und am Ende hatte er sich in der Garage erhängt. Das war alles ziemlich furchtbar. Seine kleine Tochter hatte ihn gefunden und musste später psychiatrisch behandelt werden. Das hatte ihnen beiden ordentlich zugesetzt.

Zwar nahm die Witwe ihre Zahlungen an, warf ihnen aber vor, am Tod ihres Mannes schuld zu sein. Sie hatten ihn, so, wie er sich immer gegeben hatte, als abgebrühter eingeschätzt. Nun mussten sie auch damit leben. So konnten sie nicht weitermachen und gingen wieder ihrer eigenen Wege, verloren sich in der Hektik des Geschäftslebens erneut aus den Augen und begegneten sich jahrelang nicht mehr. Nun waren sie ambitionierte Teilhaber eines stetig wachsenden Immobilienunternehmens, das in ganz großem Stil in der Hauptstadt mitmischte. Wenn das so weiterging, würden sie auch beim großen Deal um die am Alexanderplatz zu errichtenden Wolkenkratzer dabei sein. Da ging es dann nicht mehr nur um Millionen. Das wäre das ganz große Geschäft! Seine Gedanken zauberten ihm ein breites Lächeln auf das Gesicht.

Vielleicht würde er seine Pläne für den Abend noch ändern und sich zum Ku'damm chauffieren lassen, wo Max ungeachtet aller lebensmittelhygienischen Vorschriften sein nur leicht angebratenes Steak ungewürzt und klein geschnitten auf einem Teller Meißener Porzellan serviert bekommen würde. Das Hundefutter und der Wein in der Wohnung würden so oder so nicht alt werden. Wolfgang genoss den Gedanken an gutes Essen für seinen Hund und für sich. Den Grundsatz, dass die Tiere zuerst zu versorgen sind, hatten sein Großvater und sein Vater so tief in ihn gepflanzt, dass er auch dem Stadthund Max zugutekam. Sie waren als Flüchtlinge nach dem Krieg an den Niederrhein gezogen und hatten dort eine Landwirtschaft aufgebaut. Als ob Max die Gedanken seines Herrn erraten hätte, schaute er ihn mit seinen unheimlich wirkenden gelben Augen erwartungsvoll an. Mit Max an seiner Seite spürte er, wie Passanten bemüht waren, einen größeren Abstand zu wahren. Das war ein vergleichbarer Effekt wie mit seinem großen Wagen auf der Straße. Als junger Anwalt mit einem VW Golf, da saßen die vom nachfolgenden Verkehr schon fast auf seiner Rückbank.

Die traute Zweisamkeit wurde von jemandem im Schatten beobachtet, der seit einiger Zeit in der kleinen Parkanlage stand, schräg gegenüber dem Haus mit den Eigentumswohnungen.

Am Geländer lehnte sich Wolfgang weit vor und sah in den Fluss, als Max anschlug und eine Fledermaus dicht an seinem Kopf vorbeiflog, um auf der anderen Seite in einem Baum zu landen. Unbekümmert setzten sie ihren Spaziergang fort.

Was Wolfgang sich nie hätte träumen lassen, war der Umstand, dass er gerade einem Mordanschlag entkommen war. Keine Fledermaus war soeben an seinem Kopf vorbeigezischt, sondern ein von einer Armbrust abgefeuerter Stahlbolzen, der nun in einem Baum auf der anderen Flussseite eingeschlagen war. Nur seine Bewegung über das Brückengeländer hatte ihm das Leben gerettet. Außer dem Schützen, der sich geduckt im Gestrüpp der kleinen Parkanlage gegenüber dem Geländer nahezu geräuschlos entfernte, nahm niemand Notiz von dem Geschehen.

*

»Du?«, empfing ihn am darauffolgenden Tag sein Geschäftspartner. »Hätte nicht geglaubt, dass du dich noch sehen lässt.«

Lässig lupfte Wolfgang die Manschette seines weißen Hemdes und schaute auf seine goldene Uhr. »Ich hatte gestern noch einen schönen Abend.«

»Hoffentlich mit einer schönen Frau.«

»Mit einer guten Flasche Wein.«

»Du kommst auch in die Jahre.«

Davon wollte Wolfgang nichts wissen, ließ sich von Manni provozieren, nahm einer jungen, schwarzhaarigen Kellnerin ein Glas Champagner vom Tablett, in dem die kleinen, durchsichtigen Blasen nach oben strebten, und flüsterte: »Darf ich Ihnen auf Ihren süßen Po hauen?«

Beim Blick in die bräunlich und grün wirkenden Augen der jungen Dame wusste er, die Frage der Falschen gestellt zu haben. Es konnte gut sein, dass das Tablett mit den Gläsern in seinem Gesicht landen würde. Stattdessen zischte sie: »Darf ich Ihnen in Ihre kleinen Eier treten?«, freute sich, dass er sie nicht erkannt hatte, und verschwand.

Manni hätte beinahe den Champagner in die Gegend geprustet, schluckte und grinste breit: »Sag ich doch. Du kommst in die Jahre. Die jungen Frauen von heute bekommst du nicht mit einem platten Spruch rum.«

»Mit einem platten eben nicht. Dann muss ich tiefer in die Trickkiste greifen. Bevor die Feier heute beendet ist, habe ich mich mit ihr verabredet.«

Manni lachte sein provokantestes Lachen. »Ja klar, zum Femegericht in ihrer Umweltaktivistengruppe mit dir als Angeklagten. Und bezüglich der dich erwartenden Strafe hat sie ja schon eine Andeutung gemacht.«

Wolfgang hielt dagegen. »Wetten?«

»Du bist und bleibst ein Spieler. Fordere dein Glück nicht heraus!«

»Wetten?«, blieb Wolfgang stur.

»Fünfhundert?«

»Das gilt.«

»Die Kohle kannst du eigentlich gleich rüberwachsen lassen.«

»Bist du denn deine platten Sprüche heute schon bei der Journaille losgeworden?«

Manfred K. berichtete, wie er sich schon von der Presse hatte ablichten lassen, auf ihn einstürmende Fragen beantwortet, Kritiker mit Charme in die Schranken gewiesen und das Unternehmen nach seiner Überzeugung würdig repräsentiert hatte.

Bei der Feier in den Geschäftsräumen konnte auch Wolfgang noch etwas vom Erfolg genießen. Zwar war der große Rummel mit den Politikern und in ihrem Gefolge Pressefotografen und

Journalisten vorbei, aber es gab noch ein paar wichtige Hände zu schütteln. Ein paar Banker, Vorstände und Geschäftsführer von Baufirmen waren zu begrüßen, die gerne noch etwas mehr am Projekt verdient hätten, die aber alle, so viel Überblick hatte er, ihren Schnitt gemacht hatten. Es war ein Tag, an dem er mit Stolz auf etwas Erreichtes zurückblicken konnte, schon wieder weiterarbeitete und neue Sachen einrührte.

Gerade als er die junge und sehr attraktive Kellnerin erspähte, die er so dreist angesprochen hatte, und ihr mit einigen schnellen Schritten den Weg abzuschneiden gedachte, wurde er daran gehindert.

»Da haben Sie uns aber um ein schönes Sümmchen gebracht«, erscholl eine ärgerliche Stimme von der Seite, die einem kräftigen, breitschultrigen Mann um die Vierzig gehörte, mit frühen Geheimratsecken auf dem runden Kopf, unsteten Schweinsäuglein und einer zu dem sonst derben Aussehen nicht passen wollenden kleinen, feinen Nase. Er war sich sicher, ihn noch nie gesehen zu haben.

»Verzeihung, kenne ich Sie?«

Der Mann stellte sich als Unternehmer einer Firma vor, deren Bauleistungen Wolfgang für einen skandinavischen Baukonzern geprüft hatte.

Wolfgang hatte keine Lust, sich jetzt und hier auf ein intensiveres Gespräch einzulassen; ihm war sofort klar, um welche Sache es sich handelte. Die Firma hatte nicht erbrachte Leistungen in erheblichem Umfang in Rechnung gestellt und Nacharbeiten nur mangelhaft ausgeführt. Das hatte Wolfgang als Ergebnis seines Prüfauftrages dem Konzern mitgeteilt. Die vorläufige Konsequenz war die unterbliebene Zahlung der Schlussrate von immerhin 1,3 Millionen Euro für die Berliner Baufirma. Aber auch die Zahlungen in anderen Geschäften zwischen den Skandinaviern und der kleineren Berliner Baubude wurden erst einmal blockiert. Dabei ging es um über drei Millionen Euro.

Manfred und Wolfgang hatten die Wohnungen, die saniert werden sollten, selbst von einem bundeseigenen Immobilienunternehmen erworben und mit einem ordentlichen Gewinn an den skandinavischen Konzern weiterveräußert. Dann sollten die Skandinavier sie nach ihren Vorstellungen auch noch mit der Sanierung beauftragen. Den Zuschlag dafür hatte aber das relativ kleine Bauunternehmen bekommen, dessen Chef Rudi R. nun vor ihm stand. Wolfgang war es eine Genugtuung gewesen, den Skandinaviern aufzuzeigen, dass sie Betrügern aufgesessen waren.

Luka C., der südeuropäische Bauleiter des Berliner Unternehmens, der sich immer wie der zweite Chef aufspielte, hatte auch versucht, Wolfgangs Schweigen über die Angelegenheit zu erkaufen, was Wolfgang aber von sich wies. In welchem Verhältnis die beiden miteinander standen, war ihm dabei nicht ganz klar. Wolfgang kannte die Branche gut genug und konnte sich verschiedene Szenarien vorstellen. Der ausländische Bauleiter, der eher den Eindruck machte, Geschäftspartner des Berliners zu sein, hatte einen entschlussfreudigeren und durchsetzungsstärkeren Eindruck hinterlassen als der eigentliche Chef. Ein Eindruck, der sich durch seinen Auftritt bei der Feier verstärkte. Nicht, dass Wolfgang irgendwelche Skrupel gehabt hätte, Geld für eine bestimmte Leistung – oder in diesem Falle besser »Nichtleistung« – von diesen Leuten anzunehmen; dazu wusste er nur allzu gut, wie es in der Branche lief. Hier lag der Fall aber ein wenig anders. Für die meisten der Gäste war es nicht unüblich, sich Gefallen zu erkaufen oder eine Katastrophe dadurch abzuwenden, dass man in die Tasche griff. Mit Vertretern der öffentlichen Hand gestaltete sich solches Geschäftsgebaren leider immer schwieriger. In der Wirtschaft schlichen sich solche Bedenken gegen jahrtausendealte Handelsbräuche ebenfalls ein. Die Saubermänner und -frauen würden seiner Auffassung nach Deutschland noch kaputt regulieren. Wolfgang war stolz auf die von ihm gefundene Definition von Korruption, wobei er sich nicht ganz sicher war, ob er diese schon irgendwo einmal gelesen hatte. Danach sei Korruption das Handaufhalten beim Schließen der Augen. Aber bei der Baufirma, deren vermeintlicher Chef Rudi R. ihn gerade belästigte, lag das anders. Die musste er als Konkurrenz ausschalten. Und den Mann würde er hier auch gerne persönlich rauswerfen. Früher hätte er das sofort getan, heute hatten sie dafür eine spezielle Security-Firma engagiert. Deren Mitarbeiter wollte er nicht extra bemühen.

Und überhaupt wollte er in dieser Sache kein Theater erleben. Er und Manfred verfolgten den Plan, mit ihrer Immobilienfirma selber wieder in das Geschäft mit den Skandinaviern einzusteigen; die kauften hier immer noch Wohnungen wie andere Brötchen. Da kam es ihnen gerade zupasse, das Bauunternehmen schlecht dastehen zu lassen, von dessen angeblichem Chef er gerade angequatscht worden war. Er kanzelte ihn kurzerhand ab und verwies auf die Möglichkeit, ordentliche Arbeit zu leisten und saubere Rechnungen zu legen.

Als er kehrtmachte, stand er unvermittelt vor der schwarzhaarigen Schönheit, die jetzt härtere Getränke auf dem Tablett und härtere Züge im Antlitz trug. Wolfgang musterte sie kurz von oben bis unten, sah ein Tattoo auf dem rechten Unterarm mit einem Spruch, den er so schnell nicht lesen konnte, und beeilte sich mit einer Entschuldigung. »Verzeihen Sie meine Grobheit vorhin!« Und da sie sich überhaupt nichts anmerken ließ, setzte er hinzu: »Ich wollte vor meinem Freund den dicken Max markieren. Sorry! Es tut mir außerordentlich leid.« Da sie immer noch nicht erkennen ließ, wie sie seine ernsthaft vorgebrachte Entschuldigung auffasste, ergänzte er: »Sie machen hier Ihren Job und werden dann blöd angemacht. So etwas ist mehr als ärgerlich.«

»Genau!«, ließ sie sich zu einer Art Antwort herab und Wolfgang feierte innerlich, weil es ihm gelungen war, das Eis zu brechen. Sie sprach mit ihm. Dann platzte es aus ihr heraus:

»Was bilden Sie sich denn ein?« Die Stimme der Frau bebte. »Ich habe mich erkundigt. Sie sind einer der Auftraggeber der Firma, bei der ich mir ein wenig zum Studium hinzuverdiene. Wenn Sie noch einmal meinen Weg kreuzen oder mich ansprechen, schreibe ich noch heute Abend einen Artikel über Sie, den ich den Journalisten schicke, die vorhin hier Schlange standen. Da können Sie dann lesen, wie Sie mir sabbernd auf den Ausschnitt stierten und mich wie ein Stück Ware taxierten.« Sie setzte ein gespieltes Lächeln auf und verschwand, ohne eine Erwiderung abzuwarten. Auf ihrem Unterarm stand: »Renide! Omnes necare non potes«, was bedeutet: »Lächle! Du kannst sie nicht alle töten.«

Manfred steuerte auf ihn zu. »Sorry, Alter. Hätte ich dir sagen müssen, das ist Franzi.«

»Who the fuck is Franzi?«

»Franziska, die Kleine von unserem früheren Geschäftspartner.«

»Welchem?«

»Du weißt doch. Der sich erhängt hat.«

Wolfgang spürte ein Unwohlsein; ein solches, das im Bauch beginnt und eine Übelkeit verursacht. »Ach du liebe Güte! Wie kommt die denn her? Bist du verrückt, die bei uns beschäftigen zu lassen! Die gibt uns Arsen in die Drinks!«

»Bleib mal ganz locker! Habe ich doch auch erst heute Morgen erfahren. Ihre Mutter hat angerufen. Und an irgendetwas müssen wir alle sterben.«

»Bekommt sie immer noch Geld von dir?«

»Seitdem wir die Firma plattgemacht haben, nicht mehr.«

»Dann«, begann Wolfgang sauer, »gilt die Wette nicht.« Und setzte versöhnlicher hinzu: »Du alter Ganove! Mich so ins Messer laufen zu lassen. Da kann ich mich ja ins Zeug legen, wie ich möchte. Und es ist nicht nur mir, sondern auch dem Mädchen gegenüber nicht fair.«

Manfred lächelte böse. »Das wollte ich mir eine Zeit ansehen. War doch besser als Kino. Aber jetzt sollte damit Schluss sein, bevor es eskaliert.«

In der Gewissheit, dass das Schwanzlängenmessen mit Manni nie ein Ende finden würde, wollte er ihm nichts schuldig bleiben. »Mit Empathie ist es wie mit Intelligenz: Man merkt selbst nicht, wenn es an ihr mangelt. Und welches Motiv hatte sie, den Job heute bei uns anzunehmen?«

»Sie wollte uns mal sehen, schauen, wie weit ihr Vater hätte kommen können, möchte uns wegen Geld anhauen oder wer weiß was.«

»Das ist eine völlig beschissene Situation! Ich fühle mich von dir wie von ihr manipuliert. Das ist eine Lage, die mir äußerst missfällt. Wir müssen die Kontrolle wiedergewinnen. Lass sie mal durchchecken! Wer weiß, was da noch zutage tritt. Initiative hat sie ja, und Mut. Das muss man ihr lassen. Vielleicht kann sie bei uns einsteigen. Das sind wir ihrem Vater schuldig.«

»Als was denn? Und schuldig? Nee, wir sind niemandem was schuldig. Er hat seine Chance gehabt und die Sache vergeigt. Wenn er gleich den Strick nimmt … seine Sache. Du siehst wieder nur eine Frau, und schon …« Manni winkte ab.

Den restlichen Abend war Wolfgang, wie es später Zeugen bestätigten, in sich gekehrt, nicht so ein von Lebenslust strotzender Macher wie sonst. Mit einem Gläschen in der Hand, sich unter den Gästen umschauend, gab er immer mal wieder ein verbindliches Wort von sich. Vielleicht würde er sich von Manni trennen und sein eigenes Ding machen. Manfred hatte ohnehin eine Vielzahl von Geschäftsideen, deren Verwirklichung mehr als ein Menschenleben erfordern würde. Dieses Stehaufmännchen der Wirtschaftswelt würde es noch weit bringen. Er selbst war manchmal müde und konnte sich auch vorstellen, in seinem Leben noch einmal etwas völlig anderes zu machen. Manni war einer, der es allein geschafft hatte, ohne reiches Elternhaus, einer, der sich durchzubeißen verstand. »Keiner schüttelt Niederlagen einfach so ab. Die Kunst besteht darin, es so aussehen zu lassen, als ob einen das alles nicht anfechten würde, und immer wieder aufzustehen.« Wie zur Bestätigung seiner Worte nickte er sich selber zu.

Anders als Franzis Vater, der an der ersten Insolvenz zerbrochen war, an dem Unglück, welches er damit über die Beschäftigten gebracht hatte. »Er war, wie man gemeinhin sagt, ein guter Mensch«, resümierte Wolfgang, »aber nicht für die Härte der Welt geschaffen.« Seiner Familie hatten sie, ohne es zu wollen, wehgetan, ihn geopfert und letztlich verraten. Diese Erkenntnis schmerzte und Wolfgang litt darunter. Es war nicht so, wie Manni es abtat. Er fand die Tochter zweifelsohne attraktiv, aber es stand zu viel zwischen ihnen. Und er hatte die Absicht, etwas gutzumachen.

Doch die Hektik des Alltags, neue, aussichtsreiche Geschäfte, Fahrten zwischen Duisburg und Berlin sowie die Zeit, in der er sich um seinen letzten ehrlichen und uneigennützigen Freund Max zu kümmern hatte, verschlangen alle ehernen Pläne, Franzi unter die Arme zu greifen.

*

Einen Monat später drehte Wolfgang mit Max wieder eine ihrer gewohnten Abendrunden. Die Frische des Abends erstaunte ihn nach der Rückkehr aus Nordrhein-Westfalen erneut. Hier hatte das Klima doch irgendwie kontinentaleren Charakter. Max war sein treuer Begleiter und schnüffelte wieder Berliner Boden. Als sie über die Fischerinsel liefen, zog Max in Richtung der Büsche. Sollte er ruhig schnuppern. Wer keine Zeit hat, seinen Hund alles beschnuppern zu lassen, der sollte sich erst gar keinen anschaffen. Schnell konnte er aber die Aufmerksamkeit des Rüden auf die andere Seite des Weges lenken, wo die Pfosten des Geländers offensichtlich schon viele Hunde angelockt haben mussten. Wolfgang schaute in die nun fast schwarz wirkende Spree hinunter, in der sich die Lichter der

Großstadt spiegelten. Er ging weiter in Richtung der Wohnung, als eine dunkle Gestalt hinter ihm aus dem Gebüsch trat, auf ihn zielte und drei Schüsse aus einer Pistole abfeuerte.

Wolfgang war tot, bevor er auf dem Boden aufschlug. Die Hundeleine glitt ihm aus der Hand. Max beschnupperte den Leichnam und ging alleine zur Wohnung zurück, wo er noch vor der verschlossenen Haustür stand, als die von Passanten alarmierte Polizei eintraf.

Eine Stunde später war es am Tatort auf der Fischerinsel in Berlin-Mitte taghell. Die in weiße Overalls gekleideten Kriminaltechniker hatten Scheinwerfer aufgebaut, das Areal weitläufig abgesperrt und den unmittelbaren Tatort mit Planen vor neugierigen Blicken gesichert. Kurze Zeit später trafen die ersten Pressefotografen ein. Wenn man es nicht besser wüsste, hätte man glauben können, es würde wieder eine Nachtszene für einen Film gedreht, was in Berlin glücklicherweise viel häufiger der Fall ist als ein nächtlicher Tatort mit einem erschossenen Opfer.

Drei Schüsse von hinten, die in den Kopf, das Herz und den Rücken trafen: Das sah nach einer Hinrichtung aus. Da wollte der Mörder auf Nummer sicher gehen. Die Kugel, die das Herz durchschlagen hatte und vorne aus dem Brustkorb wieder ausgetreten war, konnte nicht gefunden werden.

Eine am Tatort gesicherte Blutspur, die nicht vom Opfer stammte, konnte gesichert, aber nicht zugeordnet werden.

Dass es sich um Mord handelte, davon konnten die Ermittler von Beginn an ausgehen, da eines der sogenannten Mordmerkmale, hier die Heimtücke, bei einer Tötung von hinten als gegeben anzunehmen war. Viel mehr konnte man aus dem Tatort zunächst nicht schließen. Spekulationen, denen zufolge der Mörder ein Bekannter des Toten gewesen sein könnte, der im Fall des Überlebens des Opfers von diesem nicht erkannt werden wollte und deshalb von hinten geschossen hatte, oder dass es sich um eine Täterin gehandelt hatte, die mit einer Gegenwehr rechnen musste, wenn sie sich vor das Opfer gestellt hätte, oder dass der Täter in maßloser Wut handelte, weil er gleich drei Schüsse abgefeuert hatte, konnten ohne weitere Anhaltspunkte nicht einmal als Arbeitshypothese dienen.

Unmittelbare Zeugen der Tat gab es nicht. Eine Dame wollte nach den Schüssen ein schnell davonrasendes Auto wahrgenommen haben, ein anderer Zeuge beschwor, eine Person gesehen zu haben, die sich mit dem Rad vom Tatort entfernt hatte.

Die Eindrücke von Zeugen sind häufig fragile Beweismittel, denn Wahrnehmungsfähigkeit und Erinnerungsvermögen schlagen uns oft ein Schnippchen. Edgar Allan Poe lässt in »Der Doppelmord in der Rue Morgue« Zeugen aus einem verschlossenen Zimmer Stimmen hören, die der Gendarm als Stimme eines Franzosen und die schrille Stimme als die eines Spaniers beschreibt. Der Silberschmied meint hingegen, dass die schrille Stimme die eines Italieners gewesen sei. Der Restaurateur ist sich sicher, in der schrillen Stimme die eines Franzosen erkannt zu haben. Der Schneider und der Begräbnisbesorger ordnen die schrille Stimme einem Engländer zu. Bei Poe hat diese unterschiedliche Wahrnehmung noch einen anderen Aspekt, weil jeder Zeuge in der schrillen Stimme eine Sprache entdeckt, die er selbst nicht spricht, aber vom Klangbild erkannt haben will. Letztlich projizieren die Zeugen ihre Annahmen auf etwas, was sie gar nicht kennen, in diesem Fall die schrille Stimme eines Orang-Utans.

In ihrer neapolitanischen Tetralogie beschreibt Elena Ferrante, wie Zeugen des Mordes an den Camorristi Solara einmal einen Mordschützen sehen, der in einem roten Ford Fiesta geflohen sei, ein anderer zwei Täter und eine Fluchtfahrerin in einem gelben Fiat 147 ausmacht und wieder ein anderer berichtet, drei zu Fuß flüchtende Männer gesehen zu haben.

Neben den verschiedenen Grundbedingungen zu Wahrnehmungen, wie Gefühlen, Erwartungen, Einstellungen, Leistungsfähigkeit der Sinnesorgane, Hirnstrukturen, Stoffwechsel, Hormonhaushalt, aber auch äußeren Umständen wie Lichtverhältnissen und Wetter, haben es alle an Ermittlungs- und gerichtlichen Verfahren Beteiligten immer wieder mit Wahrnehmungsphänomenen zu tun, wie der Konsistenz, also dem inneren Drang, das Wahrgenommene mit den bisherigen Erfahrungen in Einklang zu bringen. Hier gab es Schüsse, und schon fallen uns die quietschenden Reifen der Fluchtfahrzeuge aus Kriminalfilmen ein.

Den Ermittlern im Fall des ermordeten Wolfgang S. erging es mit den unterschiedlichen Zeugenaussagen nicht anders.

Die Ermittlungen liefen auf Hochtouren. Die Beamten kennen die Statistik: Je länger die Ermittlungen in einem Mordfall andauern, desto geringer wird die Chance der Aufklärung. Zunächst wurde im unmittelbaren Umfeld geforscht. Dabei stießen die Ermittler auf einen anderen, damals noch ungeklärten Mordfall: Ein weiterer Geschäftspartner von Manfred K. war zwei Jahre zuvor in Nordrhein-Westfalen in seinem Haus ermordet worden.

Zwei maskierte Männer hatten sich nach Einbruch der Dunkelheit gegen neunzehn Uhr im Garten der Villa des Geschäftspartners verborgen gehalten, bis dessen Freundin von einem Einkauf zurückkehrte. Die Villa war schon äußerlich erkennbar technisch gegen Einbruch gesichert. Die Täter blieben hinter einem Gebüsch des Vorgartens versteckt, bis die Frau ausstieg und die Einkaufstüten aus dem Mercedes heben wollte. Sofort überwältigten sie die arglose Frau, sprühten ihr Reizgas ins Gesicht und schlugen mit brachialer Gewalt auf sie ein. Sie zwangen sie, ihnen die Tür zur Villa zu öffnen. In der Villa angelangt, schlug einer der Täter unvermindert auf die Frau ein, die erhebliche Verletzungen erlitt, während der andere mit einer

Pistole in der Hand im Haus nach Beute suchte. Der robuste Geschäftsmann mit früheren Beziehungen in die Demimonde kam aus der Sauna gestürzt und setzte sich splitterfasernackt, wie er war, gegen den Einbrecher zur Wehr. Der maskierte Einbrecher schoss zweimal auf den Mann, der in den Oberkörper getroffen wurde, sich noch einige Meter durch das Haus schleppte und dann zusammenbrach. Die Täter schlugen die Frau, bis sie den Safe öffnete, räumten diesen aus, sperrten die Frau in den Keller und verschwanden. Aus dem Safe erbeuteten die Verbrecher wertvolle Uhren und Schmuck. Den ebenfalls wertvollen Gemälden, die an den Wänden hingen, schenkten sie genauso wenig Interesse wie der Sportwagenflotte im Garagenteil der Villa. Nach den Schüssen waren die Täter in Panik geraten und hatten sogar mehrere Bündel mit Bargeld übersehen, die offen auf einem Nachttisch lagen, der nur ungefähr drei Meter vom Safe entfernt stand. Als die Frau sich aus dem Keller befreien konnte und im Haus nachschaute, fand sie ihren toten Freund. Danach rief sie gleich die Polizei an.

Alle Ermittlungsbemühungen führten trotz der Aufnahmen der Überwachungskameras, der Verfolgung von über eintausend Spuren, der Befragung von Hunderten Zeugen und der Veranlassung von kriminaltechnischen Untersuchungen bis zum Zeitpunkt des Mordes in Berlin nicht zum Erfolg. Auch die Hinweise, die nach einer Aufnahme des Falles in die Sendereihe »Aktenzeichen XY … ungelöst« eingegangen waren, führten nicht zu den Tätern.

Die beiden Fälle in Nordrhein-Westfalen und Berlin wiesen zu wenig Parallelen auf, um weiterhin in einen Zusammenhang gebracht zu werden. Am Rhein war der Geschäftsmann im Zusammenhang mit einem Raub getötet worden. Es gab zwei Täter und die Tötung des Opfers war nicht das eigentliche Ziel der Tat gewesen. An der Spree hatte nur ein Täter gehandelt, es war nichts gestohlen worden und der Mord war das beabsichtigte Ziel der Tat gewesen. Der einzige Zusammenhang, der sich den Ermittlern erschloss, war die Verbindung der Opfer zu Manfred K. Auch wenn diese Spur zu erkalten schien, behielten sie die Ermittler im Blick.

Fünf Jahre vor dem Mord an Wolfgang S. war in Senden bei Münster ein Freudenhaus Opfer der Flammen geworden. Alles sah danach aus, dass der nun ermordete Immobilienunternehmer damals das Bordell geleitet und es sich um eine Brandstiftung durch einen Konkurrenten gehandelt hatte. Noch schlimmer war der unaufgeklärte Tod einer neunzehnjährigen Prostituierten, die in den Flammen umgekommen war. Die Arbeitshypothese, dass Angehörige der Prostituierten sich an Wolfgang S. rächen wollten, da er das Mädchen nicht ausreichend geschützt hatte oder die Namen der vermutlichen Täter nicht preisgeben wollte, war ein weiterer Ansatz, der zu verfolgen war. Was gegen die Annahme eines solchen Racheaktes sprach, war das Zeitmoment. Den Erfahrungen aus der kriminalistischen Praxis zufolge besteht üblicherweise ein enger zeitlicher Zusammenhang zwischen dem ursprünglichen Geschehen und der Rachehandlung.

Der Geschäftspartner und Freund Manfred K. war es, der selbst die Initiative ergriff und der Polizei vorschlug, einen Betrag für Hinweise auszuloben, die zur Ergreifung des Mörders von Wolfgang S. führen würden. Die aufgrund der Auslobung eingegangenen Hinweise waren zunächst nicht zielführend.

Um die Ermittlungen zu forcieren, wurde eine Sonderkommission eingesetzt, die die Kreise der Ermittlungen nach vielen Vernehmungen im unmittelbaren privaten und geschäftlichen Umfeld immer weiter zog, wobei auch immer tiefer in der Vergangenheit gesucht wurde. Dabei wurden nun auch der Geschäftsführer der Berliner Baufirma und sein Bauleiter gehört. Es war den Kriminalbeamten bekannt geworden, dass der Chef bei der Feier Wolfgang wegen der noch ausstehenden

Schlussrate in Millionenhöhe angesprochen und der andere zuvor versucht hatte, die Sache durch die Zahlung von Schwarzgeld auf seine Weise zu klären. Obwohl formell der Deutsche der Unternehmer und der Südeuropäer lediglich Bauleiter und eigentlich Angestellter des Berliner Bauunternehmers war, schienen sie sich eher als Geschäftspartner zu verstehen. Als Zeugen brachten sie ihren Unmut über Wolfgangs Prüfung zum Ausdruck, da es am Bauvorhaben zwar Mängel gab und Rechnungen auftauchten, zu denen keine adäquaten Leistungen erbracht worden waren, jedoch der Einbehalt der kompletten Schlussrechnung ihrer Ansicht zufolge nicht gerechtfertigt war, was jetzt gerichtlich zu klären sei.

»Da werden wir uns mit unserer Auftraggeberin auf eine Summe vergleichen, und das war's dann.«

Die vernehmende Beamtin bohrte skeptisch nach. »So einfach geht das?«

»Die meisten Bauprozesse enden mit solchen Vergleichen«, erzählte der kräftige Bauleiter mit den Schweinsäuglein und der auffällig nicht zum Gesicht passenden kleinen Nase. »Vor Jahren hatten wir mal für einen Anwalt ein Haus gebaut. Unser Anwalt hatte uns gewarnt, dass man für Anwälte, Lehrer und Ärzte nicht baue, weil das nur Ärger gäbe. Wir wollten es besser wissen – und haben draufgezahlt. Der Typ zahlte die Schlussrate nicht und meinte, dass wir ihn ja verklagen könnten und wir uns dann im Gerichtsverfahren auf die Zahlung der Hälfte einigen könnten. Deshalb bot er uns den Ausgleich des hälftigen Betrages freiwillig an. Was ich aber eigentlich sagen möchte …«

»Ja?«

»Was uns mit der Prüfung durch die Immobilienfirma passiert ist, gehört zum Geschäft, dafür bringt man aber niemanden um.«

Das klang für den Anfang plausibel und beide Geschäftsleute hatten für die Tatzeit Alibis: Einer war bei einer Familienfeier mit zwanzig Gästen gewesen und der andere mit Freunden auf der Bowlingbahn. Das war natürlich noch alles zu überprüfen.

Nach einem Hinweis von Manfred K. vernahmen zwei andere Mitarbeiter der Sonderkommission Franziska S.

»Bin ich eine Tatverdächtige?«, wollte die junge Frau erstaunlich unbeeindruckt wissen.

Einer der Beamten wollte sie einerseits beruhigen, andererseits aber auch zu einer Aussage bewegen. »Wir gehen nur einem Hinweis nach und vernehmen Sie als Zeugin. Diese Fragen müssen Sie auch wahrheitsgemäß beantworten, solange Ihnen kein Zeugnisverweigerungsrecht zusteht, da wir in einer Mordsache im Auftrag der Staatsanwaltschaft ermitteln.«

»Woher soll ich denn wissen, ob ich vom Zeugnisverweigerungsrecht Gebrauch machen kann?«

»Da wir noch keinen Verdächtigen haben, kann Ihnen grundsätzlich auch kein solches Recht zustehen«, antwortete einer der Beamten nun leicht genervt. Auf die Möglichkeit, dass Franziska durch ihre Angaben im Verlaufe des Gespräches zur Beschuldigten werden könnte und ihr dann ein Aussageverweigerungsrecht zustünde, wollte er nicht hinweisen. Es würde ausreichen, wenn er sie zu dem Zeitpunkt belehrte, in dem sich ein entsprechender Verdacht ergäbe. Jetzt stand sie bei ihm nur in Verdacht, eine besserwisserische Studentin zu sein.

Der andere Beamte drängte: »Also, woher kannten Sie Wolfgang S.?«

»Ich kannte ihn nicht.«

»Sie haben ihn doch bei der Party seiner Firma bedient.«

»Ja.«

»Dann kannten Sie ihn doch.«

»Nein«, blieb sie bei ihrer Auffassung. »Nicht jeden, dem Sie irgendwann einmal etwas gereicht haben, kennen Sie auch, oder?«

»Es bringt nichts, wenn Sie sich hier mit Wortklaubereien rausreden wollen.«

»Das ist überhaupt nicht meine Absicht!«

Der Beamte war Profi und kam auf die üblichen Vernehmungstechniken zurück, statt mit der Zeugin in einer unergiebigen Rabulistik zu wetteifern. Franziska solle mal erzählen, was sie über Wolfgang S. so wisse. Nach einem längeren Gespräch wussten die Ermittler um die Rolle des Mordopfers in der Sache, die Franziskas Vater zum Verhängnis geworden war, sahen aber nur ein Interesse der Frau, das damalige Geschehen zu verstehen und die Haltung der damaligen Geschäftspartner zum Tod ihres Vaters in Erfahrung zu bringen, was sie aber noch nicht in den Kreis der möglichen Verdächtigen zwang.

Ein Blitzerfoto aus der Heimat am Niederrhein, auf das sie nicht ohne einen gewissen Stolz wegen der mit dem Kleinwagen der Mutter erreichten Geschwindigkeit verwies, gab ihr für den Zeitpunkt der Ermordung ein ziemlich gutes Alibi.

Selbst die Umstände der Entziehung der Anwaltszulassung vor über zehn Jahren wurden beleuchtet. So einfach wird eine Anwaltszulassung nicht entzogen, kommt das doch einem Berufsverbot gleich. Die bekannten Fälle aus der Rechtsprechung sind die, in denen der Anwalt mehrfach betrogen, veruntreut oder unterschlagen hat. Der Anwalt, der sich nicht einmal einen Strafbefehl wegen eines solchen Vermögensdeliktes zur Warnung werden lässt und weiter die Finger in die Kasse der Mandanten steckt, hat weder bei seiner Anwaltskammer noch vor dem Anwaltsgerichtshof mit Nachsicht zu rechnen. Und bei derart schweren Straftaten, die einen Bezug zum Kernbereich der anwaltlichen Tätigkeit haben, ist die Aussicht auf Wiedererlangung der Zulassung sehr mager. Der Bundesgerichtshof hält zum Schutz der Rechtssuchenden in solchen Fällen eine Sperrfrist von fünfzehn bis zwanzig Jahren für angemessen.

Die Umstände, die zum Entzug der Zulassung führen, müssen schon gravierender Natur sein. Da ist es dann auch nicht ausgeschlossen, dass ein geprellter Mandant noch Jahre oder gar ein Jahrzehnt später seinem früheren Anwalt ans Leben will. Jedenfalls wollten die Ermittler auch diesen Gesichtspunkt nicht außer Acht lassen.

Wolfgang S. hatte nicht vom Geld und dem Eigentum seiner Mandanten lassen können und hielt in beschwingtem Zustand auf Partys nicht hinterm Berg damit. Ein Zuhälter aus Hamburg beispielsweise, den er im Strafrecht vertreten hatte, saß in Untersuchungshaft und war ihm das vereinbarte Anwaltshonorar schuldig geblieben. Der Mandant hatte vor Haftantritt noch einiges von seinem Vermögen beiseiteschaffen können und überließ seinem Anwalt unter anderem die Papiere und den Fahrzeugschlüssel für seinen Ferrari. Wolfgang S. verkaufte das Auto und behielt den Kaufpreis als Honorar. Mit dem folgenden Verfahren war dann auch für die zuständige Anwaltskammer das Maß voll und der Entzug der Zulassung fällig. Wolfgang berichtete von dieser Sache nicht ohne einen gewissen Stolz. Seine Geschäftspartner sollten nicht auf die Idee kommen, ihn über den Tisch ziehen zu wollen. Er würde schon einen Weg finden, um an sein Geld zu kommen, auch wenn dieser nicht ganz legal war.

Der Mandant, dessen Fahrzeug Wolfgang verkauft hatte, war zwischenzeitlich eines natürlichen Todes verstorben, sodass auch er als Täter des Mordes an seinem früheren Anwalt nicht mehr in Betracht kam.

Das schillernde Leben des Opfers bot noch viele derartige Umstände, denen die Ermittler nachgingen. Eine heiße Spur ergab sich dennoch nicht.

Dann endlich geschah, was Ermittler auch benötigten: ein glücklicher Zufall. Es wurde nicht ganz klar, worin die eigentlichen Motive dafür lagen, dass sich ein Berliner Bordellbesitzer an die Polizei wandte: ob es das in Aussicht gestellte Geld für Hinweise war, oder ob er sich vom eigentlichen Täter immer weiter bedrängt oder gar bedroht gefühlt hatte. Polizisten sind vorsichtig, wenn sich jemand meldet, der vorgibt, zu allen Hintergründen einer Tat Auskunft geben zu können. Der Zeuge bleibt, wenn er derartige Kenntnisse hat, nicht lange Zeuge, sondern wird schnell zum Beschuldigten, da er sein Wissen meist durch eine derartige Täternähe erlangt hat, die ihn nicht mehr frei von Strafe lässt.

So lag es auch in diesem Fall. Der Zeuge teilte mit, dass sich der Mörder ihm noch am Tatabend in einem Gespräch in seinem Freudenhaus offenbart habe. Er sagte ihm, dass er den Immobilienunternehmer mit drei Schüssen getötet hatte, einen in den Kopf und zwei in den Rücken, und dazu ziemlich dicht an das Opfer heranmusste. Das war aber noch kein spezielles Täterwissen. Die Zeitungen hatten über die Art und Weise der Hinrichtung ausführlich berichtet. Der Mann hätte auch jemand sein können, der zu Unrecht die Belohnung kassieren wollte.

Auf die Frage, wer denn der Mörder sei, von dem hier die Rede war, nannte der Zeuge den Namen Dariusz A., einen polnischen Staatsbürger, von dem er wisse, dass er sich in der Légion étrangère verdingt hatte und in Polen Leutnant einer Spezialeinheit gewesen sei. »Das ist so ein bulliger Kerl mit Igelhaarschnitt. Der hätte«, ergänzte der Zeuge, »beim Militär auch richtig Karriere gemacht. Der ist klug, flexibel und besitzt die notwendige Kaltblütigkeit. Der war auch an der Militärakademie, um auf höhere Aufgaben vorbereitet zu werden, hat er gesagt.«

Die Ermittler staunten nicht schlecht, weil der Bordellbesitzer auch gleich einräumte, dem Mörder die Papiere für die Flucht beschafft zu haben. Und schon war er nicht mehr nur Zeuge, sondern Beschuldigter, da er nun auch im Verdacht stand, Straftaten begangen zu haben.

Was die Beamten dann von der Glaubwürdigkeit des Halbweltlers überzeugte, waren die weiteren Aussagen. Die Frage, in welchem Verhältnis der Fremdenlegionär zum Mordopfer gestand habe, beantwortete er kurz und knapp mit: »In gar keinem. Er kannte ihn ja überhaupt nicht und die Auftraggeber mussten ihm ja noch ein Foto beschaffen. Und jetzt bedroht mich der Ex-Legionär, weil ich die Auftraggeber erpressen soll. Für den Auftragsmord haben die zehn- oder zwanzigtausend Euro bezahlt. Aber jetzt hat er die am Haken und ich soll sie erpressen, an ihn weitere hundertfünfzigtausend Euro zu zahlen, da er sie sonst bei den Bullen, äh, bei Ihnen anzeigt. Aber der Firmenchef hat nur sechstausendfünfhundert Euro rausgerückt und kann nicht mehr zahlen. Das habe ich dem Killer gesagt ... Und dass ich da nicht mehr mitmache, und nun bedroht er mich, weil ich das Geld nicht beschaffe, und sagt, dass ich ja wisse, wozu er in der Lage sei.«

Als einer der Kriminalbeamten eine beschwichtigende Geste machte, um den Zuhälter zu beruhigen, wurde dieser aufgebracht. »Sie können sich nicht vorstellen, wozu der fähig ist! Nach außen freundlich, charmant und gut aussehend. Der hat befohlen, die Auftraggeber so unter Druck zu setzen, dass sie sich freuen, die einhundertfünfzigtausend Euro loszuwerden. Wie die das Geld beschaffen, ist ihm egal, sollen sie eine Bank überfallen, ihre Großmutter beklauen oder jemanden entführen. Jeder wird zum Verbrecher, wenn man an der richtigen Schraube dreht. Ich soll nur richtig Druck machen und ihnen Angst einjagen.«

Die Frage der Ermittler nach den Auftraggebern des Mordes beantwortete der Bordellbesitzer mit den Namen des Unternehmers Rudi R. und des Bauleiters Luka C., deren Firma Wolfgang S. um ihre letzte Zahlung von 1,3 Millionen Euro gebracht hatte. »Die haben über Dariusz auch Leiharbeiter aus Polen vermittelt bekommen. Die hatten auf einmal einen hohen Bedarf an Leuten. Da ging es um das Bauvorhaben, was dann zum Streit geführt hat. Dann hat der Fremdenlegionär dem Luka auch erklärt, dass er solche Jobs übernimmt.«

»Welche Jobs? Werden Sie mal konkreter!«, forderte der Kriminalist.

»Na, Leute beseitigen und so. Wenn man ihn beauftragt, dann räumt er die Zielperson persönlich aus dem Weg und arbeitet nicht mit Dilettanten zusammen. Der hätte als Söldner Dinge gesehen, die es nicht mal in den schlimmsten Horrorfilmen gäbe, meinte er. Er hat durch den Dienst Kameraden auf der ganzen Welt. Das ist die härteste Truppe, die es überhaupt gibt. Die meisten kommen aus Osteuropa. Da lockt eben das Geld und auch die Möglichkeit einer neuen Identität.«

»Kommen Sie mal wieder zur Sache«, lenkte der andere Beamte das Gespräch und erkundigte sich zu den näheren Umständen des Mordauftrags.

»Nein!«, entfuhr es dem Zuhälter. »Ich bin genau bei der Sache. Wenn der mitbekommt, dass ich ihn verpfiffen habe, dann bin ich ein toter Mann. Das ist kein Spaß! Der kennt überall Leute.«

»Wenn Sie hier umfänglich aussagen, dann bekommen wir alle Täter. Auch wenn sie vorher großspurig tun, wenn sie im Knast sitzen, sind sie ziemlich alleine. Da scheint ja keine größere Struktur hinter der Sache zu stehen. Wie ist es genau zum Mordauftrag gekommen und wer hat ihn unter welchen konkreten Umständen erteilt?«

Wer genau von den beiden dann den Mordauftrag erteilt habe, das wisse er nicht. »Der Pole hat immer von den beiden Bauunternehmern gesprochen. Schließlich sollte ich ja auch beide erpressen.«

Zum Aufenthalt des Mörders wusste der Zuhälter, dass dieser sich mit seiner Freundin nach Indien abgesetzt habe. Wo genau, das wisse er nicht. Sie telefonierten über ihre Handys. Und da er jetzt nicht mehr ans Telefon gehe, habe er noch eine letzte Nachricht bekommen, dass der Mörder sein Handy weggeschmissen habe und er selbst schon so gut wie tot sei. Dass er notfalls den Kontakt noch über eine neue E-Mail-Anschrift aufnehmen konnte, davon erzählte er der Polizei nichts. Irgendwie hatte er das Gefühl, dass er sich noch ein Hintertürchen zu Dariusz offen halten müsste.

»Und die Freundin? Wie ist die in die Sache verwickelt?«

»Soweit ich weiß, gar nicht. Wenn die wüsste, wie Dariusz wirklich tickt, hätte die ihm sicher schon den Laufpass gegeben.«

Der Puffbetreiber wusste auch zu berichten, dass Dariusz A. sich die Mordwaffe bei einem stadtbekannten Waffendealer beschafft hatte. Die Waffe war eine Beretta 34. Auch diesbezüglich stimmten die Aussagen des Zeugen mit dem bisherigen Ermittlungsstand überein. Die forensischen Ballistiker hatten anhand der drei Geschosse und der zwei aufgefundenen Hülsen schnell eine nicht registrierte Beretta 34 als Tatwaffe ausgemacht; eine Waffe, die im italienischen Militär und von der Polizei wegen ihrer Zuverlässigkeit über fünf Jahrzehnte verwendet und in einer Millionenstückzahl hergestellt worden war. Den Ballistikern fiel diese markante Pistole auf den ersten Blick als die Waffe auf, die James Bond noch in »Dr. No« führt, bis ihn der Waffenmeister Q zum Wechsel zur Walther PPK bewegt.

Letztlich konnte er sogar noch den Waffenhändler namentlich benennen, bei dem sich Dariusz A. die Beretta 34 beschafft hatte. Dieser war kroatischer Abstammung. Er war der Polizei nicht unbekannt, in anderer Sache lag bereits ein Haftbefehl gegen den Kroaten vor.

Die Staatsanwaltschaft beantragte den Erlass von Haftbefehlen zur Untersuchungshaft für den mutmaßlichen Mörder Dariusz A., Rudi R., Lukas C. und den Waffenhändler.

Die Baulöwen wurden festgenommen. Die Durchsuchung ihrer Privat- und Geschäftsräume sowie der Einzug ihrer Handys, Computer und Festplatten wurde angeordnet. Doch die Haftbefehle gegen den Mörder und den Waffenhändler konnten nicht vollstreckt werden. Sie waren untergetaucht.

Der Ex-Legionär war nach dem Mord an Wolfgang S. in seine Wohnung nach Berlin-Friedenau zurückgekehrt, dann für einige Tage untergetaucht und schließlich mit seiner Freundin nach London geflogen und von dort aus nach Goa in Indien. Dort verlor sich seine Spur. In dieser Situation war es wieder Manfred K., der nochmals die Initiative ergriff und sein Portemonnaie öffnete. Einhunderttausend Euro wurden nochmals für Hinweise ausgelobt, die zur Ergreifung von Dariusz A. in Indien führen würden.

Bei seiner Beschuldigtenvernehmung räumte Rudi R. ein, den Polen, der gegen Provision gelegentlich Arbeitskräfte aus Osteuropa organisiert hatte, damit beauftragt zu haben, Wolfgang S. für ein paar Monate aus dem Verkehr zu ziehen, damit er bei den skandinavischen Geschäftspartnern nicht weiter Stunk gegen sie machte. Von einem Mord sei aber niemals die Rede gewesen. So etwas hätte er nie mitgemacht – »Sie sprechen hier von einem Menschenleben!« Na klar ging es um viel Geld. Aber das sei zu diesem Zeitpunkt sowieso nicht mehr zu retten gewesen.

Problematisch wurden für die beiden Bauunternehmer die sichergestellten Sprachnachrichten auf den Handys. Der Ex-Legionär hatte circa zwei Stunden nach der Tat Luka C. angerufen, der sich auf der großen Familienfeier befand. Er versuchte seinerseits, den Unternehmenschef zu erreichen, der das Klingeln des Handys durch den Krach auf der Bowlingbahn nicht gleich mitbekam. So informierte der Bauleiter: »Der Abriss ist erfolgt.«

Der Chef verstand nicht sofort, als er die Nachricht abhörte, und fragte seinerseits nach, was denn gemeint sei. Luka C. erklärte in einer weiteren Sprachnachricht: »Die letzte Baustelle, die wir noch hatten. Du weißt schon.«

Bei einer Routinekontrolle eines Spielcasinos in der Nähe des Bahnhofs Zoo stellten zwei Polizeibeamte des Abschnitts einen auffälligen Mann mit einem niederländischen und einem kroatischen Pass fest. Da der Mann keinerlei Widerstand leistete, ging einer der Polizeibeamten ruhig zum Polizeifahrzeug, um die Personalien im Computer abfragen zu lassen, während sein Kollege bei dem Verdächtigen blieb, ohne von der Gefahr zu ahnen, die von diesem Mann ausging. Das Ergebnis der Abfrage ergab das Vorliegen zweier Haftbefehle wegen Waffendelikten gegen diese Person.

Ein noch zu vollstreckender Haftbefehl ist im Grunde genommen keine Seltenheit. Zwei Haftbefehle, und dann noch wegen Waffendelikten, sind schon rarer.

Im Fernsehen und in Kriminalromanen läuft es häufig so ab, dass die Polizei vor der Tür steht und den Täter verhaftet oder dies gar in ipso delicto deprehensus, also auf frischer Tat, geschieht. Sicher gibt es solche Verhaftungen und auch viel spektakulärere, von denen auch in diesem Buch noch zu berichten sein wird, jedoch arbeiten Polizisten Tag für Tag offene Haftbefehle ab und suchen dafür Wohnungen, Arbeitsstätten und Aufenthaltsorte der Freizeit ab. Mein Google-Account und mein Facebook-Profil sagen mir, dass ich überdurchschnittlich häufig das nach dem österreichischen Schriftsteller Joseph Roth benannte Restaurant in Berlin und die nach dem aus Frankfurt an der Oder stammenden Schriftsteller Heinrich von Kleist benannte Veranstaltungs- und Kulturstätte, das Kleist-Forum, besuche. Und in der Tat hat man gute Chancen, mich dort anzutreffen. Da ich nicht hoffe, künftig von der Polizei gesucht zu werden, kann ich dies hier schreiben. Es ist jedoch erstaunlich, wie vielen polizeilich gesuchten Personen ihre lieb gewordenen Gewohnheiten zum Verhängnis werden.

Aber auch bei Routinekontrollen wie der im Spielcasino am Bahnhof Zoo werden Personen festgestellt, die mit Haftbefehl gesucht werden.

Leider ermahnten selbst die zwei Haftbefehle, die gegen den in Gewahrsam Genommenen vorlagen, die Beamten nicht zu erhöhter Vorsicht. Der Kroate verhielt sich scheinbar kooperativ und wiegte so die Polizisten in Sicherheit. Einer der Polizisten fesselte den Festgenommenen mit nur einer Hand in einem der Handschellenringe und nahm den anderen Ring in die eigene Hand und führte ihn so aus dem Spielcasino. Das ist aber wider alle Vorschriften. Reißt der Verhaftete dem Polizisten den anderen Teil der Handschelle aus der Hand, kann dieser ganz schnell als eine Art Schlagring genutzt werden.

Kaum waren sie im Freien, schlug der Täter um sich, zog eine Sprayflasche mit Reizgas hervor und sprühte es dem Polizisten ins Gesicht. Beide fielen auf den Boden und dem Festgenommenen gelang es, dem Polizisten die Dienstwaffe zu entreißen, die er ihm gleich an den Kopf hielt. Der Polizist konnte sich losreißen und versuchte, vor dem Täter zu fliehen, der auf den Polizisten schoss. Die Kugel verfehlte ihr Ziel und zertrümmerte die Schaufensterscheibe des Beate-Uhse-Erotikmuseums.

Der andere Polizeibeamte zog seine Dienstwaffe, eine Sig Sauer P6 (neun Millimeter), und schoss zweimal auf den Angreifer, der von beiden Kugeln getroffen wurde. Rettungssanitäter reanimierten den Angeschossenen zunächst, der jedoch kurze Zeit später im Virchow-Klinikum verstarb.

Gegen den Polizisten, der die tödlichen Schüsse abgegeben hatte, wurde, wie üblich in solchen Fällen, zunächst ein Ermittlungsverfahren eingeleitet, das damit endete, dass aufgrund der unmittelbaren Gefahr für Leib und Leben des Kollegen der Rechtfertigungsgrund der Nothilfe gegeben war.

*

Dariusz A. war unterdessen mit seiner Freundin durch den indischen Bundesstaat Goa gereist, hatte sich als großen Luxus einen alten Kleinwagen mit funktionierender Klimaanlage und zur Verbindung mit der Welt ein Notebook zugelegt und sich an der Küste zum Arabischen Meer niedergelassen. Noch war etwas Geld von dem Mordauftrag übrig und auch die sechstausendfünfhundert Euro waren kürzlich aus Berlin gekommen. So konnten sie zunächst wie im Urlaub leben und ließen es sich an den Stränden von Baga und Palolem gut gehen. Sie erweckten den Eindruck eines Aussteigerpaares, das ein wenig die Welt beschnupperte, seine Ruhe haben und das Leben genießen wollte. Wenn die von den Bauunternehmern geforderten einhundertfünfzigtausend Euro nicht kämen, müssten sie bald neue Geldquellen auftun.

Schnell knüpften sie Kontakt zur deutschen Community. Freunde fanden sie in Gerhard K. und Matze J., die sich als deutsche Wirtschaftsflüchtlinge ausgaben, die dem überregulierten Land mit immer weniger Freiheiten und immer höheren Steuern den Rücken gekehrt hatten. Gerd hatte ein geräumiges Haus, in dem Dariusz und Christina ein Zimmer gegen ein kleines Entgelt bezogen. Gerd, der eine kleine Werft unterhielt und Boote reparierte, stellte gleich klar, dass das Zimmer geräumt werden müsse, wenn zahlungskräftige Urlauber einträfen. Aber auch dann könne er ihnen eines seiner kleinen Häuschen im romantischen Fischerdorf Agonda vermieten. Und wenn es ihnen gefiele, könnten sie es ihm auch abkaufen.

Zunächst ließen es sich Christina und Dariusz noch als Gäste in Gerds Haus gutgehen. Für das Auto wäre eine Alarmanlage gegen Diebstahl viel zu teuer, erklärte ihr Gastgeber und riet dazu, einem Straßenjungen Geld in die Hand zu drücken; das wäre billiger und effektiver. Dariusz fand bald ein Fitnessstudio, in dem er unter angenehmen klimatischen Bedingungen trainieren konnte. Jeden Wochentag begann er mit einem ordentlichen Dauerlauf. Trotz seiner muskulösen Körpermasse war er erstaunlich behände. Auch wenn er mit seinen Freunden am Abend vorher etwas getrunken hatte und sich insbesondere Matze die eine oder andere Linie bei ihren Partys reinzog, sah man Dariusz morgens mit seinen neuen Turnschuhen laufen, während sich Christina noch im Bett des klimatisierten Zimmers räkelte.

Matze machte sich über diesen Gesundheitswahn gelegentlich lustig. »Willst in dieser verkorksten Welt wohl hundert Jahre werden?«

»Darum geht es überhaupt nicht, aber irgendeine Perspektive muss ich mir eröffnen.«

»Tester für Laufschuhe?«, spottete Matze.

»Quatsch! Fitnesstrainer oder Security.«

»Und das Laufen und Hantelnschleppen hilft dabei?«

Dariusz nickte. »Das auch. Wenn man sich nicht selbst in den Arsch tritt, wird es in keinem Job was. Die Entfernung zwischen Traum und Wirklichkeit nennt man Disziplin.«

Matze dachte es besser zu wissen und warf ein: »Koks!«

Wie unrecht er gerade in Bezug auf seine eigene Person damit haben würde, konnte er zu diesem Zeitpunkt noch nicht ahnen.

Gerd war häufiger mit seinem Moped unterwegs als mit seinem Auto. Das war weniger den geringeren Kosten geschuldet als vielmehr den verstopften Straßen in den großen Urlaubsorten und den Schlaglöchern in den Straßen der kleinen Dörfer. Gerd lud Dariusz auf eine Besichtigungstour zu einem Fischerdorf ein, wo ein kleines Fischerhaus zu mieten war. Der größte Luxus war das fließende Wasser, vor dessen Gebrauch Gerd gleich warnte. »Zum Waschen geht das, zum Trinken nur abgekocht. Sonst holt ihr euch wie alle anderen auch einfach die Plastikflaschen.«

Auch Christina hatte keine zu hohen Ansprüche. Wenn sie Geld hatten und aus dem Vollen schöpfen konnten, dann genoss sie den Luxus. Aber wenn es ihnen finanziell nicht so toll ging, konnte sie sich auch bescheiden. So war der Umzug in das kleine Häuschen beschlossene Sache.

Aber auch unter den bescheideneren Bedingungen würde ihr Geld nicht ewig reichen. Daher nahm die Idee, eine Security-Firma zu gründen, die Spezialaufträge realisieren könnte, konkrete Formen an. Bei seinen Erfahrungen, meinte Dariusz, konnte er seine Dienste auch weltweit anbieten. Eine ordentliche Anschubfinanzierung brauchte er dennoch, um richtig in das Geschäft einzusteigen. Vielleicht könnten ihm seine neuen deutschen Freunde dabei helfen.

In diesem seltsamen Land konnte man nicht einmal damit Geld verdienen, jemanden umzubringen. Die Zeitungen waren voll mit kurzen Notizen über Tötungsdelikte. Wenn eine Tochter außerhalb ihrer Kaste heiratete und Schande über ihre Familie brachte, dann töteten die Familienangehörigen sie eigenhändig, steckten sie mit Benzin an oder erschlugen sie. Insbesondere das Leben von Ärmeren war nicht viel wert. Hier wurde alles in Geld gerechnet. Seine Zimmer, seine Wäsche, die Schuhe, alles wurde von Angehörigen der Dienstbotenkaste gereinigt. Hier könnte er es sich gefallen lassen. Aber es kostete alles etwas.

Als Dariusz seine Pläne Gerd und Matze offerierte, stellte sich schnell heraus, dass ihre wirtschaftliche Lage noch prekärer aussah als seine eigene. Von denen hatte er nicht mit einer Unterstützung zu rechnen. Dann waren sie es, die wegen seiner Fähigkeiten um Hilfe baten und von den Problemen mit ihrem Dealer berichteten. Dariusz überfiel ihn ein paar Tage später, raubte ihn aus, schlug ihn fast tot und schnürte ihn mit Drähten zusammen. Mit seinem Auto fuhren sie gemeinsam den bewusstlosen Dealer zu einer Müllhalde, luden ihn dort ab und kümmerten sich nicht weiter um ihn.

Anschließend feierten die drei die geglückte Aktion und ihre Freundschaft bei einem ordentlichen Gelage. Am frühen Morgen kam Dariusz ins Schwatzen, jedoch nicht ohne die Drohung, beide zu töten, wenn sie seine Geheimnisse preisgäben. Sie zuckten nicht einmal, als er ihnen erzählte, wie er als Söldner Gegner erledigt hatte und dass sein Markenzeichen drei Schüsse waren: »Einer in den Kopf, einer ins Herz und der andere daneben in den Rücken. Danach steht keiner mehr auf.« Selbst als er einräumte, der Auftragsmörder des in Berlin getöteten Immobilienunternehmers Wolfgang S. zu sein, den er auch mit einem solchen Kreuz hingestreckt hatte, waren seine neuen Freunde nicht weiter verwundert.

»Was!«, wurde Dariusz im Ton aggressiver. »Glaubt ihr mir etwa nicht?«

Mit »Doch, doch!« und »Klar!« versuchten sie, die Zweifel zu relativieren, die in ihrem Schweigen mitschwangen.

Dariusz holte aus seinem Zimmer das Notebook und klappte es auf. Als Bildschirmschoner hatte er sich eine Collage aus Artikeln über den Mord an Wolfgang S. und die Suche nach ihm gestaltet.

»Wusste ich gleich«, meinte Gerd bestätigend, »dass du ein ganz harter Hund bist.«

Das Geld ging langsam zur Neige, es würde nicht weiter für das Leben in den Urlauberparadiesen reichen. So entschlossen sie sich, den Umzug in das kleine Häuschen im beschaulichen Fischerdörfchen Agonda nicht weiter hinauszuzögern, aber nicht, ohne sich zuvor von Gerd und Matze bei einer zünftigen Beachparty zu verabschieden.

Christina gefiel es in Agonda besser, auch wenn sie dort auf den Luxus einer Klimaanlage verzichten musste.

Wenn ihnen die meditative Ruhe auf die Nerven ging und sie etwas erleben wollten, waren sie nach wie vor bei Matze und Gerd gern gesehene Gäste. Aber auch in dem im Norden Goas gelegenen Anjuna konnten sie sich bei den dortigen Festivals oder in den Nachtklubs austoben. Anjuna hatte sich unter den Partytouristen den Ruf des indischen Ballermanns erworben.

In Agonda beauftragte Dariusz wieder einen Straßenjungen mit der Bewachung des Fahrzeugs. Er wurde bald mit den örtlichen Kleinkriminellen bekannt, für die er die Rückzahlung von Darlehen einforderte oder Schutzgelder kassierte. Auch dort sprach sich herum, wer er war und wie gefährlich er war. Bestätigt wurde dies durch die Bekanntmachungen in Zeitungen und Aushängen, wonach er für in Deutschland begangene Taten gesucht wurde und eine Belohnung von einhunderttausend Euro für Hinweise ausgelobt wurde, die zu seiner Ergreifung führten. Nun würde er zum Gejagten werden. Er schwor seine neuen Anhänger darauf ein, dass sein Marktwert viel höher sei und man durch eine Zusammenarbeit mit ihm viel mehr verdienen könne. Außerdem würde das Geld geteilt werden, wenn zehn Hinweise eingingen, und zuallerletzt stellten sich solche Ankündigungen als leere Versprechungen heraus. Keiner, der ihn verraten würde, hätte eine Chance, das nächste Diwali-Fest zu erleben; dazu habe er bereits Vorkehrungen getroffen. Und wenn er nach ein paar Jahren Knast in Deutschland wieder auf freien Fuß käme, würde er jedes Familienmitglied des Verräters hinrichten, bis dessen Blutlinie auf dieser Welt ausgelöscht sei.

Mit Gerd und Matze überlegten sie spaßeshalber, wie man ihn ans Messer liefern, die Belohnung kassieren und Dariusz wieder aus dem Knast holen könnte. Die Gefahr, für Jahre in einem indischen Gefängnis zu verrotten, war aber zu groß, und die Belohnung zu gering, um eine größere Befreiungsaktion zu organisieren.

Trotzdem, so erklärte Matze, sei Dariusz nun einem viel größeren Risiko ausgesetzt. Man könne gar nicht so quer denken, wie die Fäden lägen, die zu ihm führen könnten. Alles hänge immer miteinander zusammen. »Wenn du dir ein Arschhaar ziehst, tränt dir das Auge!«

Gerd wusste ein Geschichte zu erzählen, der zufolge es einem deutschen Bankräuber gelungen war, ein Dutzend Banküberfälle durchzuführen, ohne erwischt zu werden. »Das ging jahrelang gut. Zwischenzeitlich lebte er hauptsächlich in Portugal und kam nur für seine Einbrüche nach Deutschland zurück. Am Ende hat ihn der neue Lover einer früheren Geliebten verraten, um die Belohnung zu kassieren.«

Dariusz blieb bei seiner Auffassung, nach der er nicht verraten werden würde, weil jeder latente Denunziant seine Rache fürchtete.

Nicht so Gerd und Matze, die nach diesem Besuch nichts Eiligeres zu tun hatten, als die Telefonnummer von Interpol anzurufen, die auf dem Aushang abgedruckt war. Mit einhunderttausend Euro hätten sie hier für die nächsten Jahre ausgesorgt. So einfach, wie sie sich das dachten, gestaltete sich die Angelegenheit aber nicht.

Die indischen Mitarbeiter von Interpol waren über den Anruf eher genervt denn erfreut. Seit Tagen gingen Hunderte Hinweise ein, die gefiltert und dann bearbeitet werden mussten; das würde Monate dauern. Die Personenbeschreibung zu Dariusz, die ihn als männlich mit europäischem Aussehen, einer Größe von circa sechs Fuß, also etwas über einen Meter achtzig, im Alter von vierzig bis fünfundvierzig Jahren beschrieb, ihm eine kräftige und sportliche Gestalt bescheinigte und seinen Igelhaarschnitt erwähnte, der sich inzwischen geändert haben konnte, und die hohe Belohnung führten dazu, dass gefühlt alle erwachsenen, europäisch anmutenden Touristen und im Land arbeitenden Männer der Polizei als der Gesuchte gemeldet wurden. Die Europäer sahen auch wirklich alle gleich aus.

Gerd und Matze blieben hart und warnten davor, Dariusz so einfach verhaften zu wollen. Der würde sich zur Wehr setzen. Sie erzählten dem Beamten, wie Dariusz mit der Tat geprahlt hatte, und von seinem Markenzeichen, den drei Schüssen, einem in den Kopf und zwei in den Rücken. Auch schmückten sie ihre Geschichte mit detaillierten Bildern vom Bildschirmschoner mit den Artikeln über den Mord in Berlin aus. All diese Fakten ließen für die Ermittler letztlich den Schluss zu, dass es sich hier wirklich um eine heiße Spur handeln könnte.

Die Zielfahnder des Bundeskriminalamtes reisten nach Indien, verständigten sich mit den Kollegen sowie den Informanten und konnten nach Rücksprache mit den indischen Behörden diese Informationen zwar selbst überprüfen, aber mehr auch nicht. Vollzugspolizeiliche Gewalt hatten sie hier nicht, konnten aber an der Koordinierung der Festnahme mitwirken und diese beobachten.

Zunächst wollte das Team die Informationen vor Ort bestätigt wissen. Eine junge Frau des BKA-Teams, gesichert von zwei Kollegen, nahm in Agonda das Fischerhaus in Augenschein, das gegenüber dem von Dariusz A. gelegenen Haus stand. Ein unmittelbares Zusammentreffen mit Dariusz A. war nicht zu vermeiden, als dieser genau in diesem Augenblick aus seiner Hütte trat. Wegen des Interesses an der Frau sprach der eigentlich gegenüber Fremden zurückhaltende Killer die Polizistin an. Einer der beiden sie sichernden Kollegen trat nun ebenfalls heran. Sie spielten wie geplant ein Interesse an der Fischerhütte zu Urlaubszwecken vor. Dariusz riet davon ab, dass Haus zu mieten. Das beschauliche Bild täusche. Die große Armut habe eine hohe Kriminalität zur Folge. Er sei schon zweimal ausgeraubt worden. Die Polizei interessiere es wenig, wenn ein paar arme Touris ausgeraubt würden. Das Paar bedankte sich für die Auskünfte und verabschiedete sich.

Obwohl die Gelegenheit gepasst hätte, konnten sie Dariusz A. hier nicht festnehmen und mussten ein internationales Amtshilfegesuch stellen, dem nach mehreren Wochen andauernder Überwindung bürokratischer Hürden entsprochen wurde. Gerd und Matze riefen täglich die ihnen nun in Berlin bekannte Nummer bei der Mordkommission an und erkundigten sich nach der Auszahlung ihrer Belohnung.

Die indische Polizei rückte mit zwei Fahrzeugen im Fischerdorf an. Die Festnahme von Kriminellen war hier Routine. Der Festzusetzende würde genau wissen, dass nicht lange gefackelt würde und er im Falle des Widerstandes Gefahr liefe, die Aktion nicht zu überleben. So gestaltete sich dann auch die Festnahme, als die Polizisten zur Nachtstunde in das Haus eines Nachbarn von Dariusz eindrangen.

Aufgrund dieses Vorfalles und des vorherigen Auftauchens der Deutschen wurde Dariusz noch vorsichtiger, wechselte häufig die Übernachtungsorte und bezahlte neben dem Bewacher seines Autos einen zweiten Straßenjungen dafür, dass er sein Haus beobachtete und meldete, wenn sich Neugierige für ihn und sein Grundstück interessierten. Seine weiteren kriminellen Aktivitäten entfaltete er unter dem Radar der Polizei.

Die Fahnder des BKA mussten mit der immer weiter ins Land gehenden Zeit und der veränderten Situation feststellen, dass sich die Ergreifung der Zielperson schwieriger gestaltete, als sie zunächst möglich gewesen wäre.

In dieser Situation kam den Ermittlern nochmals der Zufall zu Hilfe. Bei einem ihrer Anrufe erklärten Gerd und Matze sich bereit, Dariusz und seine Freundin zu einer Feier einzuladen, sie ordentlich betrunken zu machen und der Polizei mitzuteilen, wann sie den Verdächtigen einsammeln könnte.

Die Zielfahnder des BKA planten den Zugriff mithilfe der beiden angeblichen Freunde. Dariusz und Christina erschienen nichtsahnend bei der Party. Mit steigendem Alkoholkonsum mischte Matze unbemerkt etwas von seinem Drogenvorrat in die Drinks der Gäste. Angesichts des erwarteten Geldes war er mit dem Stoff auch sehr freigiebig. Von diesen Beigaben hatten die Informanten der Polizei nichts gesagt, um nicht selber ins Visier der Ermittler zu geraten, sie wollten aber auf Nummer sicher gehen. Als die Gäste so benebelt waren, dass sie gerade noch den Wunsch nach einer Schlafstätte äußern konnten, informierten die Gastgeber die Polizei, die Dariusz nur noch auflesen musste. Die Kontostände von Gerd und Matze wuchsen nach wenigen Tagen tatsächlich jeweils um fünfzigtausend Euro. Wenn sie sparsam waren, würde das Geld einige Zeit reichen.

Die Auslieferung des Mörders gestaltete sich indes schwierig. Ihm wurde ein Anwalt zur Seite gestellt, der erst einmal die Akten anforderte und gründlich studierte. Dariusz fand sich im Todestrakt eines berüchtigten indischen Gefängnisses wieder, in dem die verurteilten Verbrecher jeweils in Einzelzellen saßen. Die Stimmung der Insassen schlug selbst auf ein abgefeimtes Gemüt. Sein Verteidiger beantragte die Verlegung seines Mandanten, der jedoch nicht stattgegeben wurde. Dariusz blieb Insasse des Todestrakts. Er sah, wie Mitgefangene das letzte Mal die Zelle verließen und nicht wiederkehrten. Alsbald zog ein neuer Mitgefangener nach. Trotz aller Gnadengesuche und Anträge war dies ein Ort ohne Hoffnung. So etwas hatte er noch nie gefühlt.

Auf seine Frage, wie lange er denn hier vor einer möglichen Auslieferung sitzen müsse, ließ ihn sein Anwalt wissen, dass dies durchaus ein bis zwei Jahre dauern könne. Später teilte er Dariusz mit, wie es durch die deutschen Tippgeber zu seiner Verhaftung gekommen war. Dariusz fluchte über diese Kriminellen, die jeden und alles verraten würden. Die hätten keine Ehre im Leib. Der Anwalt nahm zur Kenntnis, dass beide Informanten drogensüchtig sein sollten, was ihre Glaubwürdigkeit bei einem Gerichtstermin erschüttern könnte. Der Anwalt fragte, ob Dariusz dem Gericht eine Sicherheit stellen könne. Dann hätte er die Möglichkeit, in einer Kautionsverhandlung dem Gericht die Aussetzung der Haft gegen Zahlung eines höheren Geldbetrages anzubieten. Dariusz schüttelte erst resigniert den Kopf, hob ihn dann und verkündete seinem Anwalt eine Idee.

*

Gerd war außer sich nach dem Besuch dieser Bande, die von ihm und Matze die ehrlich verdienten einhunderttausend Euro Kopfgeld gefordert hatte. Eine Woche Zeit habe er, hatte der Anführer gesagt, das Geld zu zahlen, sonst würde er sterben. Sie bräuchten das Geld, um Dariusz' Kaution zu zahlen. »Auf keinen Fall!«, hatte Gerd lauthals geschimpft und sie rausgeschmissen. Weder er noch Matze machten Anstalten, das so leicht verdiente Geld wieder herauszurücken. Nie wieder würden sie solch eine Summe auf einen Schlag bekommen. Aber was ihnen jetzt blühte, da Dariusz wusste, wer ihn ans Messer geliefert hatte, konnten sie sich lebhaft vorstellen.

In den engen Straßen der Küstenmetropole fuhr Gerd mit seinem Moped, als er ein Motorrad hinter sich wahrnahm, auf dem in schwarzer Lederbekleidung zwei Männer saßen. Als sie dicht neben ihm waren, was bei diesem Verkehr nichts Ungewöhnliches war, sah er den sich auf ihn zubewegenden Baseballschläger. Schnell duckte er sich, bremste und fuhr durch laut hupende Verkehrsteilnehmer in eine Seitenstraße. Dann entwickelte sich eine Verfolgungsjagd, die einem atemberaubenden Actionfilm hätte entspringen können. Allen Versuchen, ihn mit dem Baseballschläger zu erwischen, konnte er ausweichen. Als er an einer Ecke abbremsen musste, steckte ihn der Sozius seines Verfolgers den hölzernen Schläger in das Hinterrad des Mopeds. Gerd flog weit über den Lenker und brach sich bei der Landung das Genick. Die Sache wurde zunächst als Verkehrsunfall behandelt, bis sich herausstellte, dass mehr dahintersteckte. Die Täter wurden dennoch nicht gefasst.

Die angebliche Überdosis, die sich Matze kurze Zeit später verpasste, bereitete dessen Leben ein Ende.

Die Auslieferungshaft des Dariusz A. in Indien dauerte weiterhin an, ohne dass eine Entscheidung erging.

*

Die Verhandlung gegen den Bauunternehmer Rudi R. und den Bauleiter Luka C. konnte nach Ansicht der 40. Großen Strafkammer des Landgerichts Berlin, die in ihrer Funktion als Schwurgerichtskammer urteilte, auch durchgeführt werden, ohne dass der die Tat ausführende Mörder ausgeliefert worden war. Die Staatsanwaltschaft beantragte die Eröffnung des Hauptverfahrens und sandte die Ermittlungsakten dem Gericht zu. Das Gericht erließ nach Prüfung der Akten auch den Eröffnungsbeschluss und legte die Verhandlungstermine für sechs Monate fest. Die Strafsache wurde im Gebäude des alten Kriminalgerichts in Berlin-Moabit durchgeführt.

Die Verteidigung gab sich alle Mühe, alternative Szenarien vom Tathergang zu entwickeln, um ihre These zu stützen, dass die Sache überhaupt noch nicht ausermittelt sei.

Nach wie vor war die dritte Patrone trotz intensiver Suche nicht gefunden worden. Was, wenn dieser tödliche Schuss von einem anderen Täter mit einer anderen Waffe abgegeben worden war? Vielleicht war überhaupt nicht Dariusz A. der Mörder, sondern eine dritte Person, die eine Rechnung mit Wolfgang S. offen hatte?

Für die Version einer dritten Person sprach auch die circa zehn Meter lange Blutspur am Tatort. Das Blut war weder dem Opfer noch dem mutmaßlichen Täter Dariusz A. zuzuordnen. Also war noch jemand anderes am Tatort gewesen. Was, wenn dieser Dritte der wirkliche Täter war? Womöglich war es zu einem Kampf zwischen dem Täter und dem Opfer gekommen?

Der Staatsanwaltschaft warfen die Verteidiger vor, nicht mit ausreichender Bestimmtheit an der baldigen Auslieferung des Dariusz A. gewirkt zu haben, der nun seit anderthalb Jahren in indischen Gefängnissen verrottete, ohne Aussicht darauf, sich vor einem deutschen Gericht verteidigen zu können. Der hätte ihre Mandanten natürlich auch entlasten können. Wenn Dariusz A. der Haupttäter sei, so die Verteidiger, sei es doch nicht auszuschließen, dass er nur den Auftrag einer Körperverletzung erhalten und in einer Art Exzess gehandelt hatte, der ihren Mandanten keinesfalls zuzurechnen wäre. All das bliebe nun wegen der Nachlässigkeit der Staatsanwaltschaft unaufgeklärt, argumentierten sie.

Nach sechsmonatiger Verhandlung und Anhörung Dutzender von Zeugen und Gutachtern plädierte die Staatsanwaltschaft auf eine lebenslange Freiheitsstrafe für die Anstifter des Mordes an Wolfgang S. Nach deren eigenen Aussagen hatten sie Kontakt zum gedungenen Mörder gesucht. Die verharmlosende Variante, wonach man dem Opfer nur einen Denkzettel verpassen und es krankenhausreif schlagen wollte, sei demnach nur eine Schutzbehauptung. Der Mörder habe kein eigenes Interesse an dem Tod des Immobilienunternehmers gehabt und es sei nicht glaubhaft, dass er sich der Verfolgung wegen eines Mordes ausgesetzt hätte, wenn er lediglich zu einer Körperverletzung angestiftet worden sei. Auch der erste Mordversuch und die Mitteilung und Weiterleitung der Information von dem Mord sprächen gegen die Darstellung der Angeklagten.

Die Verteidiger beantragten am Ende ihrer Plädoyers Freispruch für ihre Mandanten, da angesichts dieser Beweislage überhaupt nicht ersichtlich sei, dass ihre Mandanten einen Mord in Auftrag gegeben hätten, sie Wolfgang S. nur eine »Abreibung« verpassen wollten und nicht klar sei, wer Wolfgang S. ermordet habe. In Richtung des Staatsanwaltes meinte einer der Verteidiger: »Sie haben Nerven, bei einer solch desolaten Beweislage eine lebenslange Freiheitsstrafe zu fordern!«

In seinen letzten Worten sagte Rudi R., dass er für den Mord nicht verantwortlich sei, und Luka C. meinte, kein Motiv für einen Mord gehabt und einen Mord auch nicht in Auftrag gegeben zu haben.

Das Gericht sah dies anders und verurteilte die beiden wegen der Anstiftung zum Mord zu lebenslangen Freiheitsstrafen. Es sah es als erwiesen an, dass sich der Bauunternehmer und sein Bauleiter entschlossen hätten, Wolfgang S. ermorden zu lassen, um die Person zu beseitigen, die aus Sicht der Angeklagten für die Unterbrechung des bis dahin nicht versiegenden Geldflusses verantwortlich war und sich gegen einen Vergleich zwischen dem Konzern und der Baufirma ausgesprochen hatte.

Gegen das Urteil legten die Verteidiger Revision beim Bundesgerichtshof für Strafsachen in Leipzig ein, der das Urteil des Landgerichts Berlin jedoch bestätigte.

Konnte das Gericht wirklich die Überzeugung gewinnen, dass beide Täter den Mordauftrag erteilt hatten? Wann hatte wer dazu was gesagt? Konnte durch den Tod des Opfers und die Telefonnachricht davon ausgegangen werden, dass jemand den Tod des Wolfgang S. wollte, und wenn ja, wer? War nicht vielmehr davon auszugehen, dass Luka C., der den Kontakt zum Mörder hergestellt und von diesem auch die Nachricht von der Erledigung des mörderischen Auftrags erhalten hatte, viel stärker in die Sache involviert war als der mitverurteilte Rudi R.? Wurde womöglich dem Bauunternehmer die Tat des anderen nach dem Prinzip angelastet »mitgegangen, mitgehangen«?

Folgerichtig beantragte Rudi R. auch noch zehn Jahre nach seiner Verurteilung die Wiederaufnahme des Verfahrens. Dafür reichen Zweifel an der Richtigkeit eines einmal rechtskräftig gewordenen Strafurteils allerdings nicht aus. Die wenigen Umstände, die geeignet sind, die Wiederaufnahme eines Verfahrens sowohl zugunsten als auch in malam partem, also zuungunsten eines Verurteilten zu rechtfertigen, sind gesetzlich in einem eng umfassten Rahmen festgelegt. Im Fall der Beibringung neuer Beweismittel, die mit wachsendem zeitlichem Abstand zur Tat immer unwahrscheinlicher wird, müssen diese geeignet sein, die Freisprechung des Angeklagten oder, bei Anwendung eines milderen Strafgesetzes, eine geringere Bestrafung zu begründen. Eine Wiederaufnahme des Verfahrens lediglich zur Erreichung einer milderen Strafe bei Anwendung des gleichen Gesetzes führt hingegen zur Unzulässigkeit des Antrags.

Die nun gewählte Verteidigerin begründete den Wiederaufnahmeantrag mit neu vorliegenden Beweisen, die geeignet sein sollten, die Beweisführung des Gerichts grundlegend zu erschüttern. Das Gericht würdigte diese Beweismittel jedoch nicht dergestalt, dass durch deren Einbeziehung am Ende eines Prozesses ein wesentlich anderes Urteil zu fällen gewesen wäre, und lehnte den Antrag ab.

*

Zweieinhalb Jahre nach seiner Festnahme in Indien wurde endlich auch der eigentliche Mörder nach Deutschland ausgeliefert. Die Verhandlung fand in einem der zusätzlich gegen Flucht und Angriffe gesicherten Verhandlungssäle des Moabiter Kriminalgerichts statt. Zur Sicherung und Verhinderung einer Flucht wurde eine Vielzahl spezieller Maßnahmen getroffen. Der Ex-Legionär ließ sich zur Person, jedoch nicht zum Anklagevorwurf ein. Hinter schusssicherem Glas verfolgte er das Geschehen, lächelte bei den Ausführungen des Staatsanwalts und sah bei den Vorwürfen, die gegen ihn erhoben wurden, eigenartig unbeteiligt aus.

Nach Schule und Abitur hatte er sich für die Offizierslaufbahn entschieden, war zur polnischen Luftwaffe gegangen und zum Leutnant ernannt worden. Er hatte sogar die Warschauer Militärakademie besucht. Plötzlich brach die Karriere beim Militär ab. Die Gründe, die zur Dienstentlassung führten, war er nicht bereit preiszugeben. Danach folgte der Dienst in der französischen Fremdenlegion, über den er keine Angaben machen durfte; dazu war er nach Ablauf der Dienstzeit unter Androhung erheblicher Strafen verpflichtet worden. Eine Rückkehr ins bürgerliche Leben gab es für ihn nicht. Die Beschaffung von Leiharbeitnehmern aus Polen deckte mehr schlecht als recht seine Ausgaben. Die weiteren Umstände konnten durch Zeugenaussagen ergänzt werden.

Am dritten Verhandlungstag wurde der Bauleiter als Zeuge gehört, der inzwischen in Vollzugshaft saß. Er blieb bei seiner Aussage, wonach Dariusz A. ihrem Widersacher lediglich einen Denkzettel verpassen sollte und von Töten oder Ermorden nie die Rede gewesen sei. Dafür hatte Dariusz A. einen Betrag von zehntausend Euro plus Spesen gefordert. Seine früher gemachten Aussagen ergänzte er noch um einen weiteren Aspekt: Sie hätten Dariusz A. nach der Zahlung des Geldes noch von der Durchführung des Auftrages abhalten wollen, diesen also »storniert«, jedoch verwies Dariusz A. darauf, dass bezahlt worden sei und er liefere. Verträge seien einzuhalten.

An einem weiteren Verhandlungstag wurde das rechtsmedizinische Gutachten abgegeben und die Medizinerin stellte sich den Fragen der Prozessbeteiligten. Dariusz sah sich die Bilder des rechtsmedizinischen Gutachtens mit den drei Eintrittswunden und der einen Austrittswunde an. Man konnte sich des Eindrucks nicht erwehren, dass er überprüfte, ob er entsprechend seinen Prämissen eine fachgerechte Arbeit abgeliefert hatte.

Plötzlich änderte Dariusz A. sein Prozessverhalten und begann zu reden. Er bestritt, den Mord an Wolfgang S. begangen zu haben. Auch er breitete verschiedene Alternativszenarien aus, denen zufolge der Immobilienunternehmer durch eine andere Person umgebracht worden sei. Den Bordellbesitzer, der ihn bei der Polizei als den Täter benannt hatte, brachte er dabei ins Spiel, ohne ihn direkt zu benennen. Seine Äußerungen waren eine Gratwanderung hin zur Falschbeschuldigung. In ähnlicher Weise suchte er den Geschäftspartner Manfred K. zu belasten. Ebenfalls wollte er seine Haftbedingungen in Indien als Strafmilderungsgrund ins Feld führen. Er leide noch heute an dem Erlebten und die Gesichter der hingerichteten Insassen auf ihrem letzten Gang würden ihm nicht mehr aus dem Kopf gehen.

Am Ende der Verhandlung wurde er wegen Mordes an Wolfgang S. zu einer lebenslangen Freiheitsstrafe verurteilt, wobei die besondere Schwere der Schuld festgestellt worden war. Eine vorzeitige Freilassung nach fünfzehn Jahren, die ansonsten hätte beantragt werden können, kam für Dariusz A. nicht in Betracht. Die Strafvollstreckungskammer legt vor Ablauf der fünfzehn Jahre fest, wie viele Jahre der Verurteilte noch verbüßen muss, bis er auf Bewährung entlassen werden kann. Hier sahen es die Richter als erwiesen an, dass die Mordmerkmale der Heimtücke und der Habgier gegeben waren.

Auch die Tötung des Geschäftsmannes in seiner Villa während des Raubüberfalls in Nordrhein-Westfalen konnte nach über zehn Jahren und verbesserten Möglichkeiten der Untersuchung von DNA-Material, das aufbewahrt worden war, aufgeklärt werden. Ausgangspunkt der Aufklärung des Mordes in NRW war ein anderes Verbrechen, das zuvor in Bayern begangen worden war. Auch hier war das Ziel eine Villa gewesen. Zwei Täter hatten ein älteres Ehepaar am Tegernsee überfallen, ausgeraubt und dann gefesselt im Haus zurückgelassen; nur durch einen Zufall konnten die Opfer gerettet werden. Als Täter dieses Raubes in Bayern wurden zwei deutsche Brüder ermittelt und zu langen Haftstrafen verurteilt. Die DNA des einen Bruders stimmte mit der am Tatort am Rhein gefundenen überein, wodurch er überführt werden konnte. Im Verlauf der Ermittlungen wurde auch der zweite Täter identifiziert. Es handelte sich um einen fünfundvierzigjährigen Bosnier, der sich nach dem Mord in seine Heimat abgesetzt hatte. Wieder waren es Zielfahnder, die diesen Täter aufspürten. Bei einer Einreise nach Deutschland wurde er in einer spektakulären Aktion eines Sondereinsatzkommandos verhaftet und zusammen mit dem Deutschen wegen des Raubmordes zu einer lebenslangen Haftstrafe verurteilt.

Nur ein paar Gramm

»Zu welcher Akte«, fragte Doreen in der Kanzlei, ein Blatt Papier energisch in die Höhe haltend, »gehört das schon wieder?« Mit ihrem emporgestreckten Arm und ihrer neuen Haarfarbe, die das Kolorit von Grünspan hatte, sah sie aus wie die New Yorker Freiheitsstatue. Ihre türkis gefärbten Haarspitzen leuchteten dabei vor dem Fenster, das den Blick zur backsteingemauerten Fassade der früheren Kaiserlichen Oberpostdirektion freigab. Nebenher spielte sie auf dem Handy Duolingo und frischte so ihr Englisch in Vorbereitung ihrer nächsten Amerikareise auf. Wir hatten nichts gegen die spielerische Lernerei, da Doreen es schaffen würde, das Schicksal des Papiers aufzuklären, gleichzeitig ein Telefonat entgegenzunehmen, wozu sie endlich das Corpus Delicti auf ihrem Schreibtisch ablegte, ein zweites Gespräch in die Warteschleife zu schicken, das erste Gespräch mit einer kurzen Auskunft zu beenden, nochmals mit fragendem Blick zu versuchen, die Provenienz des Papiers zu klären, das zweite Gespräch abzuschließen und ihre Übung auf Duolingo mit dem in der Sache passenden Blick auf Stephan (»I will have a look at him«) fertigzustellen. Sicher würde sie uns bei ihrer nächsten Reise wieder ein Selfie mit einem Bild vor irgendeiner amerikanischen Großkanzlei senden, dazu schöne Grüße aus ihrem Urlaub, und hinzufügen, dass gleich ihr Jobinterview beginne.

Weder Stephan noch ich antworteten auf die Frage zur Herkunft des immer mal wieder die Luft der Kanzlei durchschneidenden Papiers. Stephan wusste, dass es zu einem seiner

Verfahren gehören musste, was Doreen bei der Formulierung ihrer Frage schon klar gewesen war.

»Mannomann, wenn ihr mich nicht hättet, ihr würdet in eurem Papierkram untergehen!«

»Ich warte auf das papierlose Büro«, warf Stephan ein und hatte Doreen damit schon die nächste Vorlage geliefert.

»Und ich warte darauf, dass du Ordnung in deinen Akten hältst.«

Mir war noch nicht klar, ob ich mir das Spiel noch ein wenig anschauen würde, bevor ich erfahren konnte, welche Bewandtnis es mit dem Papier hatte, das uns alle bald mehr beschäftigen sollte als vermutet. So entschloss ich mich zu rufen: »Ohne Taarof, ich lade zum Kaffee ein!«

Zwar waren wir uns alle nicht sicher, ob ein solcher Einwurf hier passte, weil wir die komplizierten persischen Handels- und gesellschaftlichen Gebräuche, die sich um das Taarof ranken, nicht im Ansatz kannten, dennoch hatte es sich als Sitte eingebürgert, um nicht lange zu streiten, wer denn den Kaffee bei unserer morgendlichen Teamberatung ausgab. Begründet hatte diese Taarof-Sitte Pete, der während seines Jurastudiums unter anderem mit einem iranischen Studenten in einer Wohngemeinschaft zusammengelebt hatte, der die Telefonrechnung der Studenten ins Uferlose trieb. Jedenfalls stand er bezüglich der hohen Telefonkosten für den angehenden Juristen unter Generalverdacht, Zweifelsvermutung zugunsten eines Angeklagten hin oder her. Seine kurzen Telefonate in die benachbarte badische Kleinstadt konnten ebenso wenig ins Gewicht fallen wie die längeren Telefonate der Architekturstudentin, die meist von ihren Freundinnen angerufen wurde.

Die Verhandlungen über den Ausgleich der Telefonkosten wurden nach hitzigen Vorwürfen, wechselnd mit verständnisvollen Zustimmungen, meist durch versöhnliche Taarof-Gesten beendet.

In mir erwachte die Erinnerung an den Fall des studentischen Bankräubers, der, um der Kündigung des Kontos seiner WG, dem Ausfall der Mietzahlungen und der unausweichlichen folgenden Kündigung des Mietverhältnisses zuvorzukommen, zum Räuber genau in der Bank wurde, die den Vertrag über die Kontoführung kündigen wollte. Ein Gutteil des geraubten Geldes zahlte er am Tag des Ablaufs der gesetzten Zahlungsfrist bei genau derselben Bank ein, die er am Vortag überfallen hatte. Vielleicht hätte ein Blick in die Liste der Kündigungsandrohungen die erfolglosen Ermittlungsbemühungen vorangebracht. Die Bewohner von Petes WG jedenfalls konnten mittels der Taarof-Regelung straffrei ihr Studium beenden. In der Kanzlei fehlte Pete nun, der sich für die Aufgabe des Anwaltsberufes zugunsten einer Tätigkeit in einer deutschen Behörde entschieden hatte. Geblieben ist von Pete neben vielen Erinnerungen und gelegentlichen Besuchen in der Kanzlei die Taarof-Regelung.

Fünf Minuten später saßen wir in den Lenné-Passagen in einer anderen als der sonst gewählten Sitzgruppe vor unserem Kaffee, weil wir den Wettlauf um diese Plätze gegen die Fahrer der Taxi-Innung verloren hatten. Morgen würden wir es denen aber zeigen!

Die Abgelegenheit der Sitzgruppe in der Ecke war für das folgende Gespräch von Vorteil. Nicht einmal Steffi, die neue Chefin der Bäckereifiliale, die die neuen, zischenden und alle möglichen Kaffeeprodukte ausspeienden Automaten bediente, konnte den Inhalt unseres Gesprächs verfolgen. Schnell stellte sich heraus, dass das ominöse Blatt Papier Stephans Aufzeichnungen zu einem neuen Mandat eines kanzleibekannten Klienten waren. Stephan hatte am Vorabend noch kurzfristig einen Auftrag angenommen, als der Mandant unangemeldet vor der Tür gestanden hatte. Als Stephan den Namen Avi S. nannte, wusste Doreen sofort Bescheid.

»Auch der soll sich daran gewöhnen, sich einen Termin geben zu lassen. Wenn du am Abend länger in der Kanzlei bist, dann sicher nicht, um auf Mandanten zu warten, die plötzlich auftauchen.«

Mein Sozius rechtfertigte sich damit, dass es da noch einen weiteren Beschuldigten gebe, den ich dann vertreten könnte.

Bei meiner Arbeitsbelastung hatte ich keine gesteigerte Lust, noch einen Kleinkriminellen zusätzlich zu verarzten. »So ein geldgieriger Ganove, der den Kids seinen Dreck verkauft, hat mir jetzt noch gefehlt.«

*

»War DHL schon da?«, wurde Tarek von seinem Freund angesimst.

»Ich erkundige mich gleich bei der Lieferfirma«, gab er als Antwort zurück und tippte auf die unter »Lieferzentrum« gespeicherte Nummer.

»Wo bleibt denn die Ware? Sie war für heute Nachmittag angekündigt«, erkundigte sich Tarek unruhig beim Händler, ohne eine Begrüßung abzuwarten.

»Die hätte schon längst eingetroffen sein müssen.«

»Genau. Und nun?«

»Im Lager ist sie pünktlich raus. Der Fahrer ist zuverlässig. Einfach ein wenig abwarten.«

Der Fahrer zwang sich, ruhig zu bleiben. Seit über einhundert Kilometern auf der A 2 hing ein schwarzer Audi an ihm dran, immer mehrere Fahrzeuge zwischen ihnen lassend. Nach einer Ausfahrt ließ der Verfolger den Abstand größer werden. Das war logisch, wo sollte er auch hin! Ob ihnen jemand die Ware abnehmen wollte? Die Bullen konnten es nicht sein. Die hätten sicher schon das Fahrzeug gewechselt, wenn die ihn unauffällig beobachten wollten. Dass da eine rivalisierende Bande auf einen günstigen Augenblick wartete, um ihm die Ware abzunehmen und ihn mit einer Kugel im Kopf ins Nirgendwo zu schicken, erschien da schon wahrscheinlicher.

Ihm fiel der blöde deutsche Song aus den Siebzigerjahren ein, den seine schräge Tante immer trällerte. Da fährt so ein Autobahn-Casanova hinter einer Frau her und bildet sich sonst was ein. Die Frau bemerkt den Verfolger, ihr wird mulmig zumute. Als sie dann eine Ausfahrt nimmt, fährt er an ihr vorbei und verabschiedet sich schwermütig von seiner Liebsten.

Weshalb fiel ihm gerade jetzt so ein Mist ein? Er konnte nicht erkennen, wie viele Insassen im Fahrzeug saßen. Wenn es eine rivalisierende Bande wäre, dann hätten die doch schon beim Verpacken zuschlagen können. Über seinen Zielort hatten die eher keine Kenntnis, sonst hätten sie ihn dort abgefangen. Er hatte noch über vierhundert Kilometer vor sich. Autobahnpolizei, die auf einen Zufallsfund hoffte? Waren sie zu Beginn dichter an ihm dran gewesen? Aufgefallen war ihm das Fahrzeug wenige Kilometer hinter der Grenze. Ein dreißigjähriger Fahrer allein in einem alten Mercedes E-Klasse mit niederländischem Kennzeichen auf der A 2 in Richtung Berlin und dann weiter auf der A 10 und der A 12 in Richtung Grenze war nichts Ungewöhnliches. Viele Polen, die in den Niederlanden arbeiteten und mittlerweile ihren Wohnsitz dorthin verlegt hatten, befuhren diese Strecke. Zugegeben, das war eher am Freitag der Fall, wenn sie nach der Arbeit über das Wochenende nach Hause fuhren, aber sonderlich auffällig war er nicht. Er wollte auch einen Begleiter für diese Fahrt haben, aber der Chef hatte angewiesen, dass für so wenig Zeug ein Fahrer ausreiche.

Solche Touren hatte er schon oft unternommen und nie war irgendetwas passiert. Meist fuhr er zu Stammkunden. Heute war er zwar auf dem Weg zu einem neuen Kunden, aber sie hatten ihn vorher abgecheckt. Da waren keine Probleme zu erwarten.

Und nun? Da fuhr das Problem einige hundert Meter hinter ihm. Er hatte auch darauf verzichtet, eine Waffe mitzunehmen. Dass diese nach einem möglichen Unfall bei ihm als Verletztem aufgefunden und ihn auffliegen lassen würde, war wahrscheinlicher, als dass er sie wirklich gebrauchen würde. Und jetzt? Die Ware war sicher in einem Zwischenboden verstaut, der von der Mittelkonsole des Fahrzeugs aus gut zu erreichen war. Das Versteck war so stabil, dass es sogar der deutsche TÜV abgenommen hätte.

Was würde passieren, wenn er jetzt richtig Gas gäbe und die nächste Ausfahrt nähme, ohne zu blinken? Vielleicht konnte er sich dann irgendwo in einer Nebenstraße oder auf einem Waldweg unsichtbar machen.

Wenn es die Polizei wäre, könnte er da jetzt seinen Chef oder den Kunden anrufen und seine Situation schildern? Wer könnte am besten helfen? Wurden gar ihre Handys abgehört und er würde erst die Bestätigung liefern, dass er heiße Ware an Bord hatte, die bei einer einfachen Kontrolle mit Sicherheit nicht gefunden würde?

Er konnte keinen klaren Gedanken fassen. Alles wirbelte in seinem Kopf herum. Vielleicht hatte einer aus der Bande bei den Bullen gesungen, um sich ein paar Vorteile in der Haft zu sichern?

Der Fahrer war erleichtert, als auf dem Display des Fahrzeugs ein Anruf des Chefs signalisiert wurde.

»Was ist los bei dir?«

»Frag bloß nicht! Da hängt ein Auto an mir dran, seit ich über die Grenze gefahren bin.«

»Ein Zufall?«

»Kaum möglich. Was soll ich machen?«

»Du fährst einfach weiter. Kommst du durch oder musst du zwischendurch tanken?«

Nach einem Blick auf die Tankanzeige antwortete der Fahrer: »Das reicht.«

»Wenn es die Konkurrenz ist und sie dir das Zeug abnehmen wollen, dann sicher nicht auf offener Autobahn. Dann könnte ich den Kunden anrufen und der trommelt ein paar Leute zusammen.«

»Hm. Und wenn es die Bullen sind?«

»Lass dich festnehmen. Am besten in Berlin. Da ist die Menge für die Richter Tagesgeschäft und es gibt nicht so hohe Strafen wie in den anderen Bundesländern.«

»Wirklich? Und wenn …?«

Ein Blaulicht hinter der Frontscheibe des schwarzen Audis setzte dem Rätselraten ein Ende. Die Sirene der Polizei erscholl und war trotz der Geschwindigkeit zu hören.

»Scheiße! Die Bullen!«, hörte der Chef noch, bevor das Gespräch abbrach.

Avi, der trotz seiner armenischen Abstammung im libanesischen Clan gegen den Widerstand insbesondere zweier Neffen Tareks als so etwas wie ein Stellvertreter fungierte, war inzwischen in die Wohnung des Bosses gekommen. Eine Plattenbauwohnung in einer ostdeutschen Kleinstadt nahe Berlin. Von hier aus wollten sie nach ihrem ersten großen Coup die Hauptstadt aufrollen.

Als der Kurier nicht erschien, wurden beide langsam unruhig. Ihr gesamtes Geld hatten sie in dieses Geschäft gesteckt, wirklich jeden Euro.

Zunächst hatten sie auch überlegt, sich den Stoff selbst zu holen, weil das Rauschgift durch den Transport immer teurer wurde und sie diesen Gewinn selbst mitnehmen wollten.

Es war ihnen erstaunlich schnell gelungen, selbst Kontakte nach Kolumbien zu knüpfen. Als sie dorthin reisten, erfuhren sie aber, dass ihr Kontaktmann durch einen Schuss in den Kopf hingerichtet worden war. Wenig Lust verspürend, die nächsten Opfer in der Riege zu sein, verließen sie alsbald den Kontinent.

Dann wollten sie den Stoff in einem anderen lateinamerikanischen Land kaufen, das Kilopäckchen aufschneiden und den Inhalt in kleinen Rollen verpacken, die sie in die Metallgestelle der Koffer platzieren würden, die die Griffe verschluckten. Das Koks war so nicht durch die Röntgenanlage zu erkennen. Wenn man sie jedoch erwischt hätte, wären in Lateinamerika harte Strafen zu erwarten gewesen, weshalb sie zu der Überzeugung gelangten, dass das Risiko zu hoch war.

Zuletzt hatten sie den jetzt genutzten Weg ausfindig gemacht. Über den Seeweg wurden die größten Mengen transportiert. Der Markt dafür war aber belegt und sie vermieden es, der Konkurrenz in die Quere zu kommen. Langsam wurde ihnen klar, weshalb in dieser Branche niemand richtig alt zu werden schien. So, wie es sich jetzt darstellte, konnte sich das Risiko, mit der Ware erwischt zu werden, auch noch kurz vor dem Ziel in Deutschland realisieren.

Allein die erwartete Lieferung von einem Kilogramm Kokain hatte durch ihre Reise eine enorme Wertsteigerung erfahren. Nur dadurch war zu erklären, weshalb sich immer wieder Rauschgifthändler auf dieses Geschäft einließen. Ihr bestelltes Kokain war in Peru für eintausendzweihundert Euro gekauft worden, in Brasilien war der Wert schon auf dreitausendfünfhundert Euro gestiegen und die Händler in Amsterdam verlangten zwölftausend Euro von ihnen. Sie aber würden den größten Reibach machen und den Stoff für zweiundsiebzigtausend Euro verticken. Der Traum von einem Gewinn von sechzigtausend Euro nur für dieses eine Kilo schien jetzt ausgeträumt.

Wenn das Ding hier platzen sollte, dann war es das gewesen. Tarek müsste weiter als Schweißer sein Brot verdienen und Avi würde als kleiner Dealer ein paar Euro machen. Tareks unbesonnene Neffen, die durch Schlägereien, Bedrohungen und Nötigungen immer wieder zum Stadtgespräch wurden und die Aufmerksamkeit der Polizei auf den ganzen Clan zogen, würden das Geschäft an sich reißen. Das hier war für Tarek und Avi die Chance ihres Lebens. Und die wollten sie auch ergreifen.

Für jeden Menschen gibt es bestimmte Situationen im Leben, die richtungsweisend sein können; man muss sie nur erkennen und sich entscheiden. Und ewig wollte Tarek auch nicht in diesem kalten und unfreundlichen Land bleiben. Mit dem verdienten Geld würde er seiner Familie eine gesicherte Zukunft am Mittelmeer ermöglichen können. Lebenswert war es da, wo die Römer sich früher aufhielten. Alles andere konnte man vergessen.

Nach ein paar weiteren Stunden rief Tarek nochmals bei seinem Lieferanten an. »Was ist los? Wo bleibt die Sendung?«

Sein Lieferant log prompt: »Wir wissen nicht mehr als Sie. Sie haben doch einen Code zur Sendungsverfolgung. Versuchen Sie es doch mit dem. Wir können Ihnen nur mitteilen, dass Ihr Paket im Lager ordnungsgemäß bearbeitet und rausgeschickt wurde.«

»Soll ich jetzt die Hände in den Schoß legen und abwarten?«

»Das scheint das Beste. Der Fahrer hat Ihre Nummer und wird sich bei Ihnen melden.«

»Was, wenn die Ware weg ist?«

»Die Lieferung geht auf Ihr Risiko. So wie vereinbart. Sie hätten auch alles selbst abholen können.«

»Und jetzt?«

»Abwarten, wie gesagt. Das wird sich alles aufklären, da bin ich mir sicher.«

Nichts klärte sich auf. Der Fahrer und der Stoff blieben weg. Aus Holland kam die Information, dass der Kurier festgenommen und in Untersuchungshaft gesteckt und die Ware beschlagnahmt worden sei.

Avi war der, der an der Darstellung zweifelte. »Die haben uns von Anfang an nicht ernst genommen und für kleine Fische gehalten. Wir sollten denen mal einen Besuch abstatten. In Rotterdam kenne ich ein paar Leute.«

»Ich auch. Aber da einzureiten, wäre nicht klug. Die haben Maschinenpistolen. Das gibt ein Gemetzel. Und anschließend kommen die hierher, um sich zu rächen. Die könnten das gar nicht auf sich sitzen lassen, ohne ihren Ruf zu verlieren. Das wird eine nie endende Geschichte ohne Sieger.«

»Und was sollen wir nun machen? Wir hätten die Sache doch alleine durchziehen sollen. Nun ist unser Geld weg, wir haben keine Ware, die Kunden drängeln und wandern zu anderen Dealern ab, wenn wir nicht bald liefern. Dann ist es aus. Wenn deine Leute kein Geld verdienen und auf die Almosen vom Staat angewiesen sind, laufen die auch davon.«

Tarek wiegte den Kopf, als ob ein Argument gegen das andere abgewogen werden sollte. »Die zur Familie gehören, sind loyal, und die anderen …« Er machte eine wegwerfende Handbewegung. »Wenn wir das Geschäft jetzt nicht in Schwung bringen, dann können wir es für immer lassen.«

»Genau! Wir brauchen die Ware unbedingt. So'n bisschen Kleinkram können wir uns immer beschaffen, aber wir müssen die ausgefallene Lieferung kompensieren.«

»Ich habe eine Idee, wie wir zu unserem Stoff kommen könnten. Es ist aber gefährlich.«

Was für andere Menschen eine Warnung wäre, war für Avi geradezu eine Aufforderung. »Erzähl!«

*

Jetzt gab es kein Zurück mehr. Er lud die Waffe durch und sicherte sie nicht wieder, damit er gleich abdrücken konnte. Jeder Augenblick, den er zögerte, würde seinem Gegenüber die Chance geben, ihn zu töten. Der würde das auch machen, schließlich hatte er viel zu verlieren. Noch nie musste er selbst auf einen Menschen schießen. Tote gesehen hatte er von Kindheit an: nach Luftangriffen der israelischen Armee, Schusswechseln auf offener Straße oder nach einem Selbstmordattentat der eigenen Leute. Da war so viel Hass, so viel Gewalt unter den Menschen, die von Generation zu Generation weitergegeben wurde und keinen Raum zum freien Atmen ließ. In Deutschland wussten die Menschen überhaupt nicht, wie gut es ihnen ging, wie viel wert es war, ein Leben in Frieden zu planen, sein eigenes und das seiner Kinder. So ein Leben wollte er auch für sich, für sich und seine Familie.

Tarek schaute auf die Uhr. Noch dreißig Sekunden. Entschlossen streifte er seine Maske über das Gesicht und ging um die Ecke zum Eingang. Lange sollte er sich am helllichten Tag inmitten von Berlin nicht mit gezogener Waffe und maskiert aufhalten. Tarek schaute noch einmal auf die Uhr. Noch zehn Sekunden. In vierzig Sekunden sollte Avi die Wache am Hintereingang ausschalten. Sie kannten den Klub und hatten ihn über eine Stunde beobachtet. Am Hintereingang war eine Wache postiert und im Klub müsste Mourad nun alleine sein. Sie kannten ihn und seinen Ruf als einen brutalen und jähzornigen Clanchef.

Sie wollten das hier nur zu zweit durchziehen. Jeder Mitwisser wäre eine Person zu viel. Unter der Anwendung von Folter – und Mourad würde keinen Augenblick zögern, jemanden zu foltern, wenn er nur ein Fünkchen Hoffnung hätte, aus dem Opfer eine kleine Information herauszupressen, die ihn zu den dreisten Räubern führte – könnte keiner seiner Leute widerstehen, da konnte man so heroisch denken, wie man wollte. Er hatte im und nach dem Bürgerkrieg im Libanon viele Menschen gesehen, die je nach Seite als Kämpfer oder Verräter galten, die gefoltert worden waren. Die Helden, die die Zähne zusammenbissen, soweit ihnen nicht schon alle ausgeschlagen worden waren, und nichts sagten, gab es nur in Hollywood-Streifen. Und wenn man zugab, etwas preisgegeben zu haben, galt man selbst für die eigene Seite als Verräter. Da war man dann plötzlich doppelt bestraft und von keinem der beteiligten Flügel mehr geachtet. Kriege waren nicht gerecht, da konnten sich die Parteien auf die Fahnen schreiben, was sie wollten. Kriege waren schon immer ungerecht, brutal und entmenschlichend. Sie würde es nach Tareks Ansicht aber immer geben. Kriege zwischen Staaten waren im Prinzip das Gleiche wie Kriege unter Banden, nur in einer anderen Dimension.

Würde auch nur die Vermutung aufkeimen, wer das, was jetzt geschehen würde, veranstaltet hatte, dessen Leben wäre verwirkt. Da könnte seine Familie in der Heimat sehr viel älter, mächtiger, bekannter und größer sein. Hier waren sie in Deutschland und hier galten andere Regeln. Und dass ein Libanese den anderen ausraubte, darauf würden sie auch nicht so schnell kommen. Mourads Familie hütete in der Heimat Ziegen, sie waren niemand. Und so ein einfältiger und unbesonnener Bauernsohn wie er, der nun an der Bar saß und sich für großartig und unbesiegbar hielt, würde ihn umlegen, wenn er ihm die Chance dazu ließ. Aber weshalb mit Steinen werfen – und wieder war da so ein deutsches Sprichwort, für das es eine arabische Entsprechung gab –, wenn man im Glashaus saß? Was er hier gleich veranstalten würde, war sicher nicht besonnen, aber einen anderen Ausweg sah er nicht. Durch eine Vielzahl nicht vorherzusehender Umstände war er in diese Situation geraten. Zu Hause hätte er andere Möglichkeiten gehabt. Aber hier, in diesem fremden, kalten Land?

Den Verlust von einem Kilogramm Kokain und zehn Kilogramm Marihuana konnten sie nicht kompensieren. Dafür hatte er zu lange gearbeitet und kaum krumme Dinger gedreht. Er hatte richtig hart geschuftet, Überstunden gemacht, am Wochenende auf Baustellen schwarzgearbeitet, mit Fahrzeugen gehandelt, seine Familie und sich kurzgehalten, allenfalls für das Erstgeborene ein paar Euro mehr ausgegeben, aber sonst die Familienkasse mit Argusaugen bewacht. Das Geschäft mit dem Gras hatte zum Aufbau der Infrastruktur und zum Anfüttern seiner Verwandten gedient. Viel war da nicht übrig geblieben. Mit den härteren Drogen war mehr zu verdienen. Gerne, nur allzu gerne hätte er seiner Frau auch etwas gegönnt. Er sah, wie sie sich als Deutsche von ihren Landsleuten argwöhnisch beäugen lassen musste, weil sie sich mit einem Libanesen eingelassen hatte. Ihre Freude über ihre Erstgeborene ließen sie sich dadurch nicht trüben. Dieses kleine, dunkelhaarige Mädchen tapste bald durch die für die Familie immer enger werdende Wohnung, als eine weitere Schwangerschaft festgestellt wurde. Dieser neue Mensch auf Erden interessierte die Nachbarn wenig, wichtig war für die Außenstehenden nur, ob er eher arabisch oder europäisch aussehen würde. Diese Deutsche habe sicher keine gesteigerte Lust zu arbeiten und lasse sich von dem Araber schwängern, um Kindergeld zu bekommen und selbst nicht mehr arbeiten zu müssen. Man kenne das ja.

Nicht nur in Deutschland wurde ihre Beziehung skeptisch betrachtet; seine Familie brachte dem Paar ebenso viel Unverständnis entgegen. Die Engherzigkeit der Menschen würde nach Tareks Ansicht nie vergehen. Er wusste, dass es seine Aufgabe war, sich um seine Frau und die Familie zu kümmern. Und er würde dieser Verantwortung auch nachkommen, egal, was geschah. Und wenn man ihm als Ausländer nicht genügend Möglichkeiten gab, so viel zu verdienen, dass er seine Frau und die Kinder ernähren konnte, musste es eben andere Möglichkeiten geben.

Für die Lieferung hatte er seine und die gesamten Ersparnisse von Avi gebraucht, dessen Beteiligung am Geschäft nur möglich war, weil er als Türsteher eines Klubs Gras, Koks, Amphetamine und Crystal Meth verkauft hatte. Da war er aber nur ein kleiner Verkäufer.

Avi war Armenier und stammte aus der Türkei. Tarek entstammte einer sehr achtbaren Familie und einer der größten Familien im Libanon. Sie könnte alleine eine kleine Stadt bevölkern. Sein Großvater war zwar kein Politiker oder Verwaltungsangestellter, wurde aber bei jeder wichtigen Entscheidung gefragt, damit sichergestellt war, dass das Vorhaben durch seinen Clan nicht sabotiert würde. Ohne seine Zustimmung wurde keine Hochzeit abgesprochen, kein Haus gebaut und kein Geschäft eröffnet. Der Papierkram bei den Behörden war danach nur noch Formsache. Das war seit Generationen so und gehörte zur Ordnung in seinem Land.

Hier in Deutschland war das ähnlich. Die Ordnung wurde mit modifizierten Mechanismen aufrechterhalten. Aus Tareks Sicht war dieses Konstrukt sehr labil, weil immer mehr wirkliche Handlungsoptionen entglitten. Die Menschen ahnten schon, dass es so nicht auf ewig weitergehen würde, wollten es aber nicht wahrhaben. Das System konnte nur so lange existieren, wie die Leute daran glaubten. Das war genauso wie mit dem beliebig zu druckenden Geld. Die Politiker waren hier größtenteils nur die Huren der ganz großen Wirtschaftsunternehmen. Würde von denen Produktion ausgelagert und damit das Bruttoinlandsprodukt gesenkt und die Arbeitslosigkeit erhöht, würde man ganz schnell nervös.

Tarek wusste, dass er nicht in dieser Liga spielen würde. Das war auch nicht sein Ziel. Er beabsichtigte, so viel Geld zu erwirtschaften, wie nötig war, damit er seiner Ehefrau, dem bereits geborenen Kind und dem, das sie bald erwarteten, in der Heimat ein erträgliches Leben ohne zu große Last bieten konnte.

Tarek stürmte in den Klub und sah seinem erstaunten Landsmann in die Augen. Ohne sich das vorher überlegt zu haben, rief er auf Deutsch: »Dein Koks! Los, her damit!«

Die Verwendung der deutschen Sprache war ihm spontan eingefallen, da er mitbekommen hatte, dass Landsleute ihn nicht erkannten, wenn er sie mit unterdrückter Nummer anrief und auf Deutsch sprach.

»Was für Koks?«, blaffte Mourad, als ob der Eindringling nicht ganz gescheit wäre.

»Ich zähle«, blieb Tarek bei der deutschen Sprache, »bis drei, dann schieße ich dir in eins deiner Knie. Eins …«

Der ließ es drauf ankommen. Von der Hintertür erschollen Geräusche eines kurzen, aber heftigen Kampfes. Der Ladeninhaber sackte ein wenig zusammen, weil nun keine Hilfe mehr zu erwarten war.

»Zwei …«

»Ich habe hier keinen Stoff.«

»Drei.« Tarek schoss auf den Boden, die Kugel prallte ab und im Regal an der Wand klirrten Gläser. Er ging näher auf den nun nicht mehr so sicher wirkenden Klubinhaber zu.

»Schon gut, schon gut!« Er stand auf und ging in ein Nebenzimmer. Hinter einer Schranktür kam ein kleiner Safe zum Vorschein. Er tippte die Nummer ein und wollte die Tür aufreißen, als Tarek ihm einen kräftigen Schlag mit dem Griff der Pistole in den Nacken verpasste. Ein Schuss löste sich und die Kugel zersplitterte eine Kante des Schranks. Der Ladeninhaber sank vom Schlag betäubt zu Boden. Jetzt hatten sie mitten in Berlin am Tage genügend Lärm veranstaltet. Die Stadt war tagsüber so laut, dass von der üblichen Geräuschkulisse fast jeder Schrei oder Schuss verschluckt wurde, jedoch war ihnen klar, dass sie die Aufmerksamkeit Unbeteiligter nicht unnötig auf sich ziehen sollten. Jetzt hieß es, Ruhe zu bewahren und das Vorhaben zügig durchzuziehen.

Avi stand verstört daneben, als Tarek dem Safe als Erstes eine geladene Waffe entnahm, die oben auf dem Rauschgift lag.

»Hier! Das ist jetzt deine.«

Das kam Avi wie eine Beförderung vor. Er betrachtete die Pistole und sicherte sie.

Wie eine Trophäe hob Tarek den Beutel mit dem weißen Pulver hoch.

»Ist das unsere Lieferung?«

»Möglich. Dann wären wir jetzt quitt.«

Sie verließen den Klub und rissen sich die Masken vom Kopf. Sie wussten, dass es dort eine Videoüberwachung gab, verfügten aber nicht über die Kenntnisse, um den Standort oder Inhalt des Servers festzustellen, auf dem die Aufnahmen gespeichert worden waren. Hinter ihnen hörten sie das Gepolter der Wache, die Avi erst zusammengeschlagen, dann mit Kabelbindern und Klebeband verschnürt und letztlich auf dem Klo eingesperrt hatte.

Dem Zoll war mit der Verfolgung und Festnahme des Kuriers kein großer Fisch ins Netz gegangen, aber ein Zufallsfund gelungen, der den richtigen Riecher der Beamten bestätigt hatte. Ein Kilogramm Kokain und zehn Kilogramm Marihuana waren leider kein großer Fang mehr in Deutschland und schon längst keine Zeile in den Medien wert.

Dem Brandenburger LKA wurden Tareks Telefonnummer und seine ungefähre Adresse mitgeteilt, zu der die Lieferung geschafft werden sollte. Zwar hatte man sich für die Übergabe auf eine Adresse geeinigt, die mehrere Hundert Meter von Tareks Wohnung entfernt war, aber durch die schnell beantragten und richterlich genehmigten technischen Überwachungsmaßnahmen konnte er alsbald als Kopf der Bande ausgemacht werden.

Die Staatsanwaltschaft hatte in der Begründung des Antrags zur Einleitung der TÜ eilfertig übertrieben, von einer gefestigten Bandenstruktur der Organisierten Kriminalität geschrieben und deshalb nicht nur die übliche Telefonüberwachung beantragt, sondern auch die Wohnraum- und Fahrzeuginnenraumüberwachung. Da Tareks Frau wegen der kleinne Tochter, einer erneuten Schwangerschaft und der sozialen Isolation, die ihr durch die Ablehnung der deutschen Freunde und das Misstrauen der arabischen Verwandtschaft zuteil wurde, allerdings an die Wohnung gebunden war, würde es für die Techniker des Landeskriminalamtes schwer werden, Mikrofone in die Wohnung einzubauen.

Einen V-Mann, der eine Ablenkung organisieren konnte, gab es in diesem Clan nicht. Die Einschleusung oder Initialisierung einer Vertrauensperson oder eines verdeckten Ermittlers war für die Polizei in den auf Familienstrukturen basierenden Banden ohnehin ein großes Problem und nur für langfristige Ermittlungszwecke geboten.

Das Amtsgericht gab zwar den Anträgen zur technischen Kommunikationsüberwachung und Fahrzeuginnenraumüberwachung statt, genauso wie den weiteren Anträgen zur Überwachung der Teilnehmernummern der Kontaktpersonen, die Tarek anrief oder von denen er angerufen wurde, lehnte aber die Wohnraumüberwachung ab, da hier der private und intime Bereich des Verdächtigen betroffen gewesen wäre und andere ermittlungstechnische Maßnahmen als verhältnismäßiger galten.

Tareks BMW konnte problemlos verwanzt werden, während die Zielperson in ihrer Wohnung war. Dass er zu diesem Zeitpunkt in der Küche selbst diverse Stoffe wog, welche dem Anwendungsbereich des Betäubungsmittelgesetzes unterlagen, sie streckte und in kleine Tütchen unterschiedlicher Größe und Farbe abfüllte, davon hatten die Ermittler noch keine Kenntnis. Die Verpackungstüten bestellten die Dealer im Internet. Ein Konkurrent, den die Polizei ausgeschaltet hatte, verwendete kleine rote Tütchen mit einem kleinen schwarzen Teufelsgesicht. Diese Geschäftsidee übernahmen Tarek und seine Leute; auch wenn rivalisierende Drogenhändler zur Erweiterung oder Festigung ihrer Gebiete zu äußersten Maßnahmen griffen, waren urheberrechtliche Streitigkeiten über die Verwendung von Logos nicht bekannt. Ein Zugriff zu dieser Zeit hätte jede Menge Beweismittel zutage gefördert und Schutzbehauptungen überflüssig gemacht, da Tarek in flagranti erwischt worden wäre, aber die Ermittlungen rechtfertigten zu diesem Zeitpunkt noch keine Wohnungsdurchsuchung, Beschlagnahme und Festnahme. Während die Ermittlungen zäh vorangingen, schmolz der Betäubungsmittelvorrat an harten Drogen immer weiter ab.

Die Einnahmen aus dem Verkauf der Drogen sprudelten, und Tarek, der bis dahin immer noch seinem Job als Schweißer nachgegangen war, kündigte das Arbeitsverhältnis. Der Chef stellte ihm gerne ein wirklich gutes Zeugnis aus und legte seinem Mitarbeiter den Wunsch ans Herz, sofort zurückzukommen, sobald er es mochte. Noch mochte Tarek aber nicht.

Ein Teil des Geldes wurde gleich in den Zukauf von Drogen aller Art genutzt, die sich bei den harten Drogen aber nicht mehr im Kilobereich bewegten. Die Ermittler hörten Bestellungen von »Mehl«, »Zucker«, »Blöcken von Schokolade« und gar »Eiern« mit, die durchaus geeignet waren, beim unkundigen Hörer den Eindruck eines florierenden Lebensmittelunternehmens zu erwecken.

Nicht nur die Ermittler des LKA kamen Tarek, dessen Bande plötzlich mit Kokain handelte, auf die Spur, sondern auch Mourad, der seinen Landsmann in Verdacht hatte, ihn bestohlen und gedemütigt zu haben. Mourad war nach der Sichtung der Überwachungsvideos davon überzeugt, dass der Mann hinter der Maske Tarek gewesen sein musste. Tarek, der sich wegen seiner Familie für etwas Besseres hielt. Dabei war er nur ein kleiner, gemeiner Dieb, ein Lump, dem er die Hände abhacken würde, bevor er ihm eine Kugel in seinen Schädel jagen würde. Schade war nur, dass sein Opfer durch das Abhacken der Hände bewusstlos werden würde. So würde Mourad nicht mehr die Genugtuung haben, die Angst in Tareks aufgerissenen Augen zu erblicken, der mit Gewissheit der eigenen Hinrichtung entgegensehen würde. Mourad hatte sich viele Male überlegt, wie er Tarek und dessen einfältigen Freund hinrichten würde, und war dann zum Entschluss gekommen, erst Tareks Familie vor dessen Augen zu töten, bevor er dessen Leben ein Ende setzte. Zwar sah Mourad auch die Gefahr der Rache durch Tareks Familie, aber das Gros der Familie war im Libanon geblieben und würde da auch bleiben.

Mourads Leute beobachteten ebenfalls Avi, Tarek und dessen Familie. Die schwangere Frau und die Tochter befanden sich in der Wohnung, Tarek hatte Avi gerade in dessen Wohnung abgesetzt und würde in wenigen Minuten hier vor der Wohnung eintreffen. Dann würden sie erbarmungslos zuschlagen.

»Sollen wir ihn jetzt fertigmachen?«, erkundigte sich einer von Mourads Leuten, die im Auto vor dem Haus warteten, in dem sich Avis Wohnung befand.

»Noch nicht. Erst wenn sein Boss hier eingetroffen ist. Wir schlagen gemeinsam auf mein Zeichen zu. Dahinten kommt er, glaube ich. Moment, noch nichts unternehmen!«

Es war wirklich Tareks Fahrzeug, das sein Landsmann gesehen hatte. Der BMW steuerte schwungvoll in eine freie Parklücke.

»Mourad, da laufen vier bewaffnete Männer mit Sturmhaube auf den Eingang zu!«

»Bleibt im Fahrzeug!«, zischte Mourad, der nun mehrere Schatten um den BMW sah und sich auf dem Beifahrersitz im voll besetzten Fahrzeug ganz klein zu machen versuchte. Glücklicherweise standen sie so weit entfernt, dass sie nicht wahrgenommen wurden, aber alles sehen konnten.

Nun geschah alles ganz schnell. Das Fenster der Beifahrerseite wurde von einem der Schatten eingeschlagen, als Tarek gerade die Fahrertür öffnen wollte. Augenblicklich drehte er sich nach rechts. Ein anderer Schatten riss die Fahrertür vollends auf und ein dritter Schatten schlug gezielt in das Dunkel des Wagens, bevor er begann, Tarek herauszuziehen, wobei ein vierter Polizist zu Hilfe kam. Sie schleuderten die wie leblos wirkende Puppe mit auf dem Rücken verschränkten Armen und dem Gesicht voran mit einer solchen Wucht auf die Motorhaube, dass der Knall von Mourad und seinen Leuten im geschlossenen Wagen laut zu hören war. Zwei Beamte schleuderten den Körper des Festgenommenen so neben das Auto, dass der Kopf ungebremst auf die erhöhte Bordsteinkante flog und der Rest des Körpers auf der Straße zum Liegen kam. Einer der SEK-Leute flog hinterher und landete auf Tareks Hüfte. Er riss die Arme nach hinten und schnürte sie zusammen. So tat es einer der Polizisten auch mit den Beinen. Ein dunkler Transporter kam mit Blaulicht herangeschossen. Die Polizisten warfen den sich nicht bewegenden Körper wie einen Sack Kartoffeln auf die Ladefläche. Das alles war wieder und wieder geübt worden und lief in Sekundenschnelle ab.

Ein zweites Team war inzwischen in das Haus gestürmt und hatte die Wohnungstür mit der Ramme eingeschlagen, sodass das splitternde Holz in den Flur flog. Nachdem die Wohnung gesichert war, nahmen die Beamten der Kriminaltechnik ihre Arbeit auf.

»Da muss irgendwo ein Nest sein«, traute sich einer von Mourads Leuten im Fond des Wagens angesichts so vieler nun als Polizeifahrzeuge zu erkennender und weiterer anrückender Autos zu sagen.

Ihr Chef hatte die Verbindung zu den anderen die ganze Zeit gehalten. »Wenn bei euch etwas Ruhe eingezogen ist, macht ihr euch vom Acker. Wir treffen uns am McDonald's vor der Autobahnauffahrt.«

Sein Fahrer erkundigte sich unsicher bei Mourad, ob Tarek tot sei, worauf dieser nur erwiderte, dass die Bullen ihnen dann die Arbeit abgenommen hätten.

So schlimm, wie der erst am nächsten Tag im Krankenhaus vor Schmerzen erwachende Tarek von den Einsatzkräften des SEK zugerichtet worden war, so unbestritten war es, dass dieser unverhältnismäßige Zugriff ihm an diesem Tage das Leben gerettet hatte.

Tarek erwachte mit multiplen Verletzungen am Folgetag im Krankenhaus und musste seine Gedanken ordnen. Er konnte sich zunächst nur an die geborstene Beifahrerscheibe seines Autos erinnern. Nach und nach ergaben Bruchstücke ein vages Bild des Geschehens. Nach mehreren Minuten wurde er gewahr, nicht in einem Haftkrankenhaus zu liegen. Es waren keine Gitter am Fenster zu erkennen und er war nicht fixiert oder irgendwie gesichert. Es sah alles danach aus, als läge er in einem stinknormalen Krankenhaus, was sich durch das Eintreten einer Krankenschwester, deren Blick sich bei der Betrachtung des erwachten Patienten aufhellte, aus seiner Sicht bestätigte. Aber was wusste er schon? Weshalb sollte es in Haftkrankenhäusern keine Krankenschwestern geben? Und wozu Gitter an den Fenstern, wenn ein solches Krankenhaus direkt auf dem Gelände einer Justizvollzugsanstalt stand?

Gleich die erste Äußerung der Schwester gab Klarheit: »Schön, dass Sie wach sind. Ihre Frau kommt in einer halben Stunde.«

Der Versuch einer Antwort blieb wegen eines stechenden Schmerzes, der seinen Körper vom Kiefer aus durchzuckte, bei der ersten Silbe stecken.

Die Stationsschwester hatte Tareks Frau vorsichtig auf in Folge der Körperverletzungen veränderte Äußere ihres Mannes vorbereitet, was jedoch einen kleinen Aufschrei beim ersten Anblick nicht verhindern konnte. Das Brillenhämatom war voll ausgeprägt und veränderte seine dunkelblauviolette Farbe hin ins Rote. Die aufgeplatzten Stellen an der Stirn, den Augenbrauen und dem Nasenbein waren entweder genäht oder mit Klammerpflastern behandelt worden, die Schürfwunden trugen das Ihrige bei. Der Gips am Arm schien nur eine der geringeren körperlichen Beeinträchtigungen zu sein.

Sie hielt mehr seine als er ihre Hand. Nach einiger Zeit der Stille nestelte seine Frau in ihrer Handtasche und brachte eine Ladung der Polizei zum Vorschein. Tareks Gesicht verzog sich schmerzverzerrt, als er zum Zeichen des Unverständnisses die Schultern hochziehen wollte. Sie las vor, dass es sich um eine Ladung zu einer Beschuldigtenvernehmung wegen des Verdachts des Handelns mit Betäubungsmitteln in nicht geringem Umfang handelte.

»Tu uns so etwas nie wieder an!«, forderte sie eindringlich, und da er nicht zu verstehen schien, setzte sie gleich nach: »Die haben die Tür zertrümmert und die Wohnung mit Maschinenpistolen gestürmt. Die Kleine war völlig verängstigt. Die Polizei hat die Wohnung auseinandergenommen und alles untersucht und mitgenommen. Da war sogar ein Staatsanwalt dabei. Dem haben sie gesagt, du hättest dich durch deine Gegenwehr krankenhausreif verletzt und seist nicht ansprechbar. Das ist der einzige Grund, weshalb du nicht schon im Knast steckst.«

Seinen Lippen entrann nur ein »Was … mitgenommen?«.

»Du bist«, empörte sich die Frau, »halb tot und dich interessiert nur, was sie mitgenommen haben?«

Bestätigend nickte er.

»Na, das ganze Zeug aus der Küche. Die Waage, das Verpackungszeug, ein Tütchen mit weißem Pulver und noch so'n Zeug. Ich musste da auch was unterschreiben. Frag mich aber nicht, was es war.«

Da Tarek auf ihre anfängliche Bitte nicht mit hinreichender Bestimmtheit reagiert hatte, blieb sie hartnäckig. »Hast du gehört? Tu uns so etwas nie wieder an!«

Er nickte kaum merklich und unternahm einen vorsichtigen Versuch der Rechtfertigung. »Das«, stammelte er mit einer Stimme, die nicht wie seine eigene klang, »habe ich für uns getan.«

»So ein Unsinn«, brauste sie auf. »Was brauchen wir denn groß! Wir können hier …« Dann machte sie eine kurze Pause, nach der sie sich korrigierte: »Wir konnten hier gut leben, als du gearbeitet hast. Jetzt leben wir in Angst. Die Kleine und ich können nicht mehr schlafen. Wir lauschen auf jedes Geräusch und fürchten das Krachen eingeschlagener Türen.« Sie konnte ihre Tränen nicht mehr zurückhalten.

Nur unter Anstrengung brachte er hervor: »Ich wollte doch nur ein Leben ohne tägliche Sorgen und Geldnot.«

»So ein Unsinn! Die Sorgen haben wir jetzt. Das Geld hat doch gereicht. Nicht viel, aber es hat gereicht. Ein gutes Bett kann man sich kaufen, aber keinen ruhigen Schlaf. Jetzt überlege ich, mit der Kleinen zu einer Therapeutin zu gehen. Mach so etwas nie, nie wieder! Ich meine es ernst, ganz ernst!«

Er nickte. Mit ausgetrocknetem Mund, dem ein widerlicher Atem entströmte, hauchte er: »Ich lass das alles sein und mache mit meiner Arbeit als Schweißer weiter.«

»Mach das, bitte!«, flehte sie. »Ich hatte wirklich Angst um unser Leben. Ein paar von deinen Freunden haben mir gesagt, dass dich ein gefährlicher Typ aus Berlin gesucht, aber wegen der Verhaftung nicht gefunden hat. Er wollte dich töten!«

»Wer?«, fragte er, obwohl ihn eine Ahnung überkam. Was hatte er sich gedacht? Dass die das auf sich beruhen ließen? Jetzt wollten die Rache. Danach er, dann …

»Was weiß ich! Na ja, das hätten beinahe die Bullen für ihn übernommen.« Er wies auf die polizeiliche Ladung. »Suchst du einen Anwalt?«

»Woher soll ich einen Anwalt kennen? Wen soll ich da suchen?«

»Avi hatte schon mit dem Gericht zu tun. Frag ihn!«

Bevor Tarek in einen Dämmerzustand verfiel, wollte er noch etwas Wichtiges fragen, vergaß es dann aber wieder. Als er einige Stunden später erwachte, fiel ihm nicht mehr ein, wonach er sich bei seiner Frau erkundigen wollte, beruhigte sich damit, dass es schon nicht so bedeutend gewesen sein dürfte, wenn er es gleich wieder vergessen hatte, und schlief mit der Ungewissheit ein, ob da nicht doch eine überlebenswichtige Frage einer Antwort bedurfte.

Nach der Entlassung aus dem Krankenhaus verfasste Tarek eine Strafanzeige gegen unbekannt. Als Tatort und Tatzeit gab er die Daten seiner Verhaftung an und teilte mit, dass er, ohne einen Anlass dafür gegeben zu haben, von Polizeibeamten in Sturmhauben geschlagen und gefesselt worden war, diese sich nicht als Polizeibeamte ausgegeben und ihn nicht über seine Rechte belehrt hatten.

Einige Tage später erhielt Tarek von dem Staatsanwalt, der ihm später in der Verhandlung gegenüberstehen sollte, eine Bestätigung des Einganges der Anzeige, verbunden mit dem Hinweis auf die Einleitung eines Ermittlungsverfahrens wegen Körperverletzung im Amt gegen bislang noch unbekannte Polizeibeamte.

*

An der Kanzleitür musste es geklingelt haben. Luise, neben Ebby die zweite Hündin in der Kanzlei, kündigte den Besucher durch heftiges Bellen an. So wusste ich in meinem Zimmer immer, wenn es wieder geklingelt hatte.

Doreens flüchtiges Klopfen trug schon die Mahnung in sich: »Du hast doch mitbekommen, dass es geklingelt hat, da kannst du schon einmal deinen neugierigen Kopf herausstrecken.« Sie äußerte lapidar: »Dein Dealer ist da.«

»Wein? Zigaretten? Bücher?«, gab ich, der allen altmodischen Lastern verfallen war, zurück. Wie war das noch mal mit dem Snob?

»Heroin, Gras und Amphetamine«, entgegnete Doreen sachlich und in Anbetracht des im Wartebereich sitzenden Mandanten sehr leise.

So, wie Tarek es vermutet hatte, kannte Avi den einen oder

anderen Anwalt, der ihn schon in der einen oder anderen Strafsache verteidigt hatte. Stephan war Avi bei mehreren kleinen Drogendelikten als Pflichtverteidiger beigeordnet worden, die jedoch nicht so klein waren, dass nicht doch eine Strafhaft für ihn dabei hätte herausspringen können. Mein Sozius meldete sich in dem Ermittlungsverfahren für Avi, konnte jedoch wegen des Verbots der Doppelvertretung im selben Verfahren nicht auch für Tarek auftreten.

Bis zum ersten Gespräch wusste ich nur, dass es sich um eine Betäubungsmittelsache handeln sollte, bei der es nur »um einige Gramm« härterer Drogen ging.

Tarek, dessen Hämatome im Gesicht sich farblich nun ins Grüne und Gelbe wandelten, war recht wortkarg, stellte sich als fleißigen Schweißer, der er nun wieder war, liebevollen Familienvater, gläubigen Menschen und nur kleinen Gelegenheitsdealer dar, den die Polizei mit übermäßiger Gewalt, und dann nicht einmal auf »frischer Tat«, sondern beim Einparken seines Fahrzeugs, überwältigt habe, bei dem in der Wohnung nur ein paar Staubreste an Drogen festgestellt worden seien und der mich sozusagen beauftragen müsse, um dieses Missverständnis aus der Welt zu schaffen. Da gebe es auch noch eine Ladung zu einer Beschuldigtenvernehmung, bei der er nichts anderes erklären könne.

Eigentlich hätte man die Sache nach dieser Darstellung mit einem Hinweis auf die nicht zwingende Verteidigung auf sich beruhen lassen können. Meine Intuition sagte mir aber etwas anderes, weshalb ich vorschlug, mir erst einmal die Ermittlungsakte anzusehen, um abzustimmen, ob überhaupt eine weitere Vertretung vonnöten war. Bis dahin brauchte er sich zur Sache auch nicht einzulassen. Wenn wir so vorgingen, müsste er mich aber zur Akteneinsicht beauftragen und auch bezahlen. Wir handelten einen Betrag aus, der viel zu klein war, wenn die Ermittlungsakte vom Umfang her eine Lesezeit von mehr als fünf Stunden beanspruchen würde – dabei war eine rechtliche

Bewertung überhaupt noch nicht inbegriffen –, der aber hoch für einen Familienvater war, der Frau und Kind ernähren musste. Für den Fall jedoch – der aus seiner Sicht überhaupt nicht in Betracht kam –, dass an der Sache mehr dran wäre, also ein Fall der notwendigen Verteidigung vorläge und die Vertretung in einer Strafverhandlung notwendig wäre, die er nicht bezahlen könnte, erwogen wir, meine Beiordnung als Pflichtverteidiger zu beantragen.

Die Staatsanwaltschaft ließ wissen, dass zum gegenwärtigen Zeitpunkt die Ermittlungen noch nicht abgeschlossen seien und die Akten übersandt würden, sobald dies geschehen sei. Neben diesem Schreiben ging als Nächstes die Anordnung über eine erkennungsdienstliche Behandlung ein, der ich widersprach, da nach den hiesigen Kenntnissen keine Straftat begangen worden war, die dies rechtfertigte; jedoch sah man dies bei der Ermittlungsbehörde anders.

Das Landeskriminalamt, Kommissariat Organisierte Kriminalität, begründete die erkennungsdienstliche Behandlung damit, dass der Beschuldigte Tarek M. dringend tatverdächtig sei, Kokain und Heroin illegal aus dem Ausland einzuführen und damit Handel zu treiben. Nach Auswertung verdeckter Ermittlungen gegen den wegen bandenmäßigen Handels mit Betäubungsmitteln in nicht geringem Umfang gesondert verfolgten Avi S. sei Tarek M. weiter verdächtig, in mehreren Fällen gemeinsam mit Avi S. Beschaffungsfahrten durchgeführt und auch von Avi S. Drogen erworben zu haben.

Bereits vor sieben und vor zwei Jahren seien gegen Tarek M. polizeiliche Ermittlungen wegen illegalen Handels mit Betäubungsmitteln erfolgt. Vor fünf Jahren sei Tarek M. bei einer Verkehrskontrolle als Fahrzeugführer unter Einfluss von Kokain angetroffen worden.

In der Wohnung des M. seien außerdem siebenundzwanzig Gramm Kokain sichergestellt worden.

Aufgrund des vorliegenden Sachstandes und nach kriminalistischer Erfahrung, speziell in der Bekämpfung der Drogenkriminalität, sei nicht auszuschließen, dass M. auch künftig als Verdächtiger im Kreis potenzieller Beteiligter an noch aufzuklärenden strafbaren Handlungen einzubeziehen sei.

Des Weiteren werde M. im polizeilichen Datensystem mit mehreren Aliasnamen und verschiedenen Geburtsdaten geführt.

Vielleicht hatte mir mein Mandant doch nicht alles erzählt und es gab mehr als nur ein Missverständnis auszuräumen ..

Auf eine Anfrage meinerseits, wie weit es denn mit den Ermittlungen wegen der Körperverletzungen im Amt gediehen sei, die anlässlich der Festnahme meines Mandanten gegen ihn begangen wurden, erging eine in solchen Angelegenheiten nicht seltene Verfügung:

Die Staatsanwaltschaft teilte die Einstellung des Ermittlungsverfahrens gegen die Polizeibeamten des SEK mit. Die Einstellungsverfügung war in einem anderen Duktus gehalten als vergleichbare Mitteilungen. Wird sonst eingangs lapidar die Einstellung mitgeteilt, wurde hier formuliert: »Das vorbezeichnete Ermittlungsverfahren musste eingestellt werden, da ein die Anklageerhebung rechtfertigender hinreichender Tatverdacht nicht zu erbringen war.« Die im Rahmen der Festnahme eingesetzte körperliche Gewalt sei gerechtfertigt gewesen.

Entgegen den Angaben des Tarek M. hätten die am Einsatz beteiligten Polizeibeamten übereinstimmend erklärt, den M. vor der Festnahme mit den Worten »Polizei« angesprochen zu haben. Zudem sei der Beamte, der M. zuerst angesprochen habe, mit einer Warnweste mit der Aufschrift »Polizei« eindeutig gekennzeichnet gewesen. Die Fahrzeuge der Polizei seien mit Blaulichtsignal versehen gewesen.

Der Beschuldigte mit der Codenummer 12214 ließ sich ein, den M. mehrfach mit den Worten »Polizei! Hände an die Windschutzscheibe!« angesprochen zu haben. M. sei der Aufforderung nicht nachgekommen und habe mit seinen Armen unkontrolliert im Fahrzeug herumgefuchtelt.

Aufgrund der bestehenden Möglichkeit des Mit-sich-Führens einer Waffe durch M. habe sich der Beschuldigte entschieden, in das Fahrzeug zu greifen und M. durch die geöffnete Fahrertür zu ziehen. Hierbei habe er seine beiden Arme seitlich unter die Achseln des M. geschoben und ihn aus dem Fahrzeug gezogen. Der Beamte mit der Codenummer 12213 habe ihm geholfen, indem er die zappelnden Beine des M. festgehalten habe. M. sei kurzfristig auf der Motorhaube des BMW abgelegt worden. Der Beschuldigte habe die Position mit dem Beamten 10131 getauscht und nunmehr die Beine des M. festgehalten. Unmittelbar danach sei M. zu Boden gebracht und am Boden fixiert worden. Zu diesem Zeitpunkt habe M. mehrfach seine Arme vor der Brust verschränkt und auch auf seine Aufforderung »Polizei! Hände auf den Rücken!« nicht reagiert. Unter Anwendung einfacher körperlicher Gewalt (Hebeltechnik) sei der rechte Arm des M. auf den Rücken gebracht und ihm anschließend eine Plastikhandfessel angelegt worden. Der Beschuldigte habe M. weder geschlagen noch getreten. In seiner Anwesenheit sei M. auch nicht geschlagen oder getreten worden. Soweit M. sich an der Nase verletzt haben sollte, könne er sich diese Verletzung beim Herausziehen aus dem Fahrzeug zugezogen haben.

Soweit die ebenfalls am Einsatz beteiligten Beamten das unmittelbare Festnahmegeschehen beobachten konnten, gaben sie unisono an, dass sich M. am Boden liegend versteift und gegen die Fesselung gewehrt habe. Dieser Widerstand sei durch einfache körperliche Gewalt überwunden worden, wodurch die Arme auf den Rücken gebracht und dort gefesselt werden konnten.

In einer anliegenden Beschwerdebelehrung wurde M. auf sein Recht zur Beschwerde gegen die Einstellungsverfügung hingewiesen, wovon er keinen Gebrauch machte.

Geschah ihm ganz recht, könnte man argumentieren, da er durch sein eigenes Handeln die Festnahme provoziert hatte. Und es ist auch verständlich, wenn Beamte zum Eigenschutz bei der Festsetzung von Tatverdächtigen Gewalt anwenden, und dies umso heftiger, je wahrscheinlicher eine Gegenwehr oder die Bewaffnung des zu Ergreifenden ist.

Natürlich können bei jeder Polizeiaktion immer unvorhersehbare Ereignisse eintreten. Als ungeeignet für eine Festnahme hatte sich beispielsweise ein Müllfahrzeug der Berliner Stadtreinigung erwiesen. Für die Beamten hatte sich die Möglichkeit der Festnahme fast aller Mitglieder einer bewaffneten Bande ergeben. Eine Einsatzgruppe setzte dabei ein Bandenmitglied fest, welches sich immer durch besondere Brutalität ausgezeichnet hatte und in Verdacht stand, bei einem der letzten Raubzüge den Fahrer eines Geldtransporters erschossen zu haben. Mehrere Einsatzgruppen griffen gleichzeitig zu und nahmen die jeweiligen Zielpersonen in Gewahrsam. Als der Tatverdächtige gefesselt auf die schmale Plattform des langsam vorbeifahrenden Müllfahrzeugs gehievt worden war, entglitt er dem Beamten, der gerade noch die Füße zu greifen bekam. Der Verdächtige, der später auch als der Todesschütze verurteilt wurde, fiel mit auf dem Rücken fixierten Armen mit dem Gesicht zuerst auf die Straße und wurde so mehrere Meter über den Asphalt geschleift.

Im Fall des libanesischen Mandanten handelte es sich jedoch nicht um einen Unfall. Die Beamten hatten eine unverhältnismäßige Gewalt an den Tag gelegt, die nicht mehr gerechtfertigt war. Die Staatsanwaltschaft formulierte gar im Konjunktiv, dass, wenn Tarek M. sich verletzt haben sollte, er sich diese Verletzung beim Herausziehen aus dem Fahrzeug zugezogen haben könnte. Er selbst hatte sich aber aktiv nichts »zugezogen« und es war nachweislich auch nicht nur die Nase verletzt. Das Gericht hatte im späteren Verfahren auch die Fotos des Verletzten in den Akten.

Mit Polizeigewalt oder auch Polizeiübergriffen ist ein Strafverteidiger aus verschiedenen Perspektiven konfrontiert: entweder, so wie hier, als Vertreter eines Opfers von unverhältnismäßiger Gewalt, oder als Verteidiger von Beamten, denen solch ein Vorgehen vorgeworfen wird. Die Ergebnisse kriminologischer Forschung stimmen mit der anwaltlichen Praxis hinsichtlich der Personengruppen überein, die insbesondere von der Ausübung unrechtmäßiger Polizeigewalt betroffen sind: Opfer sind Angehörige ethnischer Minderheiten, Drogenabhängige, Obdachlose, Alkoholiker, Prostituierte, Demonstranten und Journalisten.

In der jüngeren Literatur findet sich das Beispiel aus Christian Barons Roman »Ein Mann seiner Klasse«, in dem er schildert, wie Mutter und Kind beim Blick aus dem Fenster eine körperliche Auseinandersetzung beobachten, bei der die Polizei hinzukommt und auf das angetrunkene Opfer der Körperverletzung einprügelt. Eine Polizistin nimmt extra Anlauf, um kräftig genug auf den am Boden Sitzenden einzutreten.

Doreen war bedient, als Stephan und ich Monate später mehrere Kisten Ermittlungsakten in die Kanzlei schleppten. Die digitale Strafakte lässt leider immer noch auf sich warten. Insbesondere in Verfahren mit ausnehmend vielen Protokollen von technischen Überwachungsmaßnahmen wird gelegentlich schon eine CD mit den digitalisierten Protokollen versandt.

In der neuen Sache hatte Doreen mehrere Akten und Ordner zu scannen. Ob sie nun kopieren musste oder scannen, das war für ihren Arbeitsumfang völlig egal. In solchen umfassenden Verfahren arbeite ich aber lieber mit meinem Notebook, weshalb Doreen stundenlang fluchend die Akten scannte. Die reine Ermittlungsakte hatte vier Bände, die Telefonüberwachung war transkribiert worden und umfasste zwölf Sonderbände, die Ordner mit je fünfhundert Seiten umfassten, dann gab es noch einen Sonderband mit den Aufzeichnungen aus der technischen Überwachung des Fahrzeugs meines Mandanten und einen Ordner Observationsprotokolle.

Nach ihrer Arbeit schätzte Doreen ein, dass es für unsere Mandanten nicht gut aussehe, dass, anders als durch die ersten Informationen vermutet, mein Mandant Tarek und nicht Avi der Bandenchef sei, für Avi die Tatbeteiligungen nicht alle so klar und deutlich zutage träten und sie sich wegen einer Verurteilung noch kein Urteil erlauben könne, aber mein Mandant abgehen würde. Unsere Doreen hat keine Glaskugel, aber eine ungeheure Aufnahmefähigkeit, Klarsicht und Kombinationsgabe. Ihr Abitur ist besser als das der meisten meiner Kollegen. Sie entschied sich für den Beruf einer Rechtsanwaltsfachangestellten und wollte nie studieren, obwohl sie ein Studium von ihren Anlagen her spielerisch gemeistert hätte. So ähnlich habe ich das schon in meinen vorherigen Büchern geschildert und auch bei Lesungen wissen lassen. Nun hat es sich auch in Ganovenkreisen herumgesprochen, dass Doreen nach dem mehrstündigen Kopieren der Akten fast immer ein treffendes Urteil über den Ausgang des Verfahrens treffen kann.

Kürzlich kam ich dazu, als ein Mandant in ihrem Zimmer vor dem hohen Empfangstresen stand und gerade fragte, wie es in seiner Sache aussehe. Doreen antwortete, dass sie hier nicht die Anwältin sei und das nicht einschätzen könne. Der Mandant blieb hartnäckig und erkundigte sich nach einem Urteil aufgrund ihrer Einsichtnahme in die Akte, wozu er keine juristisch präzise Einschätzung benötige. Aber auch Doreen blieb stur und erklärte, die Akten nur kopiert, aber nicht gelesen zu haben.

»Und ihr Eindruck dabei?«

»Nach der Aktenlage«, ließ sie sich erweichen, »sieht es nicht gut für Sie aus.«

Erstaunlicherweise akzeptierte der Mandant das mit hängendem Kopf, ganz so, als wäre das Urteil über ihn gerade gesprochen worden. Ich war geplättet. Da musste ich den Mandanten sonst detailliert nachweisen, weshalb ich von diesem oder jenem Ausgang der Sache ausging, und bei Doreen akzeptierten sie das wie die Weissagung eines Orakels.

Erst war ich empört, und wenige Augenblicke später amüsiert, als ich in den aktuellsten Protokollen der Telefonüberwachung las, wie Tarek kurz nach dem Verlassen der Kanzlei seinem Freund Avi von dem ersten Gespräch mit mir berichtete. Er wisse nicht, ob das so ein guter Tipp mit dem Anwalt sei. Auf der Homepage sehe es danach aus, als ob der sein Handwerk verstünde, aber für einen kleinen Fall brauche er gar keinen Anwalt. Außerdem sei der viel zu gierig und verlange die Zahlung eines Monatslohnes als Vorschuss. Da hatte mein Mandant aber kräftig übertrieben. Diese Übertreibung stand in einem gewissen Verhältnis zu seiner Untertreibung bezüglich der Tatbeteiligung und des Umfangs ihres Drogenhandels.

In den Beiakten zu früheren Verfahren befand sich auch die Sache wegen des Führens eines Fahrzeugs unter Drogeneinfluss. Und siehe da! Ein alter Bekannter hatte die Blutprobe zur Prüfung auf dem Tisch gehabt. Der Rechtsmediziner Doktor Bernd Kopetz hatte auch hier durch Untersuchung und Nachuntersuchung der Blutprobe feststellen müssen, dass mit dem Kokain eine ganze Betriebsfeier der Polizeiwache hätte veranstaltet werden können; er hatte das natürlich seriöser formuliert.

Im Ergebnis des Aktenstudiums entstand ein entgegengesetztes Bild vom Geschehen, völlig anders, als es der Mandant gezeichnet hatte. Ich würde dem Mandanten empfehlen müssen, die für Anwälte wenig lukrative Pflichtverteidigung zu beantragen, da er nach den Angaben zu seinen Vermögensverhältnissen nicht in der Lage sein würde, die Kosten aufzubringen. Und bei den Mengen an Betäubungsmitteln, die hier in Rede standen, würde er wegen einer zu erwartenden langen Haftstrafe auch einen Anspruch auf Beiordnung eines Pflichtverteidigers haben.

Der in unserer Kanzlei in der Anwaltsstation auszubildende Referendar scheute sich nicht, sich all diese Akten und Ordner zu Gemüte zu führen. Bei einer so umfassenden Arbeit hatte ich selbstverständlich gesagt, dass dies freiwillig sei, da sein Engagement in dieser Sache viel weiter ginge, als vom Ausbildungsplan vorgesehen und üblicherweise zu erwarten war. Der jetzige Strafrichter Michael S. hatte jedoch schon damals eine Affinität zu solchen Verfahren und erarbeitete eine Konzeption zur Verteidigung. Er teilte im Ergebnis meine Einschätzung, dass der Mandant aufgrund der im Ermittlungsverfahren gesicherten Beweise mit hoher Wahrscheinlichkeit verurteilt werden würde. Um mit einem möglichst geringen Strafmaß davonzukommen, kam nach seinem Dafürhalten nur ein Geständnis des Mandanten in Betracht. Gegebenenfalls könnte der Versuch einer sogenannten Verständigung unternommen werden, wie die Dealgespräche nach Aufnahmen in die Strafprozessordnung genannt werden.

Das hörte sich in der Theorie nicht verkehrt an, war aber im konkreten Einzelfall kaum umzusetzen. Für den Mandanten würde das Geständnis eine langjährige unbedingte Freiheitsstrafe bedeuten, und selbst im Falle einer Verständigung könnte er bei der recht eindeutigen Beweislage nicht mit einem erheblich milderen Urteil rechnen. Staatsanwaltschaft und Gericht haben in derartigen Konstellationen auch nicht zu viele Motive, sich auf eine Einigung einzulassen. Eines war jedoch klar: Wenn es zu einer Verständigung käme, müsste sie zu Beginn des Verfahrens erfolgen, da die Reduzierung der Dauer der Hauptverhandlung ein wesentliches Argument aufseiten des Gerichts ist, um einer Verständigung nahe zu treten.

Dem Mandanten musste ich mitteilen, dass entgegen seiner Auffassung die gegen ihn gerichteten Vorwürfe alles andere als Bagatellen waren und er mit einer Verurteilung zu einer mehrjährigen Haftstrafe rechnen müsse.

In den weiteren Gesprächen wurde deutlich, dass nicht so sehr die Gewissheit seiner Unschuld als vielmehr der Glaube daran, dass man ihm seine Taten nicht nachweisen könne, seine Überzeugung geprägt hatte. Als ich ihm die Berichte des die Bande verfolgenden Mobilen Einsatzkommandos, die Geodaten der Handys und die recht unverblümten Gesprächsinhalte vorhielt, wurde der Widerspruch meines Mandanten immer leiser. Gleichwohl würde er die Begehung der Tat nicht einräumen. Da müsse es doch Möglichkeiten geben. So, wie es in den transkribierten Telefonprotokollen stehe, rede er überhaupt nicht. Und wenn man die Originale der Telefonaufnahmen höre, würde sich vielleicht herausstellen, dass er es überhaupt nicht gewesen sei.

»Okay, einen entsprechenden Beweisantrag könnte man stellen. Ob dem stattgegeben wird, ist jedoch fraglich, weil die Geodaten Ihres Handys den Standorten entsprechen, an denen das Mobile Einsatzkommando Sie bei der Observierung festgestellt hat. Da wird es schwer zu behaupten, dass Sie nicht die Person am Handy waren.«

»Dass wir«, begann er resigniert, »überhaupt nicht mitbekommen haben, dass die uns die ganze Zeit beobachtet haben, ist schon peinlich.«

»Für uns stellt sich die Frage, wie wir generell mit der Situation umgehen«, leitete ich die Vorstellung der Handlungsoptionen ein.

Tarek M. war für eine Verständigung ebenso wenig zu erwärmen wie für ein davon isoliertes Geständnis. Seine Augen wurden lebhaft, als ich von den Möglichkeiten einer Konfliktverteidigung berichtete, bei der ein Verteidiger die völlige Konfrontation mit dem Gericht sucht. Das würde bei formalen Rügen zur Besetzung der Gerichts beginnen, zu Befangenheitsanträgen gegen das Gericht führen und weitere Anträge erfordern. So könnte man das Verfahren in die Länge ziehen und den Versuch unternehmen, das Gericht zu zermürben. Die

Richter würden unter einem Beendigungsdruck stehen, da weitere Verfahren auf ihre Durchführung warteten, und die Aktenberge bei den Gerichten wuchsen. Der Druck wächst dabei nicht nur durch diese äußeren Umstände. Auch innerhalb so einer Behörde gibt es Faktoren, die den Druck erhöhen können. Wie lange die Kollegialität unter den Richtern hält, wenn sich die Strafkammer mit einem Verfahren ausufernd beschäftigt und andere Kollegen sie entlasten müssen, kann man sich ausrechnen. Den immer wieder neu zu stellenden Anträgen sind die Grenzen der eigenen Fantasie der Verteidigung und einiger berufsrechtlicher Gebote wie dem zur Sachlichkeit gezogen. Ob man damit viel für den Mandanten erreichen kann, ist nicht generell einzuschätzen. Taktisch kann es schon wichtig sein, ein Verfahren hinauszuzögern, weil Fristen, Verjährung oder Rechtskraft in anderer Sache abzuwarten sind. Ein Gericht ist prinzipiell nicht erfreut, wenn es ständig mit Vorwürfen und Anschuldigungen konfrontiert wird. Wer weiß, ob das Gericht sich dann nicht doch mit einer Draufgabe von ein paar Monaten Haft für den Mandanten revanchiert! Diese Befürchtung hegen gelegentlich Kollegen, weshalb sie in einer Verhandlungspause oder in der Gerichtskantine vor einer Protokollantin oder dem vorbeigehenden Justizangestellten Bemerkungen über den Widerspruch des Angeklagten zur harten Gangart seiner Verteidigung fallen lassen, in der Gewissheit, dass diese Information das Gericht erreicht. Aber auch die Richter sind keine heurigen Hasen und wissen dies einzuordnen.

Tarek folgte mir aufmerksam und entschied: »Dann lassen wir das auf uns zukommen. Ich lasse mich zu den Vorwürfen nicht ein und wir ziehen das Verfahren sauber durch.«

In dem Wissen, dass es bei längeren und komplexeren Verfahren mit vielen Beteiligten immer wieder zu Situationen kommen kann, die nicht vorhersehbar sind, einigten wir uns darauf, zunächst weder der Staatsanwaltschaft noch dem Gericht zu signalisieren, dass es eine Einlassung in der Sache geben werde.

Tarek war nach seinem Krankenhausaufenthalt wieder eingefallen, was er seine Frau fragen wollte: Sein Pass, war sein Pass irgendwie eingezogen oder beschlagnahmt worden? Der Pass war für ihn wichtig, da sein Vater nun so schwer erkrankt war, dass es fraglich schien, ob er seine zweite Enkeltochter überhaupt je sehen würde. Kurz vor dem Verhandlungsauftakt reiste Tarek in den Libanon, um seinen Vater zu besuchen, ihm Beistand zu leisten, das Gefühl zu geben, dass auch dieser Sohn sein Leben meistere, und bei Betrachtung vieler Fotos auf dem Smartphone von seiner Familie zu berichten. Der Vater blühte regelrecht auf, als er die Familienähnlichkeit der Töchter mit diesem oder jenem Verwandten feststellte und bei dieser Gelegenheit Ereignisse aus der Familiengeschichte ausbreitete, wie sie bei wohl jeder Feier und Familienzusammenkunft immer und immer wieder zum Besten gegeben werden.

Dann brach für Tarek eine Welt zusammen. Er glaubte, schon jetzt in den Knast zu müssen. Kurz vor dem ersten Verhandlungstermin beantragte die Staatsanwaltschaft die Verhängung der Untersuchungshaft und gab eine mögliche Fluchtgefahr als Begründung an. Vielleicht hatte man von seiner Reise in den Libanon erfahren. Tarek M. sei libanesischer Staatsbürger und könne sich frei bewegen, so die Staatsanwaltschaft. Die zu erwartende lange Freiheitsstrafe könne einen Fluchtanreiz darstellen.

Das Gericht sah genau darin einen Grund, den Antrag abzulehnen, da die Taten vor mittlerweile über einem Jahr bekannt geworden seien und der Angeklagte, wie Tarek M. aufgrund des Beschlusses über die Eröffnung des Hauptverfahrens nun genannt wurde, keine Anstalten unternommen habe, sich einer Verhandlung zu entziehen. Zudem lebe er in geordneten Familienverhältnissen, sei zwischenzeitlich Vater einer weiteren Tochter geworden und gehe einer regelmäßigen Beschäftigung nach.

Das klang positiver, als es gemeint war, und veranlasste

Tarek zu hoffen, nun doch noch mit einer Bewährungsstrafe davonzukommen. Leider musste ich ihm diesen Zahn ziehen und klipp und klar sagen, dass der zu prüfende Haftgrund für die Verhängung einer Untersuchungshaft ein völlig anderer sei als bei der Verhängung einer Strafhaft in der Hauptsache. So richtig schien er meinen Realismus in der Sache jedoch nicht zu teilen. Er wolle erst mal sehen, was bei der Verhandlung herauskomme.

Der kalte, abweisend wirkende Flur des Landgerichts hinterließ den Eindruck, als ob man den Delinquenten schon vor der Verhandlung einen Eindruck von dem vermitteln wollte, was sie im Falle einer Verurteilung im Gefängnis erwartete.

Tarek und Avi verzogen kurz vor dem Verhandlungsauftakt auf ebendiesem Flur unvermittelt ihre Gesichter, als hätten sie den Leibhaftigen gesehen, obwohl dieser, wie mich Tarek bei einem unserer Gespräche wissen ließ, im Koran eine andere Bedeutung hat als in abendländischen Religionen. Ein Feiner ist der Beelzebub auch für Muslime nicht, der da in Gestalt des dynamischen Staatsanwaltes herantrabte. Als er mit einem kurzen Kopfnicken an uns vorübergesaust war, erklärte Avi meinem Sozius, dass sie den Staatsanwalt kennen würden: Er sei gelegentlich Besucher in einem ihrer Klubs gewesen.

Stephan und ich sahen uns mit Pokerfaces an. Wir haben nie darüber gesprochen, aber ich bin mir sicher, dass auch vor Stephans innerem Auge der Film von einem sich eine Linie Koks reinziehenden Staatsanwalt ablief, der beim Aufschauen noch ein weiß bestäubtes Gesicht hatte und laut über seinen belastenden Job fluchte.

»Ist grundsätzlich seine Privatangelegenheit, was er in seiner Freizeit macht«, versuchte ich die Sache so belanglos klingen zu lassen, wie sie hoffentlich war. Und hoffte inständig, dass es nichts gab, was unsere Mandanten auf die Idee bringen könnte, den Staatsanwalt zu erpressen.

Avi bestätigte nach einem Blick auf Tarek, der mit einem kaum sichtlichen Lidschlag die Sprecherlaubnis erteilte: »So is' es. Der war'n einfacher Besucher, ohne Stoff, Weiber und Alkohol.«

Ich muss ein enttäuschtes Gesicht gemacht haben. So setzte er hinterher: »Wenig Alkohol. Wir führen da kein Buch.«

Für mich war überhaupt die Tatsache neu, dass sie oder irgendwelche Strohmänner für sie einen Klub führten, wer da ein und aus ging und was da konsumiert wurde. Manchmal ist es auch gut, nicht alles zu wissen.

Das Verfahren nahm seinen Fortgang und den Angeklagten wurde klar, dass bei dieser Sachlage kaum etwas zu machen war. Auf Zeit wollten sie nicht spielen und auch keine Krankheiten vortäuschen oder Selbstverstümmelungen vornehmen, um sich dem Verfahren oder der Strafe zu entziehen, wie es gelegentlich vorkommt. Tarek entschied sich am Ende der Beweisaufnahme zu einem umfassenden Geständnis, in dem er alles auf sich nahm und Avi entlastete, wo es nur ging, um wenigstens für ihn eine Strafmilderung zu erzielen, was auch gelang. Avi konnte so noch einmal zu einer Bewährungsstrafe verurteilt werden.

Tarek selbst reiste nach dem Ende der Beweisaufnahme in den Libanon, um seinen immer kränkeren Vater zu besuchen. Zur Urteilsverkündung erschien er nicht. Da das Verfahren bis dahin in seiner Anwesenheit durchgeführt worden war, konnte er ausnahmsweise in Abwesenheit verurteilt werden. Die Richterin hatte aus den Akten noch die Telefonnummern der Ehefrau, die sich weiter in Deutschland aufhielt und am letzten Verhandlungstag bestätigte, dass ihr Ehemann zum Schwiegervater gereist sei, und auch die Nummer des Angeklagten, den sie tatsächlich im Krankenhaus im Libanon am Sterbebett seines Vaters erreichte. Die Verbindung wurde während des Telefonats immer schlechter und brach ab.

Aufgrund des Urteils und des Nichtantritts der Strafhaft von vier Jahren und sieben Monaten erging ein entsprechender Haftbefehl gegen Tarek M.

Die Verjährung in Strafsachen richtet sich nach dem Strafmaß, welches für die einzelnen Taten droht, und ist nicht unkompliziert, da sie in jedem Einzelfall von unterschiedlichen Umständen beeinflusst werden kann und für einen Laien kaum durchschaubar ist. Selbst als Anwalt kann man ohne genaue Recherche nur eine Prognose zum Verjährungseintritt abgeben, da es eine Vielzahl von Faktoren wie die Durchführung einzelner Ermittlungshandlungen, ein Auslieferungsverfahren, richterliche Anordnung oder Ähnliches geben kann, die zu einer Verjährungshemmung oder Verjährungsunterbrechung führen können.

In der strafrechtlichen Praxis führt dies nicht selten zu erheblichen – vorsichtig gesagt – »Unannehmlichkeiten«. Ein untergetauchter Mandant, den ich vor Jahren in einer Pflichtverteidigung vertreten hatte, saß einen halben Tag nach seiner Festnahme auf dem Berlin-Brandenburger Flughafen mit hochrotem Kopf verärgert neben mir im Gerichtssaal. Sein Anwalt in St. Petersburg hatte ihm versichert, dass eine Zwischenlandung in Deutschland auf dem Flug in sein gewähltes Urlaubsparadies wegen der inzwischen eingetretenen Verjährung ungefährlich sei. Der Urlaub verlief für meinen Mandanten anders als geplant. Der Rest der Familie flog weiter auf eine spanische Insel. Der russische Anwalt würde von ihm hören, fluchte mein Mandant.

Aber nicht nur die Ahndung von Straftaten, sondern auch die Vollstreckung rechtskräftiger Urteile unterliegt der Verjährung. Hierbei kommt es nicht mehr auf den theoretischen Strafrahmen an, der für jede Tat vorgegeben ist, sondern auf die konkret ausgeurteilte Freiheitsstrafe. Bei einer bereits erfolgten Verurteilung von einem bis zu fünf Jahren, wie in Tareks Fall, tritt die Vollstreckungsverjährung erst nach zehn

Jahren ein. Das Gericht kann diese Frist noch einmal um die Hälfte verlängern, wenn sich der Verurteilte in einem Land aufhält, aus dem eine Auslieferung nicht möglich ist. Tarek muss also noch einige Jahre bangen, dass man seiner habhaft wird, was auch durch die Speicherung seiner DNA selbst im Falle einer Namensänderung nicht unwahrscheinlich ist.

Erst hat man kein Glück und dann kommt auch noch Pech dazu oder Kurz in den Schlagzeilen der Nation

Die meisten Strafrechtsfälle werden wegen kleinerer Delikte vor den Amtsgerichten verhandelt. Das Amtsgericht ist zuständig, wenn keine höhere Straferwartung als vier Jahre Freiheitsentzug ins Haus steht, die aber in den wenigsten Fällen ausgeschöpft wird.

Es sind immer wieder diese vermeintlich kleinen Fälle, hinter denen nicht selten ein viel differenzierteres Schicksal steht als bei Tätern, die hauptsächlich von der Gier nach Geld und Geltung getrieben werden. Ein mittelloser Mensch sitzt auch viel schneller hinter Gittern als ein begüterter. Dahinter steht nicht nur der Umstand, dass ein Sprössling eines gut zahlenden Mandanten mit ellenlangen Schriftsätzen von Großkanzleien, deren Auflistung von Namen der Beschäftigten genauso viele Seiten füllt wie die Einlassung der Verteidiger, bessere Chancen hat, noch mal mit einem blauen Auge davonzukommen, als der einsichtige Auszubildende, der gegenüber der Polizei einräumt, sich unerlaubt von einem Unfallort entfernt, also eine sogenannte Unfall- oder Fahrerflucht begangen zu haben. Vielmehr meine ich die kleineren Delikte, die mit einem Strafbefehl sanktioniert werden, der dem Täter die Zahlung einer Geldstrafe auferlegt. Dies trifft nicht selten Personen, die sich für ihre eigenen Angelegenheiten so viel interessieren wie die Großeltern für die Computerspiele ihrer Enkel. Wenn jemand die verhängte Geldstrafe nicht zahlt, sich nicht um Stundung oder Leistung von Arbeitsstunden bemüht und den Zahlungsaufforderungen nicht nachkommt, läuft er Gefahr, eine Ersatzfreiheitsstrafe absitzen zu müssen. Ein letzter Anruf aus der Justizvollzugsanstalt, in die die Schuldner dann auf Staatskosten chauffiert werden, gilt dann häufig Verwandten oder Bekannten, von denen man sich erhofft, dass sie die Zahlung übernehmen, um die Haft für den Delinquenten zu vermeiden. Da diese Anrufe oder auch spätere Schreiben von Personen stammen, die in ihrem Umkreis nicht als die solventesten Schuldner bekannt sind, bleibt die Hilfe oft aus, weshalb der Gang in den modernen Schuldturm, also in das Gefängnis, nicht vermieden werden kann.

Da sitzen dann Menschen im Knast, die nie einen Verteidiger gesehen haben, da es sich beim Ausgangsdelikt um Bagatellen handelte, zu denen ein Pflichtverteidiger nicht herbeigezogen werden musste, weil gerade keine Haft drohte, sondern nur die mildere Geldstrafe. An diesen und vielen anderen Stellen knirscht es im Getriebe der Justizmaschinerie gewaltig.

Neben diesem Ausgang eines Strafbefehlsverfahrens profitieren Straftäter aber auch von den doch fein ziselierten Regelungen des Strafrechts. Begeht jemand einen einfachen Diebstahl, so kann er noch einmal mit einer Geldstrafe davonkommen, die er hoffentlich bezahlen kann. Bricht er aber zur Begehung eines Diebstahls in einen Raum ein oder begeht gar einen Wohnungseinbruchdiebstahl, erwartet den Täter meist eine Haftstrafe. Jedoch liegt ein Einbruch als besonders schwerer Fall des Diebstahls nicht vor, wenn zwar in einen Raum eingebrochen wird, dort aber nur geringwertige Sachen entwendet werden. Diese Regelungen kamen Horst A. zu Hilfe.

Als Obdachloser fügte er sich nicht in sein Schicksal, sondern schwelgte in der Erinnerung an bessere Zeiten und eine Familie, die es auch für ihn mal gab, und hoffte darauf, dass diese

Tage zurückkommen würden oder sein Elend auf andere Weise ein Ende finden möge. In der Zwischenzeit schlug er sich bis in unsere Tage durch, gedemütigt, verbittert und sich widersetzend, soweit die Kraft dazu reichte. Er war groß und schlank, hatte längere graue Haare, die ungepflegt und zottelig aussahen. Ein dunkles, wenn auch abgetragenes Jackett hob ihn von anderen Obdachlosen ab. Trotz der Flecken und fadenscheinigen Stellen wollte er sich von dem Stück nicht trennen, war es doch eines der wenigen Zeichen aus einer fernen, besseren Zeit.

Für ein paar Tage schaffte es Horst mit einem durchaus unüblichen Ausgang einer Straftat sogar in die Schlagzeilen der deutschen Gazetten.

Das Wochenende hatte für Horst schon furchtbar begonnen: Es wurde langsam kalt und er hatte es geschafft, aus der Obdachlosenunterkunft herauszufliegen. Ganz unschuldig war er daran nicht und er wusste, dass es ein weiteres Strafverfahren geben würde. Früher hatten ihm solche Situationen Sorge bereitet, heute ließ er es einfach auf sich zukommen. Drei Tage Hausverbot hatten sie gegen ihn in der Unterkunft ausgesprochen, wohin auch seine Post zugestellt wurde. Seitdem er regelmäßig im Obdachlosenasyl unterkam, erreichte ihn wieder die Post, die meist unerfreulich war. Meist? Eigentlich immer! Alles irgendein Behördenquatsch, ohne den es sich besser leben ließ. Die Unterkunft war nur für die Nachtstunden gedacht, und dann gab es da so viele Regeln, die kaum einzuhalten waren. Die anderen soffen auch, aber ihn hatten sie wieder einmal erwischt. Das war einfach ungerecht, und als sie ihn rausschmeißen wollten, hatte er den Security-Mann etwas geschubst und dem Sozialarbeiter gedroht, ihn »alle zu machen«. Die mussten dann auch gleich die Bullen rufen und ein großes Brimborium veranstalten. Und was da nun alles an Anzeigen und Verfahren zu erwarten sei, schwätzten alle, was ihn aber nicht sonderlich interessierte. Irgendwie würde, irgendwie müsste das Leben schon weitergehen. Und wenn nicht, dann war es das eben gewesen.

Jetzt musste Horst zusehen, wie er sich bis Montag durchschlug. Dieser Sozialarbeiter war aber auch ein Kotzbrocken. Jedes Mal gab es Stunk mit dem. Und ob die das überhaupt so machen durften, ihn einfach für drei Tage rausschmeißen, das wusste er auch nicht. Aber die Polizei schien das ebenfalls für richtig zu empfinden, sonst hätte sie ihn nicht so unsanft hinausbegleitet. Nicht, dass er alles glaubte, was die ihm sagten, aber die hatten was von Platzverweis und Gefährdungsansprache gefaselt. Waren Gefährder nicht solche, die wegen terroristischer Aktivitäten polizeilich beobachtet wurden? Ach, was wusste er schon! Er musste da jedenfalls mit seinen in einer großen Plastiktasche verstauten Klamotten und Papieren raus und durfte erst am Montag wieder in die Unterkunft. Ein Umzug dauerte bei ihm nicht mehr lange; da waren keine Kartons zu packen und Möbel zu schleppen. Sein ganzes Leben passte in eine große Plastiktasche.

Der ganze Aufriss hatte so lange gedauert, dass nun auch die Öffnungszeit für die Tafel beendet war und damit die Aussicht auf eine warme Mahlzeit schwand. Sein Rausch ließ nach und der Hunger schwand. Den einfach wegzuschlafen, dazu sah er hier keine Gelegenheit.

Wie von allein trugen ihn seine müden Beine in die Nähe des Parks. Für den Park selbst war ein Alkoholverbot ausgesprochen worden, damit die ehrbaren Bürger sich nicht von den Pennern und deren Unrat belästigt fühlten. Also mussten sie woandershin. Zum Glück gab es keine Lager mehr, in denen man sie zusammenpferchte. Da saßen auf einer Bank neben dem Einkaufszentrum schon ein paar seiner neuen Bekannten, die ihn noch nicht erkannt hatten. Für die war man aber nur der große Zampano, solange man Geld hatte, um ein paar Bier oder Schnaps zu kaufen. Horst hatte nicht einmal ein paar alte

Flaschen oder Büchsen, die sich zu Geld machen ließen. Zwar war man in der Gruppe meist stark, aber es gab eben auch Dinge, die man besser alleine bewerkstelligte.

Immer noch unerkannt von den anderen Obdachlosen bog er in das Einkaufszentrum ab. Nur kurz musste er überlegen, ob es auch hier ein Hausverbot gegen ihn gab. Für das ganze Zentrum nicht, sondern nur im Supermarkt, glaubte er sich zu erinnern. Detektiv Döner, wie sie einen der Sicherheitsleute nannten, hatte heute Dienst. Horst sah, wie der sich beim Bäcker seinen Freikaffee holte, mit der molligen Verkäuferin schäkerte und hauptsächlich den dortigen Bereich im Auge behielt. Es war gut, dass er allein war. Mit den anderen Obdachlosen zusammen wäre er sofort aufgefallen. Der große, schlanke Horst steuerte den langen Gang auf die Fleischertheke zu und griff über die Theke hin zu einem Wiener Würstchen, das er so schnell packte, wie er es verschlang. Bei der plötzlichen Bewegung durchfuhr von der Lendenwirbelsäule aus ein heftiger Schmerz seinen Körper. Er hätte aufschreien wollen, was in Anbetracht der Situation jedoch unmöglich war. Da hatte sich seine degenerierte Bandscheibe wieder mal zu einem unpassenden Augenblick gemeldet.

Er wollte weiterlaufen, als ob nichts gewesen wäre, was ihm aber nicht gelang. Seinem Gang sah man die Schmerzen an. Immer wieder durchzuckte ein Schlag seinen Körper. Ganz vorsichtig lief er weiter, vorbei an Detektiv Döner, der ihn erst jetzt wahrzunehmen und zu beäugen schien. Von einem Tisch, der zu dem Bäckereibereich gehörte, vernahm er Getuschel.

»Das gibt's doch nicht!«

Und: »Habt ihr das gesehen, der hat 'ne Wurst geklaut!«

»So was Unverfrorenes!«

Eine fragende Stimme wollte wissen, was nun zu machen sei, eine andere verkündete: »Einfach mal die Fresse halten!«

Das schien noch mal gut gegangen zu sein, hoffte Horst. Er drehte sich kurz zur Fleischerei um, wo nun eine Verkäuferin erschienen war, die das Verschwinden eines Würstchens offensichtlich nicht bemerkt hatte.

Früher, als er noch eine Familie und Arbeit hatte, reichte die Zeit vorn und hinten nicht und er fand kaum Gelegenheit, mal die Beine hochzulegen. Heute musste er die Zeit totschlagen. Für den Abend hatte er eine Idee zur Übernachtung, deren Realisierung nur an einem Wochentag möglich war und etwas Geschick erforderte. Bis dahin dauerte es aber noch eine Weile, und der Hunger quälte ihn schon wieder. Er ging zurück in das Einkaufszentrum mit der Bäckerei und der Fleischerei. Im Vorbeigehen ergatterte er vom Wagen mit den Tabletts ein halb gegessenes belegtes Fladenbrot und trank eine fast noch warme Schokolade aus. Das müsste für heute reichen. Ein Bierchen oder besser noch ein Schnäpschen, das ihn die Rückenschmerzen vergessen lassen und ihm das Einschlafen erleichtern würde, konnte er heute wohl vergessen.

In der Nähe der Bürohäuser griff er in den Glascontainer und konnte nach zwei, drei Versuchen sein Glück nicht wahrhaben: Er hielt eine halbe verkorkte Flasche Wein in der Hand. Er zog den Korken ab, roch, befand es für gut und kostete. Schnell verschwand die Flasche unter seinen Habseligkeiten.

In dem Bürohaus sah er seine Vermutung bestätigt: Die Reinigungskraft der Zahnärzte arbeitete um einundzwanzig Uhr immer noch. Danach würde das Haus, in dem er schon einige Male übernachtet hatte, völlig leer sein. Abgeschlossen war es jetzt schon. Nun hieß es warten. Sie verließ das Büro immer durch die Hintertür. Horst musste sich neben der Hintertür in dem Zugang verstecken, der hinunter zum Kellergeschoss führte, warten, bis die Putzfrau das Gebäude durch die Hintertür verließ, die gleichzeitig die Funktion als Notausgang hatte und deshalb zwar von außen verschlossen, aber von innen einfach zu öffnen war, und die Tür erreichen, bevor sie wieder zuschlug. Zu früh durfte er nicht loslaufen, weil die Frau sonst

Angst bekäme und denke würde, überfallen zu werden, und wenn er sich zu spät in Bewegung setzte, würde die Tür vor seiner Nase zuschlagen. Erschwert wurde das Ganze an diesem Abend durch die Rückenschmerzen, die seit dem Wurstklau immer schlimmer geworden waren.

Horst dämmerte vor sich hin und versuchte, Bewegungen zu vermeiden, die seine Schmerzen wieder verstärken könnten, als er hörte, wie sich die Tür öffnete. Es war immer noch dieselbe Frau, die hier seit Jahren zur Nachtzeit putzte. Der Mann presste sich auf der Treppe an die Wand und hätte schreien können, als ein heftiger Schmerz durch seinen Körper raste. Sobald die Frau einige Meter entfernt war, bewegte Horst sich in Richtung des Hinterausganges. Seine Schmerzen hinderten ihn jedoch an schnellen Bewegungen. Er sah enttäuscht zu, wie die Tür zufiel. Er würde die Nacht in der Kälte verbringen müssen. Als ihm seine Situation bewusst und sein Schmerz fast unerträglich wurde, erinnerte er sich an das Sprichwort, wonach man erst kein Glück hat und dann auch noch Pech dazukommt.

Wieder waren sie da, seine Gedanken, sich und dem ganzen Elend ein für alle Mal ein Ende zu machen. Das hatte doch alles keinen Sinn, dieses ganze Leben und Leiden. Er hatte nichts zu verlieren. Das, was er bei sich hatte, war seine ganze Habe. Das Geschwätz von Verwirklichung, Werten, Zukunft, das war etwas für Intellektuelle, die nicht klug genug sind, um zu erkennen, dass es nur Gegenwart, nur Realität gibt, und ihrem bisschen Sein einen Sinn geben wollen.

Die Nacht würde er im Zugang zum Kellergeschoss verbringen. Mit dem Wein könnte er sich nicht richtig besaufen, aber immerhin hätte er einen Schlummertrunk. Die Nacht würde für ihn schnell zu Ende sein, da die Kälte nach unten in den Zugang zum Keller kriechen und ihn zwicken und zwacken würde. Der schmerzende Rücken würde sein Übriges dazutun. Aber geschützt vor Wind und kleinen Regengüssen wäre er hier.

Noch bevor es hell wurde, brach ein neuer Tag für ihn an. Welcher Tag war heute? Ein Sonnabend. Den musste er rumbringen und noch eine Nacht irgendwo unterkommen, bis er wieder in das Obdachlosenasyl konnte. Auch dieser Tag würde sich endlos in die Länge ziehen. Er verbrachte das Wochenende mit einem missglückten Versuch, jeweils eine Packung Würstchen und Kräuterschnäpse zu stehlen, einem Rausschmiss aus diesem Supermarkt, für den er ein Hausverbot hatte, einer Rangelei mit einem Security-Angestellten, einer Nacht mit anderen Obdachlosen, von denen einer ein paar Bier ergattert hatte, und schlenderte am Sonntag ziellos, hungrig und durstig in der Gegend umher.

Am Abend stand er unvermittelt vor einem Kindergarten. Da würde jetzt niemand sein. Er kletterte unentdeckt über den kleinen Zaun, wobei sich sein Rücken meldete, umrundete das flache Gebäude und versuchte, eine Terrassentür zu öffnen. So einfach wie erhofft ließ die sich nicht eindrücken. Darin würde es nicht so kalt sein. Vielleicht gab es auch noch etwas zu essen und er könnte ein paar Stunden in Ruhe verbringen. Dem Ziel kam er näher, indem es ihm gelang, ein kleines Gartenhäuschen auf dem Gelände aufzubrechen, in dem er alle möglichen Gartengeräte fand, mit denen es ihm schließlich gelang, die Terrassentür aufzuhebeln.

Mit der einsetzenden Dunkelheit gingen kleine Nachtlichter mit Monden und Sternchen an, die eine anheimelnde Stimmung verbreiteten. Der Kühlschrank war fast leer. Da hatten die kleinen Racker aber ganz schön gemampft. Oder es gab irgendwelche Vorschriften, nach denen die Lebensmittel für die Kinder nicht so lange oder sonstwie gelagert werden durften. Sicher gab es hier solche Regeln. Er fand in der Küche Bananen, von denen er gleich drei in sich hineinstopfte, und trank gleich vom Wasserhahn. Das war nach den Tagen im Freien wie im Hotel. Er griff sich eine weitere Banane, zwei Lutscher, schnappte sich eine Kuscheldecke mit Dinosauriern und legte sich auf eine weiche Spiel- und Tobematte. Selbst die Rückenschmerzen ließen nach.

Mit den wie im Traum wirkenden Worten »Na, dann kommen Sie mal mit!« wurde Horst unsanft an der Schulter gepackt. Er blinzelte nur und wusste sofort, dass er mal wieder Zielscheibe einer polizeilichen Maßnahme geworden war. Nur langsam dämmerte ihm, was geschehen war. Er war satt und zufrieden eingeschlafen, hatte nach mehreren Nächten mal wieder erholsam geschlafen und leider zu lange im Traumreich verharrt. Von neugierigen Blicken der Erzieherinnen und der Kinder begleitet, wurde er abgeführt.

»Kita-Einbrecher schläft in Kuscheldecke ein«, »Dieb mit Rückenschmerzen schläft in Kita ein« und ähnliche Schlagzeilen gab es über ihn, vom Spott der Bekannten im Obdachlosenheim ganz zu schweigen. Er hatte es mit seinem Reinfall sogar auf einen der vorderen Plätze in den Top Ten der dümmsten Verbrecher einer größeren deutschen Zeitung in jenem Jahr geschafft.

Neues Spiel, neues Glück!

»Den Sie gestern Abend aufgegriffen haben?«, hörte ich Doreen ins Telefon sprechen. Offensichtlich wusste sie schon wieder mehr als alle anderen Beteiligten. Vielleicht sollte ich sie besser zur Verhandlung mitnehmen. Und kurz darauf erklärte sie: »Vom Grundsatz her könnte er den Termin wahrnehmen, da gerade ein Mandant abgesagt hat. Ich frag mal nach.« Dieses »Nachfragen« lief so ab, dass sie die Richterin in die Warteschleife schickte, während sie durch die offene Tür zu mir herüberbrüllte, ob ich in zwei Stunden zu einem Termin zur Prüfung eines Antrages auf Anordnung der Untersuchungshaft fahren könne.

Gerade hatte ich mich in die Akte vertieft, zu der der Mandant sein Erscheinen abgesagt hatte, um einen Schriftsatz an das Gericht zu erarbeiten. Nur weil der Mandant sich nicht in der Lage fühlte, den Termin wahrzunehmen, wurde ich noch lange nicht von der Verpflichtung zur Erarbeitung des Schriftsatzes befreit, zu dessen Einreichung mir das Gericht eine Frist gesetzt hatte. Bei der Lektüre der Akte hatte ich mir die wesentlichen Punkte notiert, zu denen ich vorzutragen hatte. In aller gebotenen Mäßigung hatte ich zu einem unerhörten Geschehen Stellung zu nehmen. Und da grätschte Doreen mit dem neuen Termin dazwischen.

Da ich nicht zu ihr hinüberrufen wollte, ohne dass wir uns sahen, war ich es, der aufstand, zu ihr hinüberging und lamentierte: »Eigentlich wollte ich den Schriftsatz in der Sache beginnen, in der unserem Mandanten sexuelle Belästigungen und rassistische Äußerungen von einer Kollegin unterstellt worden sind, die auf seinen Job scharf ist.«

»Das kannst du später noch machen. Wir sind schon die dritte Kanzlei, die Frau W. anruft, um einen Pflichtverteidiger zu bekommen, der so kurzfristig einspringen kann.«

»Kann nicht …?«

»Nein! Stephan ist bei einem Mandanten. Außerdem wurde er schon am Wochenende zu mehreren Untersuchungshaftsachen gerufen.« Unsere Doreen legt großen Wert darauf, dass es bei der Arbeitsverteilung gerecht zugeht. Sie hat jedes Recht dazu, weil sie ein Arbeitspensum für zwei bewältigt.

»Na gut«, ließ ich mich erweichen, »worum geht es denn in der Sache?«

»Das stand«, setzte sie voraus, dass ich laufend alle Nachrichten im Auge habe, »doch heute Morgen in den Online-Nachrichten.«

»Keine Ahnung. Erzähl's mir!«

»Nachher! Machst du's oder nicht? Wenn ich sie nicht gleich erlöse, schläft mir die Richterin in der Warteschleife ein.«

Ich sagte zu und Doreen änderte und präzisierte meinen Arbeitsablauf für jenen Tag, der so genau festgelegt wurde, dass selbst die Zeiten zum Gassigehen und das frische Trinkwasser unserer Hunde Berücksichtigung fanden. Auf dem Weg aus der Kanzlei schickte sie mir noch ein »May the power be with you!« hinterher und ich wusste, dass sie in Vorbereitung ihrer nächsten Amerika-Reise mit Duolingo weiterhin ihre Englischkenntnisse auffrischte.

Zwei Stunden später fand ich mich in einem der kalten und kahlen Verhandlungssäle wieder.

Es gibt gute Ideen, denen man ohne Wenn und Aber folgen kann. Die Richterin begrüßte mich im neonbeleuchteten Strafrechtssaal von ihrem durch einen Absatz erhobenen Tisch mit den Worten: »Da haben Sie gleich den Stoff für eines Ihrer nächsten Bücher! Oder besser: Sie schreiben gleich eines über die dümmsten Verbrecher. Und den Titel haben wir auch schon: ›Neues Spiel, neues Glück!‹«

War jetzt Zeit, um an einen Befangenheitsantrag zu denken? Nur weil ein Täter mit seinem Verhalten Anlass dazu gab, ihn nicht als allzu clever einzuschätzen, hieß das noch lange nicht, dass die Richterin parteiisch entscheiden würde. Der Einschätzung der forschen Richterin zufolge könnten gegebenenfalls Zweifel an der Schuldfähigkeit meines Mandanten bestehen.

Jedenfalls, geehrte Frau Richterin W. am Amtsgericht in F., möchte ich an dieser Stelle gerne Ihre Idee aufgreifen.

Heute würde im Amtsgericht zur Rechtmäßigkeit der beantragten Untersuchungshaft verhandelt werden und nicht zur Hauptsache. Die allgemein verpflichtende Teilnahme eines Anwalts an der Verhandlung über einen Haftbefehlsantrag ist eine relativ junge Regelung. Noch vor ein paar Jahren konnte man auch ohne Beistand in die Untersuchungshaft wandern. Rechtsschutz wurde dadurch gewährt, dass der bis dahin lediglich Beschuldigte, zu dessen Gunsten eigentlich noch die Unschuldsvermutung galt, einen Haftprüfungsantrag stellen konnte; vorausgesetzt er wusste das und hatte die Möglichkeit dazu. Jetzt wird die Einschränkung der Freiheitsrechte ernster genommen. Das hat alles noch wenig damit zu tun, ob eine spätere Verurteilung und Vollzugshaft erfolgt, sondern Maßstab der Rechtmäßigkeit einer Untersuchungshaft ist das Vorliegen von speziellen Gründen.

Und über genau diese Gründe hatte ich vor ein paar Wochen mit einem Polizisten gestritten, der sich über die Ablehnung eines Untersuchungshaftbefehls echauffierte. Durch die Bundespolizei war auf der Autobahn ein junger Niederländer mit so viel in Polen gekauften, teils nicht zertifizierten und den Kategorien F 3 und F 4 zugehörigen gefährlichen Feuerwerkskörpern ohne Erlaubnisschein nach dem Sprengstoffgesetz – den er dafür auch bei ordnungsgemäßer Beantragung nicht erhalten hätte – festgestellt worden, dass vierzig Kilogramm reine Sprengladung zusammenkamen. Der für diese Fahrt geliehene Kleintransporter war bis zum Bersten mit den Neujahrsüberraschungen vollgepfropft. Dafür würde es mit hoher Wahrscheinlichkeit nicht nur bei einer Geldstrafe bleiben. Aber welcher Haftgrund sollte hier vorliegen, der es rechtfertigte, ihn schon vor einer Hauptverhandlung in Haft zu nehmen? Es gibt nur drei Gründe, die dies zu rechtfertigen vermögen: die Wiederholungsgefahr, für die es keinen Anhaltspunkt gab, nachdem er erwischt worden war; die Verdunklungsgefahr, die nach seinem Geständnis und der eindeutigen Beweislage nicht gegeben war; und die Fluchtgefahr, die angesichts seiner familiären und beruflichen Bindungen und seines festen Wohnsitzes ebenfalls als nicht gegeben anzusehen war. Früher wurde nicht selten von den Gerichten die Fluchtgefahr schon wegen des Umstandes vermutet, dass in der Hauptsache eine hohe Haftstrafe drohte und deshalb der Beschuldigte einen hohen Anreiz hatte zu fliehen. Das lief aber darauf hinaus, dass jeder, der eines Verbrechens mit hoher Strafandrohung als Beschuldigter verdächtig war, schon in Untersuchungshaft genommen werden konnte. Dem hat die Rechtsprechung in den letzten Jahren entgegengestellt, dass eine hohe Straferwartung allein noch nicht für die Annahme einer Fluchtgefahr ausreiche; da müssten noch weitere Umstände, wie ein fehlender fester Wohnsitz, fehlende soziale Bindungen und Ähnliches, hinzutreten. So war die Ablehnung des die Untersuchungshaft anordnenden Haftbefehls gegen den jungen Niederländer rechtens.

Für meinen Mandanten in der neuen Strafsache sah es hingegen nicht so rosig aus. Er hatte keinen festen Wohnsitz, jedenfalls keinen, den er offiziell in einer Akte notiert haben wollte. Sein Vater – die Mutter hatte die Familie schon vor Jahren verlassen – sollte von der Festnahme und dem weiteren Geschehen nichts erfahren. Der würde ihn, der schon seit ein paar Jahren erwachsen war, wieder ordentlich verprügeln und sich endgültig von diesem Tunichtgut lossagen. Er hatte weder eine Freundin noch einen Job oder eine Aussicht darauf. Unabhängig davon, dass er mir gegenüber gleich einräumen würde, sich in so eine Knechtschaft nicht begeben zu wollen – womit ausschließlich die Arbeit und nicht die Beziehung gemeint war –, waren noch andere Umstände auszumachen, die ihn hier halten würden. In der Hauptsache hatte der Beschuldigte nach Lage der Dinge eine so lange Haftstrafe zu erwarten, dass eine Verhandlung vor einer der Strafkammern des Landgerichts gerechtfertigt war.

Ich nahm vor Ort Einsicht in die Akte und musste der Richterin mit ihrer Einschätzung des Scharfsinns meines Mandanten innerlich recht geben. Er hatte eine ganze Latte von Jugendstrafen, die ihn nicht abgehalten hatten, auch nach dem Eintritt in das strafrechtliche Erwachsenenalter weiterhin straffällig zu werden. Die anderen Akten waren in der Eile noch nicht beigezogen worden. Dem Bundeszentralregister zufolge wurde er erstmals mit vierzehn wegen Diebstahls verurteilt, das Gleiche wiederholte sich dann dreimal, bis er auch Gewalt anwendete und wegen Raubes verurteilt wurde, wegen Körperverletzung, Bedrohung, Sachbeschädigung und nach dem Betäubungsmittelgesetz.

Da kannte er sich schon ein wenig aus und ich müsste nicht zu viel erklären.

Bei der aktuell vorgeworfenen Tat hatte der Täter mit einer gezogenen Scheinwaffe, die aufgrund ihrer Ähnlichkeit von allen Bedrohten als eine echte Pistole wahrgenommen worden war, einen Zeitschriften-, Zigaretten- und Lottoladen betreten, die Waffe dem Ladeninhaber vors Gesicht gehalten, der sich wiederum genau das Gesicht seines Gegenübers eingeprägt hatte, einschließlich der kleinen Narbe über der rechten Augenbraue, und die Einnahmen des Tages gefordert. In der Kasse befanden sich am Abend nur 224,43 Euro, die der Ladenchef dem Beschuldigten übergab; kurz zuvor hatte er zwei

Gewinnern in unterschiedlichen Gewinnklassen Geld ausgezahlt. Der Täter nahm dann noch eine Handvoll Werbekulis des Ladens mit der Aufschrift »Neues Spiel, neues Glück!« vom Tresen.

In einer juristischen Klausur, fuhr es mir durch den Kopf, müsste man an dieser Stelle problematisieren, ob es sich bei der Wegnahme der Kugelschreiber nicht nur um einen Diebstahl gehandelt hatte, da die Bedrohung mittels der Scheinwaffe zu diesem Zeitpunkt zwar beendet war, aber gegebenenfalls noch eine psychische Wirkung entfaltete. Es wäre dann die Konkurrenz zwischen den Delikten zu begutachten. Aus dem Akteninhalt war zu den Kulis diesbezüglich nichts erwähnt, und in der juristischen Praxis würde das darauf gerichtete Verfahren eingestellt, da der schwere Raub viel gravierender wirkte.

Mein Mandant stieg mit dem erbeuteten Geld, den Kulis und der Scheinwaffe in den um die Ecke geparkten 5er-BMW, legte die Sachen auf den Beifahrersitz und setzte seinen Weg in Richtung Grenze fort. Er konnte von den Zeugen gegenüber der sofort alarmierten Polizei genau beschrieben werden; das Fahrzeug hatte niemand gesehen. Dass es ein solches gegeben haben musste, wurde aus dem plötzlichen Verschwinden des Täters geschlossen.

Eine Ringalarmfahndung wurde seitens der Polizei nicht ausgelöst, aber eine Täterbeschreibung an die Polizeistreifen herausgegeben, die sich gerade unterwegs befanden, und an die zusätzlichen Kräfte, die an wichtigen Straßen postiert wurden. Ein junger Mann alleine im 5er-BMW ist in der Grenzregion alleine schon ein Umstand, der zur Kontrolle führt. So erging es nun auch meinem Mandanten, der an der Stadtgrenze herausgefischt wurde, genau an der Einfahrt zu dem Gericht, an dem wir jetzt verhandelten. Auf dem Beifahrersitz lagen die Scheinwaffe, 224,43 Euro in genau der Stückelung, die der Ladeninhaber angegeben hatte, und auch noch dessen Kulis mit der Aufschrift »Neues Spiel, neues Glück!«, was selbst einen der Polizeibeamten zu der Äußerung bewogen haben soll, dass das dann wohl nicht so lange angedauert habe. Die Täterbeschreibung war identisch mit dem Aussehen und der Kleidung des Aufgegriffenen. Eine Gegenüberstellung war noch nicht erfolgt. Aber alles, und in diesem Fall wirklich alles, sprach gegen den Beschuldigten, der sich zum Tatvorwurf gegenüber der Polizei nicht geäußert hatte.

Die einzigen Äußerungen, zu denen er sich bei der ersten Vernehmung am Abend herabließ, waren den Umständen geschuldet, dass der Mietwagen, mit dem er eigentlich nur eine Spritztour machen wollte, bis zum nächsten Tag wieder bei der Autovermietung in Berlin sein müsse und er außerdem einen riesigen Hunger habe; ansonsten schwieg er zu den Tatvorwürfen. Auch die Beamten des Kriminaldienstes hatten noch nichts gegessen. So fuhr einer der Kollegen zur nahe gelegenen Tanke und bestellte drei Mal das »Kriminaldauerdienst-Menü«, woraufhin er drei Bockwürste mit Brötchen und Senf und dazu jeweils eine Flasche Wasser bekam.

Meinen Blick ließ ich im Verhandlungssaal herumschweifen und heftete ihn an den leeren Tisch, an dem sonst die Anklagevertretung sitzt. »Die Staatsanwaltschaft?«

»Wurde informiert und macht von ihrem Recht Gebrauch, nicht an der Verhandlung teilzunehmen«, klärte mich die Richterin auf.

Übersetzt bedeutete dies, dass die Staatsanwaltschaft ohne Weiteres vom Erlass des beantragten Haftbefehls ausging. Sollte er wider Erwarten nicht erlassen werden, würde sie gegen den Beschluss in Beschwerde gehen.

Mein Mandant war noch nicht im Verhandlungssaal und ich beantragte, ihn vor der Verhandlung im Haftraum sprechen zu können. Kurz darauf fand ich mich in einer der weißwandigen, neonbeleuchteten Arrestzellen mit einem kleinen, vergitterten

Fenster an der Außenseite wieder, darin zwei Stühle, ein Tisch und ein Edelstahlklo. Der Inhaftierte nahm die Angelegenheit gelassener als manch ein anderer, der vor ihm in dieser Zelle geschmort hatte, weshalb es trotz der im Raum stehenden Kloschüssel hier unten auszuhalten war. Es stank lediglich nach kaltem Rauch. Ja, hier unten durfte man noch eine durchziehen; war ja schließlich kein Restaurant, und zu essen würde es hier ohnehin nichts geben. Da der Landgerichtsbezirk kein eigenes Untersuchungshaftgefängnis hatte, würde mein Mandant nach der Verkündung eines Haftbefehls in eine der Justizvollzugsanstalten des Landes verbracht werden.

Nachdem er mir erzählt hatte, was sich zugetragen hatte, schüttelte ich nur noch mit dem Kopf. »Und dann noch mit einer Waffe.«

»War doch bloß eine Spielzeugpistole.«

»In diesem Haus nennt man es Scheinwaffe. Und wenn diese genauso aussieht wie eine echte Waffe, dann ist die Bedrohungssituation für die Opfer dieselbe. Und genau das hatten Sie auch bezweckt.«

»Von allein hätten die mir das Geld nicht in die Hand gedrückt.«

»Und somit geht es um einen schweren Raub mit einer Haftandrohung von nicht unter fünf Jahren. Die zu erwartende lange Haft allein reicht zwar nicht für die Anordnung der Untersuchungshaft aus, aber bei Ihnen kommen die Unklarheiten hinsichtlich Ihres nicht festen Wohnsitzes, des nicht vorhandenen Arbeitsplatzes und des Umstandes hinzu, dass Sie sich bei Ihrer Festnahme durch die Polizei in Richtung Grenze bewegt haben.«

»Und das heißt?«

»Dass heute der Haftbefehl verkündet wird und Sie anschließend in eine Justizvollzugsanstalt überführt werden. Die Dauer der Untersuchungshaft wird auf Ihre spätere Vollzugsstrafe angerechnet.« Dann erläuterte ich, dass ich gleich in der Verhandlung beantragen würde, keine Untersuchungshaft zu verhängen, aber da solle er mal nicht zu sehr darauf setzen. Warum er seinen aktuellen Wohnsitz nicht angab, wollte er erst nicht sagen, teilte mir dann aber mit, dass er bei einem Kumpel schlafe, bei dem er nicht gemeldet sei und mit dem er ab und zu ein paar kleine Dinger drehe; den wolle er nicht »anscheißen«.

»Und was ist mit dem Auto?«

»Das hatte ich von einer Berliner Autovermietung. Und ich muss es heute zurückgeben.«

»Da wird wohl nichts draus. Da frage ich aber oben gleich mal nach. Nicht, dass der Vermieter gleich eine Strafanzeige erstattet und Himmel und Hölle in Bewegung setzt.«

»Wenn man dem Bescheid sagen könnte, das wäre gut. Und können Sie nicht wegen der fünf Jahre was drehen?«

»Das wird heute nicht verhandelt. Jetzt geht es ausschließlich um die Untersuchungshaft.«

»Aber Sie sind dann immer noch mein Anwalt?«

»Wenn Sie das möchten, ja. Jetzt bin ich als Pflichtverteidiger bestellt, weil es um eine Haftsache geht. Der Beschluss wirkt weiter, wenn wir beide das wollen. Ich werde Sie natürlich ordnungsgemäß vertreten.«

»Ich hatte in den letzten Verfahren immer einen anderen Anwalt.«

»Da waren die Tatorte auch andere.«

»Können Sie mir nicht sagen, was ich da oben erzählen soll?«

Also hatte mein Mandant doch nicht so viel Erfahrung, wie ich vorausgesetzt hatte. »Sie müssen gar nichts sagen, können also schweigen. Sie können erzählen, wie es war, also ein Geständnis ablegen, was sich meist strafmildernd auswirkt, oder auch lügen, wenn Sie dadurch nicht andere zu Unrecht einer Straftat bezichtigen.«

»Jaja«, winkte er ab, »das weiß ich alles. Aber was ich dem Gericht sagen soll, um hier rauszukommen.«

»Ich kann Sie beraten, aber nicht inhaltlich vorgeben, was

Sie sagen sollen. Das müssen Sie schon selbst wissen. In der konkreten Situation verkürzt ein Geständnis das Verfahren, aber die Untersuchungshaft würden Sie damit nicht verhindern. Das Gericht dürfte aufgrund der recht eindeutigen Aktenlage schon davon ausgehen, dass es zu einer baldigen Anklage und Verurteilung kommt und ohne feste soziale Bindungen und Wohnsitz eine die Untersuchungshaft rechtfertigende Fluchtgefahr besteht.«

»Könnte der andere Anwalt dafür sorgen, dass ich weniger als fünf Jahre bekomme?«

»Das würde ich auch. Und ich würde prüfen, ob ein minderschwerer Fall in Betracht kommt. Obgleich mir im Moment keine überzeugenden Umstände einfallen, die das rechtfertigen könnten; vielleicht die geringe Schadenshöhe und die Spielzeugpistole. In der Akte sah die aber wirklich echt aus. Aber mal sehen, vielleicht finden wir noch etwas, was für Sie spricht. Ein Geständnis würde in dieser Beziehung auch zu Ihren Gunsten gewertet werden.«

»Also wenn Sie mir versprechen, dass ich unter fünf Jahre bekomme, dann haben Sie den Job. Sonst beantrage ich, dass ich den anderen Anwalt wiederhaben möchte.«

»Sie haben jetzt«, entgegnete ich gereizt, »ganz andere Sorgen. Was können wir dem Gericht jetzt mitteilen, damit keine Untersuchungshaft verhängt wird, gerade hinsichtlich einer festen Wohnanschrift? Sie sind doch offiziell immer noch bei Ihrem Vater gemeldet, können Sie da nicht wieder für eine gewisse Zeit einziehen und sich zu polizeilichen Meldungen bis zur Hauptverhandlung verpflichten?«

»Mein Alter? Nee, der würde mich selber in den Knast stecken, wenn der könnte. Da gehe ich jetzt lieber ab. Und wenn ich jetzt in den Gerichtssaal gehe, halte ich die Fresse und sage gar nichts mehr, so!«

»Ihr gutes Recht. Aber die Angaben zur Person müssen Sie schon machen.« Dann erklärte ich ihm die Möglichkeit zu einer

Haftprüfung, die er hätte, wenn er heute in Untersuchungshaft gesteckt werden würde.

»Das passt mir alles nicht!«, erklärte er kopfschüttelnd. »Machen Sie, dass ich hier rauskomme, sonst sind Sie den Job los.«

»Das führt zu nichts!«, wurde ich langsam ungehalten. »Ich gehe jetzt hoch und sage, dass wir beginnen können. Sie haben sich die Suppe selbst eingebrockt und machen jetzt den großen Max. Offensichtlich haben Sie vorgehabt, das Fahrzeug ins Ausland zu verbringen. Möglicherweise stecken Sie da mit der Autovermietung unter einer Decke, die die Versicherungssumme kassieren wollte und das Geld für das Fahrzeug von dem bekommen sollte, zu dem Sie das Fahrzeug überführen sollten. Sie haben kein Geld, fahren hier aber mit einem fetten Mietfahrzeug rum, das keiner in Ihrer wirtschaftlichen Situation bekommen hätte. Um zu tanken oder ohne Fahrzeug wieder zurückzukommen, brauchten Sie noch etwas Geld und haben dann einen Raub begangen. Schön blöd! Da ist die Straferwartung viel höher als bei dem anderen Mist, den Sie eigentlich vorhatten. Aber jene Sache haben Sie auch versaut. Und wenn Sie das nicht auf eigene Rechnung gemacht haben und für eine Bande tätig waren, dann schulden Sie denen für den vermasselten Job auch noch den Gewinn, den Sie im Knast und danach abarbeiten müssen.«

Der Anblick meines Mandanten mit glotzenden Augen und offenem Mund war unbezahlbar.

Obwohl ich in der Verhandlung Bemühungen meines Mandanten um einen festen Wohnsitz, den schwierigen Wohnungsmarkt in Berlin und mögliche Meldeauflagen ins Spiel brachte und zum Recht meines Mandanten, zu schweigen und keine Angaben zur Sache zu machen, was nicht zu seinem Nachteil gewürdigt werden dürfte und sonst einer Art Vorverurteilung gleichkäme, ausführte, spürte ich, dass die Richterin den befürchteten Haftbefehl erlassen würde.

»Eine Untersuchungshaft wäre im konkreten Fall völlig unangemessen. Wenn das Gericht meint, dass alle Fakten, die zu einer Verurteilung führen könnten, auf dem Tisch liegen, dann gibt es eine baldige Verhandlung, zu der mein Mandant selbstverständlich auch erscheinen wird.«

Die Richterin hob spöttisch eine Augenbraue. »Wohin soll denn die Ladung zur Verhandlung gesandt werden?«

»Mein Mandant kann mir eine Empfangsbevollmächtigung erteilen, mit deren Hilfe er als geladen gilt, sobald mir die Ladung zugeht. Auch die Anschrift seines Vaters kommt dabei in Betracht. Selbst wenn er dort nicht seinen ständigen Wohnsitz hat, reicht es aus, dass es eine zustellungsfähige Anschrift ist. Die mögliche künftige Nichtzustellung ist jedenfalls keiner der Gründe, die eine Untersuchungshaft rechtfertigen.«

»Aber wenn Ihr Mandant jetzt schon gewohnt ist unterzutauchen«, parierte die Richterin schnell, »dann wird er sich der Verhandlung und auch einer möglichen Vollstreckung geschickt entziehen können. Das begründet schon eine Fluchtgefahr.«

»Wenn er sich der Verhandlung entziehen sollte, wovon nicht auszugehen ist, dann könnte immer noch ein Vorführungshaftbefehl ergehen.« Ich schaute zu meinem Mandanten. »Sie werden doch der Ladung zur Verhandlung Folge leisten?« Er spielte wenigstens hierbei mit und nickte bestimmt und mit einem gewissen jugendlichen Charme. Ein Blick zur Richterin zeigte mir, dass sie von der Argumentation nicht überzeugt war. »Auch besteht überhaupt nicht die Gefahr«, legte ich gleich nach, »dass gegen meinen Mandanten eine lange Haftstrafe verhängt würde. Und schon deshalb besteht für meinen Mandanten kein Anreiz zur Flucht.«

Jetzt blickte die Richterin ziemlich kritisch, in etwa so, als ob ich von einem anderen Fall berichtete. »Er hat die Scheinwaffe gebraucht, und da ist der Strafrahmen deutlich erhöht.«

»Schon, aber es sind deutliche Milderungsgründe ersichtlich, die die Strafe erheblich mindern könnten.«

Wieder diese Augenbraue.

»Es ist eben eine Spielzeugpistole und keine echte Waffe gewesen. Die Beute ist ebenfalls sehr gering. Mein Mandant ist noch sehr jung und charakterlich nicht gefestigt. Im Knast ist noch keiner besser geworden. Und gegen eine hohe kriminelle Energie spricht auch die völlig dilettantische Vorgehensweise.«

Nun war es mein Mandant, der nicht nur eine, sondern beide Augenbrauen hochzog.

So gerne Beschuldigte mildernde Umstände anführen, so ungern lassen sie sich nachsagen, sich bei der Tatbegehung ziemlich blöd angestellt zu haben. Für den Fall, dass er in den Knast käme, wovon nach einer Hauptverhandlung auszugehen war, bedeutetees im Gefängnis für die Rangordnung schon etwas, wenn man wegen eines schweren Raubes saß. Wenn dann aber im Urteil steht, dass strafmildernd die ungeschickte Tatausführung berücksichtigt wurde, fühlen sich Straftäter in ihrer Ganovenehre verletzt.

Ich fuhr fort: »Er hat den Raub ohne Maske ausgeführt und es war klar, dass er sofort identifiziert werden würde. Auch hat er bei der Flucht weiterhin Hauptstraßen genutzt und so sein Aufgreifen erst ermöglicht. Ferner hat er überhaupt nichts zur Beutesicherung unternommen, sondern die Beute und Beweismittel offen liegen lassen.« Dann verkniff ich mir, die Würde des Gerichts durch eine Bemerkung dergestalt anzugreifen, dass mein Mandant so gehandelt habe, als trüge er ein Schild mit der Aufschrift »Bitte verhaften Sie mich!«.

All das trug aber nicht dazu bei, die Richterin vom Erlass des Untersuchungshaftbefehls abzubringen. Sie begründete die aus ihrer Sicht gegebene Fluchtgefahr damit, dass ein minderschwerer Fall der Tat wegen der hohen kriminellen Energie, des Vorhaltens der Waffe vor das Gesicht des Opfers, der nicht gezeigten Reue, des fehlenden Geständnisses und der erheblichen Vorstrafen nicht angenommen werden könne. Hinzu kämen der fehlende feste Wohnsitz sowie die fehlenden sozialen und beruflichen Bindungen, was im Ergebnis zur Annahme einer Fluchtgefahr führe.

»Na, wieder einmal dafür gesorgt, dass ein Straftäter frei herumläuft?«, begrüßte mich Doreen nach meiner Rückkehr in die Kanzlei.

Sie hatte den Job einer Rechtsanwaltsfachangestellten von der Pike auf gelernt, hatte in verschiedenen Kanzleien mit unterschiedlicher Ausrichtung in der Hauptstadt und im Umland gearbeitet und wusste genau, dass zu diesem Zeitpunkt überhaupt noch nicht die Rede davon sein konnte, ob jemand ein Straftäter war oder nicht. Deshalb wollte ich mich auch auf gar keine Diskussion einlassen und erzählte nur kurz vom Erlass des Untersuchungshaftbefehls.

»Da trifft es ja mal den Richtigen!«

Schnell hatte ich als Ziel dieser Attacke nicht meinen Mandanten, sondern mich ausgemacht. Nur war mir noch nicht klar, womit ich das verdient haben sollte.

Bald wandte ich mich dem Entwurf des Schriftsatzes in der Sache zu, in der unserem Mandanten ein Fehlverhalten unterstellt worden war, welches er nach eigenem Bekunden nicht begangen hatte. In einer kurzen Pause in dem Bürobereich, der sich in der Mitte zwischen den Anwaltszimmern befand, brainstormten Doreen, Stephan und ich über diverse vergleichbare Fälle, in denen Arbeitgeber Firmeneigentum, Dokumente und andere Gegenstände in die Taschen von Arbeitnehmern hatten wandern lassen oder diesen Pflichtverstöße unterstellten, die diese nicht begangen hatten, nur um die Arbeitsverhältnisse beenden zu können. Da wurde bei einer Kontrolle in der Fahrzeugwerkstatt plötzlich ein Ersatzteil in der Tasche eines Arbeitnehmers gefunden, den man loswerden wollte. Es war genau das Teil, nach dem sich der Schwiegervater vor Kurzem erkundigt hatte, das er aber wegen der Höhe des Preises nicht gekauft hatte. Eine Vorstandsvorsitzende hatte sich gegenüber einer Mitarbeiterin damit gebrüstet, dass sie jeden Kerl in der Firma loswerden könne, ohne einen Euro Abfindung zu zahlen. Sie würde ihn in ihr Zimmer rufen lassen und nach fünf Minuten ihre Bluse aufreißen und schreiend hinauslaufen, um bei ihrer Sekretärin Hilfe zu suchen. Kein Gericht der Welt würde dem armen Tropf Glauben schenken.

Der Glaube der Menschen an die Erforschung einer objektiven Wahrheit durch ein Gericht scheint unverwüstlich. Dabei hört man in Gerichtssälen und -fluren von Gerichtsmitarbeitern und den Anwälten so oft: »Von uns war niemand dabei.« Ein Gericht kann im Zivilrecht sogar von dem Sachverhalt ausgehen, der unbestritten bleibt, auch wenn das Geschehen ein anderes war. Dazu gibt es die Parteimaxime: Die Parteien müssen selbst vortragen, was zur Begründung des geltend gemachten Anspruchs dient. Das ist aber selbst im Zivilrecht nicht die letzte Wahrheit, da das Gericht letztlich unter Berücksichtigung des gesamten Inhalts der Verhandlung nach seiner freien Überzeugung zu entscheiden hat.

Als ich in unserer Diskussion eine Szene aus Elena Ferrantes neapolitanischer Tetralogie erwähnte, in der Lila eine Bratwurst in die Tasche gesteckt wird, um sie in der Wurstfabrik der Soccavos als Diebin zu diskreditieren, meinte Doreen wieder unwirsch, dass die Assoziationen jetzt zu weit führten.

Bevor der Arbeitstag seinem Ende zuging, klärte sich die Frage nach Doreens Stimmung: Ich hatte nach der Runde mit unseren Hunden und vor dem Gerichtstermin vergessen, unseren Vierbeinern frisches Wasser zu geben.

Schon kurze Zeit nach diesem Termin flatterte die Anklageschrift in die Kanzlei. Nun meldete sich für meinen Mandanten sein früherer Anwalt und beantragte die Aufhebung des Pflichtverteidigerbeschlusses wegen einer tiefgreifenden Verletzung des Vertrauensverhältnisses zwischen meinem Mandanten und mir. Zugleich beantragte er seine Beiordnung als Pflichtverteidiger. Die nähere Begründung des Antrags entsprach nicht den Tatsachen. Ob nun der Mandant den anderen Anwalt anschwindelte oder der Kollege die vermeintlichen Gründe erfand, war einerlei. Inhaltlich konnte ich dazu ohne Entbindung von der anwaltlichen Schweigepflicht nicht ausreichend erwidern.

Doreen mit ihrem unerbittlichen Gerechtigkeitsgefühl konnte in dieser Situation fluchen wie ein Rohrspatz. Das brachte in der Sache wenig, tat aber in der Situation gut.

Eine solche Aufhebung der ursprünglichen Pflichtverteidigung beschließt das Gericht auch wegen der sich dann erhöhenden Kosten nicht ohne Weiteres, jedoch ließ ich das Gericht wissen, dass auch ich nun kein gesteigertes Bedürfnis mehr an der Vertretung des mittlerweile Angeschuldigten hatte.

Klaustrophobie

»Der hat es ja ordentlich krachen lassen«, kommentierte Doreen die Akte beim Einscannen. Sie verfluchte die Strafsachen mit so vielen Beiakten. Die Akten früherer Verfahren, die uns das Gericht mitgeschickt hatte, zeigten einerseits, dass unser Mandant kein unbeschriebenes Blatt war, und andererseits, dass das Gericht gedachte, diese Verfahren zumindest bei der Strafzumessung ausreichend zu berücksichtigen. Der Pflichtverteidigerbeschluss war zwei Wochen zuvor in die Kanzlei geflattert. Da weiß man als Verteidiger noch nicht, um was für ein Delikt es sich handelt und was für eine Person dahintersteckt. Letzteres erfährt man auch aus den Akten nur marginal. Ob ein Angeklagter sich im Verfahren außer zu den Pflichtangaben zur Person weiter zu seinem schulischen oder beruflichen Werdegang einlässt, ist vom Prinzip her seine Sache. Weil diese Umstände für die Strafzumessung meist auch nicht so relevant sind, bleiben sie auch im Dunkeln.

Dagegen bin ich bezüglich meiner Mandanten sehr viel neugieriger. Schließlich will ich die Person hinter der Tat ein wenig verstehen, irgendwie nachvollziehen können, was und warum es geschehen ist.

Die Vorgehensweise bei der Bearbeitung der Akten ist in unserer Kanzlei wenig schematisiert. Wenn es eine neue Strafsache mit einer dünnen Akte ist, scannt Doreen den wesentlichen Inhalt oder, wenn es wenig Arbeit bereitet, gleich den gesamten Akteninhalt ein. Bei umfangreicheren Akten entscheide ich vorher, was wirklich gescannt werden muss. Manchmal ergibt sich dabei auch die Notwendigkeit einer ergänzenden Akteneinsicht, weil noch nicht ganz deutlich ist, was notwendigerweise zu kopieren oder zu scannen ist. Diese Fälle sind aber eher selten.

Protokolle von technischen Überwachungsmaßnahmen scannen wir hingegen fast immer komplett. Zwar ahnt man schon, dass ein Beschuldigter kein ausgesprochenes Süßmäulchen ist, wenn er am Telefon bei seinem Lieferanten »ein Kilo Zucker« oder ganz platt nur »ein Kilogramm Weißes« ordert, aber da gibt es auch ganz ausgereifte und inhaltlich wechselnde Codes, denen man nicht so schnell auf die Schliche kommt. Völlig offen hätte ein von mir vertretener Delinquent bei der Abfahrt zum Bankraub ins Handy sprechen können, als er den anderen Tatbeteiligten den Beginn des Überfalls mitteilte, indem er sie anrief und sagte: »Die Schwäne fliegen.«

In der Kanzlei ging derweil das Krimi-Quiz weiter und ich vermutete auf Doreens Hinweis, der Mandant habe es krachen lassen, eine Tat nach dem Waffen- oder Sprengstoffgesetz. Da kam ein deutliches »Nein!« und ich tastete mich weiter heran. »Ein Verkehrsdelikt mit einem halben Dutzend beteiligten Fahrzeugen und dabei begangenen Körperverletzungen oder gar einer fahrlässigen Tötung, damit es ein Fall einer notwendigen Pflichtverteidigung wird. Und er hatte keine Fahrerlaubnis mehr oder diese noch nie gehabt und ist schon einige Male einschlägig vorbestraft.«

»Das geht in die richtige Richtung, trifft es aber nicht so ganz.«

Unsere Rätselrunde erinnerte mich an das Kartenspiel, das mir eine meiner Töchter zu Weihnachten geschenkt hatte. Es wurden theoretische strafrechtliche Fragen gestellt, wobei die Antworten häufig viel zu kurz gerieten oder die Sache auch nicht ganz trafen – wie soll man so eine Materie auch auf das Format einer Spielkarte reduzieren! –, oder es galt, die begangene Straftat zu erraten, die hinter nebulösen Andeutungen steckte. Bei mir erhärtete sich der Eindruck, dass Doreen dieses Spiel kannte und sich daraus eine Obsession entwickelt hatte.

*

Er konnte die Hand vor Augen nicht erkennen, sein Puls schnellte in die Höhe, weshalb vor seinen Augen in der Finsternis Lichtblitze aufflackerten. Seit mehreren Minuten schrie er erbarmungswürdig um Hilfe, wimmerte und flehte. Das war nicht Rubens Art, den man hier nur Koloss nannte. Für Weicheier hatte er nur Verachtung übrig. Er erkannte sich jetzt selbst nicht wieder. Schweiß stand ihm in diesem dunklen, engen, feuchten Loch auf der Stirn. Ruben schlug mit der Faust gegen die Wand. Die Zelle war so klein, dass er mit dem Rücken an die Wand gelehnt stand und seine mächtige Pranke ohne Mühe in die gegenüberliegende Seite einschlagen konnte. Er ließ seinem Schmerz freien Lauf und schrie aus voller Kehle. Gerade musste er sich im Kampf mit der Wand ein paar Mittelhandknochen gebrochen haben. Mit der unverletzten Hand öffnete er den Kragen der Uniform. Er hielt es nicht mehr aus. Es ging nicht, so sehr er sich auch zusammennahm. »Durchhalten!«, sagte er zu sich. »Ich muss durchhalten, es einfach aushalten. Mehr nicht.« Aber das war zu viel verlangt. Nun begann er zu schreien: »Holt mich hier raus, verdammt noch mal! Holt mich sofort raus! Es geht nicht mehr! Ich verrecke!«

Als der Vorgesetzte die quietschende Metalltür öffnete, flog dieser genau wie die Tür krachend gegen die Wand, als der Koloss an ihm vorbei hinaus ins Freie stürmte und tief, ganz tief Luft holte und in den blauen Himmel schaute.

Die Tage der Eignungsprüfung beim Kommando Spezialkräfte hatte Ruben hinter sich gebracht. Dafür den Begriff »mühelos« zu verwenden, wäre übertrieben gewesen. Zwar war er den meisten anderen Bewerbern an körperlicher Kraft überlegen, aber die den ganzen Tag andauernde Absolvierung des Geländekomplexes mit Teilprüfungen wie Gepäckmarsch, zusätzlichen Belastungen und Orientierungslauf forderte Ausdauer und eine Vielzahl weiterer Fähigkeiten. Er wusste, dass er seine impulsiven Ausbrüche bei psychischer Belastung kontrollieren musste. Das war früher im Sport auch so gewesen. Sein häufig cholerisches Austicken musste er bei der Eignungsprüfung bezwingen. Darauf schauten die Ausbilder, das war ihm klar. Er durfte im Einsatz keine Gefahr für die Kameraden darstellen. Die Erprobung nicht zu bestehen und mit hängenden Ohren und Ausreden, die ihm sowieso niemand abnehmen würde, wieder in seine Einheit zurückzukehren, das war keine Option. Da gehörte er nicht hin, sondern hierher, wo die Elite vereinigt war. Das war schon immer seine Bestimmung gewesen.

Ruben wollte besonders sein, und in seinem Leben als Leistungssportler hätte er es beinahe geschafft. Wenn diese blöde Verletzung nicht dazwischengekommen wäre, hätte er jetzt auch eine Medaille der Europameisterschaft vorzuweisen. Seine Kindheit hatte abrupt geendet, als er auf das Sportinternat gegangen war. Hier stand das Training an erster Stelle und endlich gab es Lehrer, die das verstanden. Vor der ersten Unterrichtsstunde war bereits die erste Trainingseinheit absolviert. Und die Freundschaften, die er dort geschlossen hatte, die hielten über Jahre. So würde es auch mit den Kameraden bei dieser Eliteeinheit werden.

Die Gewaltmärsche, den Nahkampf, die Schießausbildung, die Sprengübungen, die Schwimmausbildung, alles hatte er über sich ergehen lassen beziehungsweise echte Freude daran entwickelt. Er hatte die Grund- und die Spezialausbildung absolviert und war schließlich im Kampf erprobt, denn es war eingetreten, was sich niemand hatte vorstellen können: Die Bundeswehr nahm an einem Krieg teil, den man Friedenseinsatz nannte. Bis dahin waren sie für Kommandoeinsätze, Geiselbefreiungen und die Festsetzung bestimmter Zielpersonen trainiert worden, nun hatte aber auch die Bundeswehr die Bestimmung, die sie mit jeder richtigen Armee teilte. Und bald würde niemand mehr fragen, ob Kampfeinsätze im Ausland verfassungsgemäß waren. Da mussten nur diese Alt-68er und die neuen Pazifisten überstimmt werden und nach ein paar Jahren würde niemand mehr solche Grundsatzdiskussionen führen. Die Realität würde wieder alle Illusionen zerstören.

In der Nahkampfausbildung konnte er viel von seiner Erfahrung als Judoka einbringen, obwohl dort ein Konglomerat aus Techniken verschiedener Kampfsportarten gelehrt wurde. Die Grundlagen, wie der sichere Stand, die Deckung, Kontertechniken und die Überrumpelung des Gegners, die den Frischlingen erst beigebracht werden mussten, hatte er intus. Nun musste alles Gelernte so verinnerlicht werden, dass es automatisch angewendet werden konnte. Im Kampf bleibt keine Zeit zu überlegen, welche Technik man als nächste anwenden soll.

Bei der Planung von Kommandounternehmen zur Geiselbefreiung, der Festnahme eines Kriegsverbrechers oder der Neutralisierung eines gegnerischen Gefechtsstandes kam es zumeist darauf an, das Überraschungsmoment zu nutzen und in kurzer Zeit intensiv einzuwirken. Dies wurde geplant und geübt, im Zusammenwirken mit regulären Truppen oder allein durch ihr Kommando. Die kleinste Einheit bei ihnen war ein aus vier Soldaten bestehender Kommandotrupp.

Ruben kam der Gedanke, dass man das erworbene Wissen nutzen könnte, um einen perfekten Banküberfall zu planen. Dazu brauchte man auch keine vier Leute, wenn man präzise vorging. Sollten jedoch noch Ablenkungsmanöver gestartet, Fluchtwege frei gehalten und Zufahrtswege für Einsatzfahrzeuge der Polizei versperrt werden, wäre schon eine aus mehreren Kommandotrupps bestehende Task-Force nötig. Wenn er es sich in ruhigen Minuten ganz ehrlich eingestand, würde er hier kaum Fähigkeiten erlangen, die ihm im zivilen, nicht kriminellen Leben von größerem Nutzen sein könnten.

Nach seiner Laufbahn als Leistungssportler hatte er seinen Grundwehrdienst beim Bund absolviert, den es damals noch gab, und es dann mit einer Ausbildung zum Fachmann für Bürokommunikation versucht und diese auch beendet. Die nicht unvernünftige Absicht, die hinter dieser Berufswahl stand, war die, dass er sein beim Sport lädiertes Knie schonen wollte. Aber so ein Bürojob, bei dem man sich, wie er meinte, nur den Arsch breit saß – und in der Tat wurde er nach Beendigung seiner Sportlerlaufbahn zusehends fetter –, war dann doch nicht die Erfüllung. Damit wollte er nicht sein Leben verplempern, es müsste doch irgendetwas auf dieser Erde geben, wofür es sich lohnte, morgens aufzustehen.

Schon länger hatte er mit dem Gedanken gespielt, ein Dienstverhältnis als Soldat auf Zeit einzugehen. Beim Bund fand er Gleichgesinnte. Ein Vorgesetzter hatte sich einmal über die für einen Mann untypische Ausbildung lustig gemacht und Ruben gefragt, ob er denke, dass die Bundeswehr ein Sammelbecken für Zivilversager sei. Dem und allen anderen hatte er gezeigt, was in ihm steckte, als er es geschafft hatte, bei den Besten der Besten seinen Dienst zu versehen. Hier waren seine Zähigkeit, seine Körperkraft, seine Kaltblütigkeit gefragt. Er wusste, wofür er das tat. Er wollte sich selbst ausprobieren, seine Grenzen ausloten und einen Schritt weiter gehen.

Das Ansinnen vom Schutz seiner Heimat plapperte er nach, wo es gebraucht wurde. Wichtiger war, dass er Kameraden um sich hatte, auf die er sich verlassen konnte und die auch ihm unbedingt vertrauen konnten. Das war nicht wie draußen bei den Zivilisten, wo einer nur den anderen auszustechen versuchte und beim Chef gut dastehen wollte. Hier musste man sich bewähren und es zählte Leistung, sonst nichts. Das Bewusstsein, zur Elite zu gehören, machte ihn stolz, und das Erlebte schweißte die Truppe zusammen. Seine alte Sportverletzung meldete sich gelegentlich. Bei langen Märschen mit voller Montur, Waffe und Rucksack schmerzte sein Knie, aber er ließ sich nichts anmerken. Er biss sich durch.

Selbstredend half er manchmal nach. Ein Joint hin und wieder linderte den Schmerz besser als Tabletten. Um die Medikamente zu bekommen, die wirklich halfen, hätte er zum Arzt gehen müssen. Diese Trottel würden ihm vielleicht eine Dienstuntauglichkeit attestieren. Das wollte er keinesfalls riskieren. Alles, bloß das nicht!

Er war einer der Ersten gewesen, als man in der Heimat noch herumschwatzte, ob ein Auslandseinsatz der Bundeswehr rechtmäßig sei, und solche pazifistischen Arschlöcher die Augen vor dem Elend verschlossen, das es auf dem Balkan gab; einer der derjenigen, die mit dem ersten Kontingent im Kosovo landeten. Sie nahmen es viel cooler und spotteten, einen Werbeslogan für die Bundeswehr veralbernd: »Travel around the world. Meet new people.«

Der Nächste ergänzte: »And torture them!«

Da hatte ein Kamerad noch eins draufzusetzen: »And kill them!«

Und jetzt? Bei einer solch läppischen Übung in Vorbereitung auf den nächsten Einsatz, wie der Gefangennahme durch den Gegner, da patzte er? Die sollte ihm das Genick brechen? Noch nie im Leben hatte es einen Moment gegeben, in dem er hätte erkennen können, dass er unter Klaustrophobie litt. Er konnte in Fahrstühlen fahren, enge Treppenflure machten ihm nichts aus, viele Menschen auf engem Raum störten ihn nicht, wenn sie nicht allzu sehr stanken. Und jetzt? Sollte es das gewesen sein? Wenn er gewusst hätte, wie schlimm das für ihn werden würde, hätte er sich vorher noch einen Joint reingezogen oder was Härteres genommen, Aber dafür war es jetzt zu spät.

Eine Umschulung zum Lokomotivführer war das Einzige, was ihn noch reizen konnte. Zurück in irgendein warmes Büro drängte es ihn nicht. Das war aus seiner Sicht ein Dahinsiechen, wie ein langsamer Tod. Und die Angst, längst von der Entwicklung zeitgemäßer Bürosoftware abgehängt worden zu sein, war ebenfalls nicht völlig unbegründet.

Wie war er so schnell beim Bund rausgeflogen? Weshalb hatte er sich so einfach dazu bewegen lassen, selbst um seine Entlassung aus dem Dienst zu bitten? Hätte er doch ruhig das Disziplinarverfahren über sich ergehen lassen. Und Straftaten hatte er schon gar nicht begangen! Das war alles nur Eigenbedarf und kein Handel. Das hat man davon, wenn man einem Kameraden mal helfen möchte und der einen dann anschwärzt, nur um seine eigene Haut zu retten. Wie war das? Was hatte er geglaubt? Hier würden Werte wie Kameradschaft und Treue hochgehalten? Alles Quatsch! Beim Bund war es auch nicht besser als anderswo. Da konnte er auch sein Entlassungsgesuch unterschreiben. Inzwischen bereute er seine Unterschrift aber wieder. Er war aus dem Kreis der verschworenen Gemeinschaft ausgestoßen worden. In seinen Gedanken hing er jener Zeit oft nach.

Bei der Umschulung zum Lokführer behinderte ihn seine Klaustrophobie trotz der engen Platzverhältnisse in den Lokomotiven zu seinem Erstaunen nicht. Kein einziges Mal meldeten sich seine Angstzustände wieder, und er glaubte sie schon überwunden. Die anderen Teilnehmer an der Umschulungsmaßnahme schauten zu Ruben auf. Die Geschichten aus seiner Dienstzeit schmückte er bei dem einen oder anderen Bier aus. Um nachzuweisen, was er alles erlebt hatte, zeigte er Fotos von einzelnen Toten und Massengräbern, die sie beim Einsatz entgegen allen Verboten gemacht hatten. Da war Ruben vor einem tiefen Loch, nein eher einem ausgeschachteten Rechteck von zwei mal sechs Metern zu sehen und hinter ihm viele Tote in Zivilkleidung, Frauen und Männer mit verschränkten Armen und Beinen. Einer der Umschüler musste bei dem Anblick der Bilder gleich neben dem Tisch sein eben getrunkenes Bier auskotzen, so übel war ihm geworden.

Die Umschulung zum Lokomotivführer schaffte Ruben, verletzte sich jedoch angetrunken bei einem Unfall noch vor Antritt seines neuen Jobs so stark, dass mehrere Knieoperationen notwendig waren. Ein Antrag auf eine Erwerbsunfähigkeitsrente wurde abgelehnt und er musste Sozialhilfe beantragen. Von seinen Bekannten als Hartzer diskreditiert, suchte er Zuverdienste im Ausland.

In Polen machte bald der Mythos von zwei Vollstreckern die Runde: einem ehemaligen russischen Soldaten, der schnell von seiner Pistole Gebrauch machte, und einem hinkenden deutschen Ex-Soldaten, der entweder mit einem Buschmesser oder einer Axt unterwegs war. Der Deutsche zeigte den Schuldnern Fotos von Leichen und behauptete, dass dies Zahlungsunwillige gewesen seien. Um ihre gegenwärtige Gefährlichkeit zu demonstrieren, schnitten sie den einen oder anderen Finger ab oder zertrümmerten mit der Axt eine Kniescheibe. Wenn die beiden beauftragt wurden, blieben selbst kriminelle Schuldner nicht länger mit den Zahlungen säumig und zogen es eher vor, erneut durch Straftaten Geld zu erbeuten, um ihre Schulden zu begleichen, als die Bekanntschaft des Russen und des Deutschen zu machen oder deren Besuch erneut zu provozieren. Der Ruf dieser Vollstrecker blieb auch der deutschen Staatsanwaltschaft nicht unbekannt, jedoch konnte die Identität der Täter nicht festgestellt werden. Ohnehin hatten diese ihr Betätigungsfeld noch nicht auf Deutschland ausgeweitet. Keines ihrer Opfer wagte irgendetwas Substanzielles auszusagen, was zur Identifizierung hätte beitragen können.

Ruben kam zu etwas Geld, das er in Polen für Prostituierte, Schnaps und Drogen genauso schnell ausgab, wie er es … da fällt es doch schwer, »verdient« zu schreiben … sagen wir … beschafft hatte.

Doreen vereinbarte einen ersten Termin, damit ich Ruben kennenlernen und ihn einschätzen konnte, um auszuloten, was er bereit war preiszugeben, und die ersten Eckpunkte für eine Verteidigungsstrategie zu erarbeiten.

Leider kam auch er mit der alten Leier, dass die meisten der früheren Urteile nicht den Tatsachen entsprächen und er sich nur zu Geständnissen habe hinreißen lassen, weil ihm in den Verhandlungen in Aussicht gestellt worden sei, nur so noch einmal mit einer Bewährungsstrafe davonzukommen. Wenigstens tischte er mir keine Verschwörung von Richter- und Staatsanwaltschaft auf, genauso wie er mich mit der Darstellung eines Komplotts von BND und CIA verschonte. Nicht, dass ich so etwas für unmöglich hielt, und in der Tat waren die durchaus vorkommenden Fälle kaum greifbar, in denen sich Verwicklungen mit inländischen und ausländischen Geheimdiensten abzeichneten, aber für die Tat hier, bei der es Ruben nach Doreens Einschätzung hatte krachen lassen, musste man zur Rechtfertigung keine Agentenstory erfinden.

An den Tattag beziehungsweise die -nacht könne er sich nicht erinnern, da er volltrunken gewesen sei. Natürlich kann so etwas vorkommen, und wenn ich es einmal abschätzen sollte, trinken Kleinkriminelle aus einem bestimmten Milieu mehr als ich, was bei meinem Weinkonsum nicht so einfach zu erreichen ist, aber sich ständig als Komatrinker zu inszenieren, nur um sich den eigenen Handlungen nicht stellen zu müssen, ist dann doch irgendwie fantasielos.

Er hatte es zur Tatzeit geschafft, sich eine Blutalkoholkonzentration von über zwei Promille anzusaufen. Ein beachtliches Ergebnis, da bei seiner Statur dazu schon eine gesteigerte Alkoholmenge erforderlich war.

Seine Auffassungsgabe war recht hoch. So konnte ich ihm erläutern und er verstand, dass es ihm bezüglich des Strafmaßes kaum helfen würde und auch nicht unbedingt erstrebenswert wäre, sich einfach darauf zu berufen, betrunken gewesen zu sein und sich an nichts erinnern zu können. Als strafmildernder Umstand könnte es gewertet werden, jedoch nicht, wenn er wusste, dass er unter Alkoholeinfluss zu unberechenbarem Verhalten neigte. Bei seinem Promillewert könne möglicherweise von einer verminderten Schuldfähigkeit ausgegangen werden. Gänzlich von einer alkoholbedingten Schuldunfähigkeit auszugehen, würde ich zum jetzigen Zeitpunkt verneinen. Er liefe dabei auch Gefahr, je nach den konkreten Umständen des Einzelfalles, sich anderen prozessualen Maßnahmen auszusetzen. Was bringe es, wenn man wegen Schuldunfähigkeit freigesprochen, aber ein Maßregelvollzug in einer forensischen Klinik angeordnet würde?

Ferner sei eine Berufung auf einen Vollrausch auch deshalb problematisch, weil gegebenenfalls angenommen werden könnte, dass er sich fahrlässig oder vorsätzlich in einen solchen Zustand versetzt habe, weshalb der Schuldvorwurf auf diesen Zeitpunkt vorverlagert würde und er dann mit einem vergleichbaren Strafrahmen wegen einer sogenannten Rauschtat verurteilt werden könnte.

Er erzählte von seiner Dienstzeit beim Bund, die bisher allerdings in den Urteilen unerwähnt geblieben war, aber auch von seinem Dienst beim Kommando Spezialkräfte, zu dem er sich noch nie geäußert hatte. Er erzählte von seiner Klaustrophobie, der Entlassung auf eigenen Antrag, der erstaunlich zügig stattgegeben worden war, und erst im Verlaufe des Gesprächs von seinen Drogenproblemen.

Ruben zog aus einer Mappe die Fotos von Leichen in Massengräbern, um sie mir zu zeigen. Was sollte das denn? Als Anwalt eröffnen sich einem immer wieder Situationen, denen man im Leben nicht unbedingt begegnet, und man muss schnell darauf reagieren. Ob die Reaktion angemessen war, das stellt sich immer erst später heraus. Ich sah mir die Bilder an und er begann sachlich zu erklären, dass sie auf so viel menschliches Leid, so viel Brutalität und Menschenverachtung nicht eingestellt gewesen seien. Sicherlich wisse man als Soldat, dass es bei kriegerischen Auseinandersetzungen zu Toten kommen könne, aber der Anblick von so viel wirklicher Grausamkeit erschüttere auch jeden Soldaten bis ins Mark. Klar gebe es ein paar besonders kaltschnäuzige Typen, die glaubten, über solche Erlebnisse unbeeindruckt hinweggehen zu können, aber die verarbeiteten derartige Eindrücke auf eine andere Art.

In seiner nun anhängigen Sache werde er in der Verhandlung ein Geständnis abgeben, erklärte er zu meinem Erstaunen. Mandanten in Strafsachen sind häufig nicht bereit oder noch nicht gleich bereit, dies so klipp und klar zu äußern; allenfalls räumen sie Teilaspekte ein, versuchen, ihren Tatbeitrag zu bagatellisieren, reden sich mit widrigen Umständen heraus, die sie zur Tatbegehung bewogen hätten, verlegen ihre Argumentation auf Nebenkriegsschauplätze, erfinden weitere Ausflüchte und schildern aberwitzige Szenarien, von denen die Fälschung der Ermittlungsakte, ein von der CIA geschmiedetes Komplott und die Lenkung durch eine Nostradamus-Vorhersage nur ein paar Beispiele sind.

Zu seiner Person würde er sich nicht so intensiv äußern wollen, meinte er. Das stand ihm frei.

»Da gibt es einige Dinge in meinem Leben, die eben passiert sind.«

»Mhm«, ließ ich betont desinteressiert verlauten.

»Das mit meiner Dienstzeit beim Bund würde ich nicht erwähnen wollen.«

»Wenn Sie wollen … Aber sich als Patriot Ihres Landes darzustellen, könnte durchaus nützlich sein.«

Er nickte. »Schon, schon, aber dann wird man auf mein Ende der Dienstzeit zu sprechen kommen und das war nicht so rühmlich. Ich habe mich entschlossen, dazu nichts zu sagen, genauso wie über meinen Aufenthalt in Polen.« Er begann über diese Zeit zu erzählen. Auch mir waren durch Gespräche mit Ermittlern und Staatsanwälten die Geschichten mit dem Deutschen und dem Russen, die dort als Vollstrecker und Geldeintreiber im Bereich der Organisierten Kriminalität unterwegs waren, bekannt. Die Identität der beiden Personen war jedoch nicht bekannt geworden und diejenigen Ermittler dies- und jenseits der Grenze, die eine entsprechende Vermutung hatten, konnten bis auf ein paar Bagatelldelikte nichts nachweisen.

Eine Bestätigung für diese wie aus einem konstruierten Krimi stammende Episode gab es dann aus völlig unvorhersehbarer Quelle: Wegen eines Grenzdeliktes hatte ich einen polnischen Staatsbürger zu verteidigen, der bei einem Versuch der Hehlerei gestellt worden war. Im Amtsgericht saß ein Zuschauer auf der Bank, der verfolgte, wie ich meinen Mandanten verteidigte, der ein in Niedersachsen gestohlenes Fahrzeug über die Grenze fahren wollte. Der Mann hatte schon gegenüber der Polizei die Standarderklärung abgegeben, er habe als selbstständiger Fahrer einen Pkw für jemanden zur Reparatur nach Polen fahren wollen. Den genauen Namen und die Adresse des Auftraggebers habe er nicht gekannt und auch nicht gewusst, dass das Fahrzeug gestohlen war und die ihm übergebenen Papiere gefälscht waren. Auf die Frage des Gerichts, weshalb dann ein Überdrehwerkzeug statt des üblichen Schlüssels im Zündschloss gesteckt habe und das Fahrzeug augenscheinlich aufgebrochen worden war, antwortete er mit der Gegenfrage, ob man ihm denn nicht zuhöre. Er habe doch als Zweck der Fahrt klipp und klar die Notwendigkeit einer Reparatur angegeben. Da müsse doch dann auch was kaputt gewesen sein. Das Gericht war wenig geneigt, diesen Ausführungen Glauben zu schenken, weshalb meinem Mandanten wegen der bereits vorhandenen Vorstrafen keine Bewährung mehr gewährt wurde.

Nach der Verhandlung trat der Beobachter aus dem Zuschauerraum, stellte sich vor und reichte mir die Hand. Sofort spürte ich, dass an der rechten Hand der Zeigefinger fehlte, was er wiederum bemerkte und dazu mit polnischem Akzent erklärte: »Ich war nicht immer Chef der Bande. Vielen Dank, dass Sie meinen Jungen engagiert vertreten haben!«

»Das war meine Aufgabe«, erwiderte ich kurz und staunte über die Unverfrorenheit dieses Kerls. Selbstverständlich sind Verhandlungen öffentlich und jeder Interessierte kann sie sich ansehen. Aber so kaltschnäuzig muss man erst mal sein, sich in die Gerichtsverhandlung zu setzen, in der jemand verurteilt wird, dem man den Auftrag zu dieser Tat gegeben hat. Aber das konnte doch noch nicht alles gewesen sein und sicher war der Name, den er mir genannt hatte, eher der seines Friseurs als sein eigener.

»Jaja, aber Sie waren nur Pflichtverteidiger und die spulen ihr Programm runter und versuchen, so schnell wie möglich wieder aus dem Gericht zu sein.«

Wieder blieb ich kurz angebunden. »Wie bereits angedeutet, für mich ist das meine Berufspflicht.«

»Sie gefallen mir.«

Das Kompliment konnte ich nicht zurückgeben.

»Ich kenne mich ein wenig im deutschen Strafrecht aus«, meinte er, auf die Stelle schauend, an der sich früher der rechte Zeigefinger befunden hatte. »Das hier war ein Landsmann von Ihnen, der Vollstrecker.«

Ich versuchte, mein Pokerface beizubehalten, weshalb er sich bemüßigt fühlte, mir auf die Sprünge zu helfen. »Na, der, der mit dem Russen zusammengearbeitet hat. Er mit der Axt und der Russe mit der Pistole. Ich hatte damals einen Fehler gemacht und wurde zur Rechenschaft gezogen. Dass wir uns verstehen, ich hatte das verdient und habe daraus gelernt. Heute bin ich der Chef, und wenn einer Fehler macht, dann weiß er, was ihm blüht. Der Vollstrecker ist ja nicht mehr im Geschäft. Das wird heute anders erledigt.«

Langsam wurde ich ungeduldig. »Und was hat das mit dem Fall eben zu tun?«

»Schön. Sie kommen gleich zur Sache. Ich möchte Sie fest engagieren. Ab und zu wird einer der Fahrer, Kuriere oder mit anderen Aufgaben Betraute von der Polizei geschnappt, und da möchte ich einen festen Ansprechpartner haben, der sich gegen ein festes Honorar ins Zeug legt.«

»So etwas mache ich nicht. Sie können Ihren Leuten sagen, dass Sie im Falle der Festnahme und Befragung nach einem Pflichtverteidiger meinen Namen nennen können, und ich werde jeden Einzelnen ordnungsgemäß vertreten, aber mehr wird es zwischen uns nicht geben.«

Er erklärte, alles verstanden zu haben, verlieh seinem Bedauern über die nicht zustande gekommene Zusammenarbeit Ausdruck und verschwand auf Nimmerwiedersehen. Ob der eine oder andere schwere Junge, der mich als Verteidiger benannte, zu seinen Schützlingen gehörte, blieb mir unbekannt.

Was mir aber bestätigt wurde, das ist das frühere Wirken des Vollstreckers im Bereich der Organisierten Kriminalität.

Ruben war dem Alkohol treu geblieben, selbst bei Autofahrten, die er nach wie vor auch über die deutsch-polnische Grenze unternahm, ohne die dazu erforderliche Erlaubnis jemals wiedererlangt zu haben. Bevor er auf deutscher Seite volltrunken quer in einer Parklücke landete, hatte Ruben sechs Autos gestreift. Metall quietschte auf Metall, Seitenspiegel flogen herab, Stoßstangen hingen verbogen vor den Fahrzeugen. Er blieb hinter dem Steuer sitzen und schlief ein. Die alarmierten Polizisten forderten ihn auf, sich auszuweisen, seine Fahrzeugpapiere herauszugeben und zur Atemalkoholkontrolle in ein Röhrchen zu pusten. Angesichts der Alkoholfahne, die den Polizisten entgegenschlug, hätte sich dies eigentlich erübrigt, jedoch wird so etwas üblicherweise etwas konkreter festgestellt. Ruben kam ein wenig zu sich. Welche Fahrerlaubnis hätte er auch vorzeigen sollen! Die war ihm im Zusammenhang mit einem früheren Verfahren entzogen worden. Stattdessen lallte er die Polizisten voll, dass sie erst einmal das für ihre Heimat tun sollten, was er getan habe, bevor er sich aus dem Wagen kämpfte, sich vor den Polizisten aufbaute, die er um gut einen Kopf überragte, und sie durch Stöße gegen den Oberkörper darin hinderte, ihn in Gewahrsam zu nehmen. Für einen Außenstehenden hätte das wie ein plötzliches Schubsen ausgesehen.

Trotz seines Alkoholkonsums bewies Ruben eine erstaunliche Standfestigkeit und Schnelligkeit bei der Ausführung seiner Techniken. Im Nahkampf war dies eine Technik zur Verwirrung des Gegners oder um diesen auf Distanz zu bringen beziehungsweise zur Einleitung einer Kombination. Im Training beim KSK hatte er das an bis zu vier Gegnern gleichzeitig trainiert.

Erst nachdem weitere Verstärkung angerückt war, gelang es acht Polizisten, Ruben zu fixieren und festzunehmen.

Sogleich schrie er los, dass er unter Klaustrophobie leide und nicht gefesselt und eingesperrt werden dürfe. Er wehrte sich, warf sich auf den Boden, wurde wieder hochgezerrt und von allen herbeigerufenen Polizisten zur Polizeiwache gebracht. Im Zellentrakt des Polizeireviers, der vom Aussehen und den Sicherheitsvorkehrungen her einem kleinen Knast entsprach, gab es so etwas wie eine größere Sammelzelle, in die man ihn wegen seiner vermeintlichen Klaustrophobie steckte. Die Beamten kannten leider zur Genüge randalierende Trinker und wüst schimpfende Festgenommene, aber die Reaktionen des hier in Gewahrsam Genommenen wichen von den Erfahrungswerten ab. Anlässlich eines beruflichen Aufenthaltes vor Ort staunte ich dort über die doch hohe Anzahl der Zellen und erkundigte mich danach, ob schon einmal alle besetzt gewesen seien, was mir der Polizist mit einem Grinsen im Gesicht bestätigte. Dann kam mir in den Sinn, was mir einmal ein Mandant in einer völlig irrwitzigen Strafsache über eine Hochzeitsfeier erzählt hatte, und ich fragte: »Die Hochzeitsfeier?«

»Genau!«

»Andere«, frotzelte ich, »träumen von einer Hochzeit in Las Vegas, einer Hochzeitsreise nach Venedig oder Paris, um die Trauung unvergesslich werden zu lassen. Es stellt aber alles in den Schatten …«

»… wenn die Feier in eine Prügelei mit den Nachbarn übergeht und in der Zelle endet«, ergänzte der Beamte.

Der versierte Rechtsmediziner Doktor Bernd Kopetz, der mir als Sachverständiger aus so manchen Strafverfahren bekannt war, wurde mit der Prüfung der Haftfähigkeit des Delinquenten beauftragt, die er wegen der akuten Symptome der Klaustrophobie verneinen musste. Er schaffte es auch, den Festgenommenen zu beruhigen und dessen Einwilligung zu der erforderlichen Blutprobe zu erlangen, ohne dass es einer richterlichen Verfügung bedurfte. Über eine mögliche Vollzugsuntauglichkeit musste zu diesem Zeitpunkt nicht entschieden werden.

Doktor Kopetz ist einer von den Profis alten Schlages, die in der Sache nüchtern urteilen, die Fälle nicht zu sehr an sich heranlassen, die gleichwohl bei allen Leichensachen mit Minderjährigen tief betroffen sind und es dennoch schaffen, dem Leben schöne Seiten abzugewinnen. Er ist noch einer der Studenten, die von dem legendären Rechtsmediziner Otto Prokop ausgebildet wurden.

Die Verhandlung wegen der Straßenverkehrsgefährdung, der Sachbeschädigung und des Widerstands gegen Vollstreckungsbeamte war eine Sache von ein paar Stunden; terminiert zwischen einem Raub und der Mittagspause der Richterin. Ich dachte sofort an die amerikanische Studie, die das recht eindeutige Ergebnis hinsichtlich der Verhängung höherer Strafen kurz vor dem Mittag und am späten Nachmittag oder frühen Abend postulierte. Hunger macht eben böse. Ich vermied es geflissentlich, meinem Mandanten von der Studie zu erzählen.

Sein Glück war, dass keiner der Polizisten schwer verletzt

worden war, obwohl sie die Prellungen noch lange spürten. Zu seinen Gunsten sprach auch sein Geständnis, soweit es sein Trinkverhalten betraf; ab einem gewissen Zeitpunkt gab es nur noch Flashbacks. Bei seinem letzten Wort, das dem Angeklagten immer vor der Urteilsfindung zu gewähren ist und dessen unterlassene Erteilung einen groben Verstoß gegen eine wichtige Verfahrensregelung darstellt, die zur Aufhebung des Urteils führt, entschuldigte sich der Angeklagte reumütig und überzeugend für seine Tat. Natürlich hören Strafrichter solche Abbitten ständig und können sich möglicherweise noch an die gleichartige Einlassung anlässlich der letzten Verurteilung desselben Täters erinnern, aber wenn damit der Eindruck bestätigt wird, den der Delinquent während der Verhandlung bereits gemacht hat, ist ein für ihn günstiger Effekt nicht auszuschließen.

Der Schaden an den Fahrzeugen war dagegen sehr hoch. Von dem Haftpflichtversicherer des Kumpels, der das Fahrzeug an Ruben verliehen hatte, wurde der Schaden zwar weitgehend ausgeglichen, jedoch titulierte er seine Forderungen gegenüber Ruben, die auch durch ein späteres Privatinsolvenzverfahren nicht entfielen. Nachteilig wirkte sich aus, dass die Polizisten, obwohl nicht schwer verletzt, tätlich angegriffen worden waren und Prellungen erlitten hatten, die schmerzhaft waren und deren Heilung sich teils über Wochen hinzog.

Ruben erhielt noch einmal eine Bewährungsstrafe. Seine Klaustrophobie hätte eine unbedingte Haftstrafe auch nicht verhindert. Eine derartige Krankheit ist kein Freifahrtschein zur Begehung von Straftaten, ohne sich der Gefahr auszusetzen, dafür in den Knast zu kommen. Nicht aus jeder Klaustrophobie ist zwangsläufig auf eine Vollzugsuntauglichkeit zu schließen. Selbst wenn ein Gutachter zu dem Ergebnis kommen sollte, dass eine Haftunfähigkeit vorliegt, so ist zu prüfen, ob in anderen Vollzugsanstalten größere Hafträume existieren, in denen der Vollzug der angeordneten Haft möglich wäre.

Bevor eine völlige Haftverschonung in Betracht kommt, ist unter gesetzlich eng definierten Voraussetzungen zunächst nur eine zeitliche Verschiebung der Haft oder eine Unterbrechung derselben zu erwägen.

Einige Jahre später organisierte die Autorin Silvia Walter mit mir eine Kriminacht bei einem privaten Radiosender, für den wir hernach die Drehbücher für eine Krimiserie schrieben. Bei der Kriminacht fungierte auch eine Freundin als Leiche. Tina, so die einhellige Meinung des fachkundigen Publikums, war eine erstaunlich realistische und hübsche Leiche. Freunde von der Kriminalpolizei gaben uns Tipps zur unmittelbaren Tatortarbeit, die wir nachstellten. Die zur Bar neben dem Sender führenden Blutspuren sorgten für einige Aufregung. Der Vermieter hatte die Verschmutzung unter der Auflage der späteren Beseitigung gestattet und die Polizei und das Ordnungsamt waren in Kenntnis gesetzt worden.

Ein Blaulicht blinkte zur Dekoration und wurde am späten Abend von einem jungen Mann zerschlagen, den ich mehrfach als Mandanten vertreten hatte, wenn er im Drogenrausch oder bei unterbliebener Medikamenteneinnahme gegen seine psychische Erkrankung wieder Sachen beschädigt oder Personen bedroht hatte. Das ständige Aufblitzen des blauen Lichts wirkte auf ihn provokant. Die Polizisten, die ihn in die Gewahrsamsräume der örtlichen Polizeiwache brachten, rückten ohne Sondersignal an. Eine solche Übernachtung in der Ausnüchterungszelle geschieht nicht auf Staatskosten. Je nach entsprechender landesrechtlicher Regelung kostet die Übernachtung schon mal fünfzig Euro, und bei Verschmutzungen infolge alkoholbedingter Übelkeit kommen gut und gerne noch einmal fünfzig Euro Reinigungskosten drauf. Eigentlich hatte ich damit genug vom Besuch ehemaliger Strafrechtsmandanten. Ansonsten erfreute sich diese Kriminacht einer guten Besucherzahl.

Nachdem der Bestatter unsere Freundin im Leichensack weggefahren und die Spurensicherung ihre Arbeit getan hatte, genossen die Gäste und bald auch die wiederauferstandene Tina ihre Getränke und schwatzten. Meinen früheren Mandanten Ruben sah ich bei dieser Gelegenheit mit einer Frau an seiner Seite auf mich zuschreiten, die er mir als seine Ehefrau vorstellte. Da er von seiner Arbeit in einer Pflegeeinrichtung erzählte, scheinen die Strafsachen um seine Person ihr Ende gefunden zu haben.

Witwenmord

Der etwas blasse Mittvierziger, der wie meist einen leicht zerstreuten Eindruck machte, stellte die beiden Leinenbeutel ab und schloss nach einem kurzen Klingeln die große hölzerne Tür zu der hübschen, geräumigen Wohnung auf, in der viele Zimmer von der Witwe schon seit geraumer Zeit nicht mehr genutzt wurden, als sich die Tür zur Nachbarwohnung öffnete und eine ältere Dame neugierig ihren Kopf hervorschob.

»Guten Tag, Herr …!«

»Kubicki«, half er ihr und erwiderte den Gruß.

»Jaja, Kubicki«, erinnerte sie sich. »Wie geht es Theresa? Wann kommt sie aus dem Krankenhaus?«

»Sie ist«, erklärte Kubicki, das gespannte Verhältnis der seit über vierzig Jahren nebeneinander wohnenden Frauen kennend, leicht genervt, »schon vorgestern entlassen worden. Ich habe gerade ein paar Besorgungen gemacht, schaue nach ihr.« Er wusste, selbst einer der Gründe zu sein, die zur Verschlechterung des Verhältnisses der beiden Damen geführt hatten, ohne es je gewollt oder befördert zu haben. Vielleicht war es gar nicht so schlecht, diese Distanz, die er ohnehin nicht in der Lage war zu überwinden, für seine Zwecke aufrechtzuerhalten. Er mochte sie eigentlich beide und wollte weder für die eine noch für die andere Seite Partei ergreifen.

»War ein ganz schönes Tohuwabohu, als der Notarzt kommen musste.«

»Zum Glück hatte meine Frau nach ihr sehen wollen, sonst …«

»Da ist sie dem Teufel noch mal von der Schippe gesprungen.« Der Blick der Alten wanderte zu den Taschen. »Biomarkt, was? Das Gemüse vom Türken um die Ecke ist besser, kostet nicht so viel, riecht frisch, sieht gut aus und sein Junge schleppt das Zeug auch gleich hoch. Hat er für einen Euro gestern alles gemacht.« Das hörte sich an, als kassierte sie Provision für jeden neu gewonnenen Kunden.

»So hat jeder seine Gewohnheiten«, blieb er seinerseits kurz angebunden.

»Dann richten Sie ihr meine besten Genesungswünsche aus!« Sie schob flugs eine Erklärung für ihr Erscheinen hinterher: »Ich wollte nur sehen, ob sich hier jemand zu schaffen macht, der hier nichts verloren hat. Man weiß in diesen Zeiten nicht, was geschieht, wenn eine Wohnung ein paar Tage nicht bewohnt wird.«

»Alles in Ordnung. Die Grüße richte ich gerne aus.« Kubicki setzte gleich hinterher: »Und viel Spaß bei Ihrem Bridgeabend.«

»Der war gestern«, berichtigte sie sogleich und fuhr verschwörerisch fort: »Und meine Reisekasse hat sich ordentlich gefüllt. Mal sehen, wohin die Reise gehen wird.« Was erst froh klang, wandelte sich. Das würde, wenn sie die Reise antreten könnte, eine einsame Reise werden. Eine einsame Reise auf einem großen Schiff. Sie, die eigene Kinder hatte, war einsamer als ihre frühere Freundin und Nachbarin, die seit ein paar Jahren die Familie Kubicki hatte, die sich um sie sorgte und deren Kind sie mit »Oma« ansprach. Wann hatten ihre Kinder sie zuletzt besucht?

Der Mann verschwand ohne eine Verabschiedung schnell hinter der Tür, was wie eine Flucht in Theresas Reich wirkte. Er wollte in dem getrübten Verhältnis nicht Stellung beziehen. Seine Sympathien lagen vom Prinzip her auf Theresas Seite, aber er hatte auch genügend Abstand zu ihr, um zu wissen, dass auch sie Anlass zu Auseinandersetzungen bieten konnte. Seit die Männer verstorben waren, hatte sich die Beziehung der beiden Damen nicht verbessert. Mit einem lauten »Theresa!« kündigte Felix Kubicki sich an.

*

Die beiden Polizisten wurden an der Tür von einem Mann mittleren Alters empfangen, als sich unversehens die Nachbartür öffnete.

»Oje, die Polizei im Haus. Was ist geschehen?«

Dieser Situation im Dienst nicht erstmals begegnend, postierte sich ein Beamter vor der Frau, stellte sich höflich vor und verwies bestimmt auf eine dienstliche Angelegenheit, zu der sie noch keine Auskünfte geben könnten. Man werde aber auf sie als Nachbarin zukommen, sobald die Situation es erfordere. Währenddessen trat der andere mit dem Mann, der ihnen geöffnet hatte, in den Flur und schritt zum Wohnzimmer.

»Sie sind der Anrufer?«, erkundigte sich der Polizist und versuchte dabei, so unverbindlich wie möglich zu klingen.

»Ja, ich habe sie vorhin hier gefunden. Und gleich den Arzt gerufen.«

Der Arzt, der die erste Leichenschau vorgenommen hatte, hob den Arm wie ein gelangweilter Schüler. Es war aber weniger der Überdruss bei der Untersuchung als vielmehr Mitleid, das die Szenerie prägte. So bot sich den Polizisten das Bild einer ungewöhnlichen Pietà.

»Sie wohnen hier?«, wollte einer der Polizisten von dem Mittvierziger wissen.

Der Polizist nahm die Personalien auf und arbeitete seinen Fragenkatalog ab, während sich sein Kollege in der Wohnung umschaute und die Leiche betrachtete. Die Flecken am Hals hatte er schon oft gesehen. Nur Laien denken gleich an ein schreckliches Geschehen und Würgemale. Bei einem Infarkt – oder war es ein Schlaganfall? – gibt es ähnliche Flecken. Es kommt wohl darauf an, ob die sich verschieben lassen. Dunkelblau waren sie alle. Seine Arbeit war sehr viel objektiver, als gemeinhin angenommen wurde, richtete sich nach Wahrscheinlichkeiten und Vorschriften. Auf lange Belehrungen durch den Arzt wollte er sich nicht einlassen. »Sie meinen, es handelt sich um einen unnatürlichen Tod?«

Der gelangweilte Schüler holte doch ein wenig aus: »Ich habe Bereitschaftsdienst. Bin Frauenarzt. Das sollte ein Rechtsmediziner untersuchen. Es sieht nach Würgemalen aus, aber sie lag mit dem Hals so … na, sagen wir mal … seltsam auf der Kante des Zwischenbodens des Couchtisches, dass auch dies als Ursache in Betracht kommen könnte, oder Stauungsblutungen nach einem Infarktgeschehen. Ich werde unter Todesart ‚nicht aufgeklärt' ankreuzen und keine eingehende Leichenschau vornehmen, um keine Spuren zu beseitigen.« Er machte sein Kreuzchen auf dem Totenschein wie auf einem Lottozettel, holte einen mobilen Drucker für Rechnungen heraus und erkundigte sich, wer Adressat der Rechnung sei.

»Wir müssen das auch noch bezahlen?«, protestierte Felix Kubicki.

»Ich mache das nicht aus …« Der Arzt wollte nicht pietätlos wirken und blickte Zustimmung heischend zu den Polizisten, von denen einer auch nickte.

»Die können Sie meiner Frau schicken«, ergab sich Kubicki der Situation.

»Nein, nein, die bekommen Sie gleich mit. Ich habe schon wieder den nächsten Patienten und keine Zeit, den Schreibkram hinterher zu erledigen, da muss ich wieder in mein Krankenhaus. Wie ist der Name Ihrer Frau?«

»Antonia. Antonia Kubicki.«

Der Arzt brubbelte unverständliches Zeug und es brach nur Bruchstückhaftes hervor. »Nummer einhundert GOÄ … Leichenschau … Totenschein … Zuschlag … Zuschlag … Zuschlag.«

Das schiefe Bild an der Wand war genauso wenig zu übersehen wie die aufgezogene Schublade des Schrankes, die umgestoßene Lampe und weitere Anzeichen, die auf einen Raubmord deuteten. Die Polizisten wussten, dass es ein Fall für die Kollegen von der Kriminalpolizei war. Wichtig war jetzt, den möglichen Tatort zu sichern und keine Spuren zu verwischen.

Im Flur erklärte Kubicki, auf die hier noch stehenden Einkaufsbeutel weisend, dass er die Einkäufe vorbeibringen und nach dem Rechten schauen wollte, weil Theresa Schwarz erst vor zwei Tagen aus dem Krankenhaus gekommen sei. Sie habe eine Lungenembolie erlitten und sei mit dem Rettungswagen ins Krankenhaus gefahren worden. Zum Glück habe seine Frau einen Schlüssel und hatte die Wohnungstür öffnen können, was Frau Schwarz nicht mehr möglich gewesen sei. Seine Frau habe ihr das Leben gerettet. Felix Kubicki stockte. Seine Frau und er hätten sie im Krankenhaus besucht, sich um sie und die Wohnung gekümmert. Und nun? Direkt verwandt sei man nicht, aber seine Ehefrau sei die Tochter des letzten Freundes der Verstorbenen, der vor vier Jahren einer längeren Krankheit erlegen sei. Seine Frau Antonia sei ihr wie eine Tochter geworden.

Die Kollegen vom Kriminaldienst fluchten über die Elefantenherde, die hier schon durchgetrampelt sei und alle brauchbaren Spuren beseitigt habe. Die Kriminaltechnik arbeitete sich akribisch vom Auffindeort an durch die ganze Wohnung bis zur Eingangstür vor.

Einer der Kriminalisten stellte Felix Kubicki die Fragen, die ihm schon zuvor gestellt worden waren. Dann erkundigte er sich danach, wann er die Tote das letzte Mal gesehen habe, worauf Kubicki erzählte, wie seine Frau und er Frau Schwarz vor zwei Tagen nach einem überwundenen Schwächeanfall aus dem Krankenhaus geholt und am Abend noch wegen der Einkäufe mit ihr telefoniert hätten. Seine Frau habe wohl auch gestern noch einmal angerufen.

Der Kriminalist drehte sich um und rief in den Raum, ob schon das Handy gefunden worden sei. Das war weg.

Kubicki wusste zu berichten, dass es sich um ein besonderes Handy handele, ein goldenes.

Der Kriminalbeamte zog die Augenbrauen hoch. »Ein echt goldenes Handy?«

»Nein, nein. Jedenfalls glaube ich das nicht. Aber goldfarben. Ein goldenes Motorola-Handy. Da war sie ganz stolz drauf, genau wie auf ihren Schmuck. Sie war so eine Art feine Dame.« Kaum merklich schüttelte er mit dem Kopf. »Was sie beim Kauf des Handys geritten hat, weiß ich nicht. Das war weniger fein, eher protzig oder … irgendwas zwischen Kitsch und … ach, was weiß ich. Aber ihr hat es gefallen und darauf kommt … oder kam es ja an, oder? Hat früher in hoher Stellung bei einer Bank gearbeitet. Aber das kann Ihnen meine Frau alles viel besser erzählen. Ihr Vater und Theresa haben sich erst im Alter kennengelernt und liebten sich sehr. Vielleicht so, wie es erst möglich ist, wenn man sich erst spät kennenlernt und ahnt, dass es die letzte Liebe sein wird.«

»Darauf werden wir noch zurückkommen müssen. Was meinen Sie mit dem Schmuck?«

Mit ausgebreiteten Armen bekundete Felix Kubicki seine Unwissenheit. »Der muss hier irgendwo sein. Wo Frauen so ihren Schmuck hinlegen. Meine hat ihren im Schlafzimmer und im Safe. Die ganz wertvollen Stücke sind im Bankschließfach.«

»Da haben Sie Ihre Frau aber gut beschenkt.«

»Auch das. Aber die Familie meiner Frau ist nicht gerade unvermögend.« Und nach einer kleinen Pause ergänzte er: »Aus Dubai habe ich ihr mal eine Brillantkette mitgebracht.«

Der Schmuck war genauso wenig zu finden wie das Handy. Nur eine leere Schmuckschatulle gähnte den Beamten entgegen.

»Können Sie einzelne Schmuckstücke beschreiben?«

Jetzt war es Kubicki, der die Augenbrauen hochzog. »Nein. Ich nicht. Vielleicht wenn ich mir Fotos ansehe, wie wir in der

Oper waren oder bei Ausstellungen. Da könnte was dabei sein.«

Einer der Kriminaltechniker ging zu dem Kriminalbeamten und flüsterte ihm etwas ins Ohr.

»Hatte Frau Schwarz Bargeld in der Wohnung?«

»Für ihre Verhältnisse nicht viel. Jedenfalls soweit ich es weiß. Vielleicht zwei-, dreitausend Euro. Sie war da eher vorsichtig. Vielleicht rührt das von ihrer Tätigkeit in der Bank.«

Der Beamte erwiderte, dass diese Summe für die meisten Menschen schon sehr hoch wäre.

»Ja, aber für sie als alte Bankerin sah das anders aus.«

»Wer pflegte außer Ihnen mit ihr Umgang?«

»Die Putzfrau«, überlegte er beim Sprechen, »die Damen aus dem Lesezirkel, aber sonst? Wie es bei alten Leuten eben so ist. Erst wurde sie nach ihrem Ausscheiden noch zu feierlichen Anlässen eingeladen. Aber dann? Sie beklagte, dass es selbst vom Vorstand der Bank nur noch eine Karte im Jahr zum Geburtstag gab, die der aus dem Vorjahr glich.« Wieder zeichnete sich ein Lächeln auf seinem Gesicht ab. »Außer wenn wieder jemand gegen Millionenabfindung seinen Hut nehmen musste.« Wieder wurde sein Gesicht ernster. »Sie hatte ja keine Kinder. Und Familie gab es weiter nicht. Das ist schlimm. Das ist die Generation, die unser Land aufgebaut und stark gemacht hat. Wenn man nicht mehr nützlich ist, wird man vergessen. Da ist man dann schon wie tot.« Er schreckte auf. »Das hätte ich wohl jetzt in diesem Zusammenhang besser nicht sagen sollen.«

»Warum nicht! Das ist bei uns Beamten nicht anders. Sie mochten Frau Schwarz?«

»Mögen ist richtig. Mehr aber auch nicht. Ich habe sie erst spät kennengelernt, und wenn wir uns stritten, konnte sie sehr hart, uneinsichtig und sogar unhöflich werden.«

»Sie stritten sich?«

»Wie ich mein Geld besser anlegen solle. Aber da ließ ich

mir nicht reinreden. Uns trennten diesbezüglich Welten. Ich bin IT-Ingenieur und investiere in Zukunftsideen, Start-ups und so weiter. Sie war mehr vom alten Schlag, wissen Sie? So Immobilien, weite Streuung der Aktien und Gold.«

»Hatte Frau Schwarz Feinde?«

»Wo denken Sie hin! Sie konnte polarisieren, ja. Aber Feinde? Eigentlich nicht.«

»Eigentlich?«

»Auch Quatsch, nur so eine Redensart, aber …«

»Aber?«

»Es gab ein immer gespannteres Verhältnis zur Nachbarin. Aber das ist nichts, was hier relevant wäre.«

»Lassen Sie bitte uns entscheiden, was relevant ist. Wir sammeln erst einmal alle Informationen.«

»Früher waren sie richtig gute Freundinnen. Als die Ehemänner noch lebten, gab es gemeinsame Ausflüge und sogar Urlaube. Das hat sich nach dem Tode der Männer dann abgekühlt. Manchmal glaube ich, dass wir nicht ganz unschuldig an der Verschlechterung des Verhältnisses waren.«

»Inwiefern?«

»Wir sorgen beziehungsweise sorgten uns um Theresa, besuchten uns gegenseitig, unternahmen etwas zusammen. Unser Junge liebte sie wie die leibliche Großmutter. Und die Nachbarin hat zwei Kinder, die wegen des Studiums und der Partnerin weit weggezogen sind, ihr eigenes Leben leben, zu dem sie nicht mehr gehört. Nur noch ein, zwei Höflichkeitsbesuche im Jahr.«

Als die Rechtsmedizinerin festgestellt hatte, dass Theresa Schwarz erwürgt worden war, wanderte die Ermittlungsakte in das zuständige Morddezernat. Die Ärztin hatte als Todeszeitpunkt den Tag vor dem Auffinden der Toten festgestellt, als die Witwe den ganzen Tag alleine in der Wohnung gewesen war.

Bis dahin hatten die Kriminalisten schon ermittelt, dass sich zwei junge männliche Personen südländischen Typs um die Mittagszeit vor dem Haus herumgetrieben hatten. Der eine war zwischen fünfzehn und zwanzig Jahren und der andere zwischen fünfundzwanzig und dreißig Jahren. Der Obst- und Gemüsehändler und auch sein Sohn, der der Nachbarin an diesem Tag die Einkäufe brachte, hatten die Personen gesehen, die nicht in die Gegend gehörten. Sie konnten die beiden jungen Männer auch so gut beschreiben, dass Phantombilder gefertigt werden konnten.

Der Nachbarin waren diese beiden Männer ebenfalls aufgefallen, als sie zu ihrem Bridgeabend gegangen war. Sie hatte befürchtet, von ihnen ausgeraubt zu werden, oder dass die in ihre Wohnung einbrechen würden, so unheimlich waren sie ihr erschienen. Sie war nicht in der Lage, die Unbekannten so zu beschreiben, dass daraus ein Phantombild konstruiert werden konnte, bestätigte jedoch die Ähnlichkeit mit den Bildern, die aufgrund der Angaben des Gemüsehändlers und seines Sohnes erstellt worden waren. Als sie spät nach Hause kam, waren diese Leute weg. Aber nun?

Die Kriminaltechniker konnten am Kragen der Bluse des Opfers DNA isolieren, die aufgrund des rechtsmedizinischen Gutachtens mit hoher Wahrscheinlichkeit dem Täter zuzuordnen war. Dieselbe DNA konnte an der leeren Schmuckschatulle nachgewiesen werden.

Die Beamten der Mordkommission tappten im Dunkeln. Es wurde eine Sonderkommission »Witwenmord« aufgestellt, in der zeitweise bis zu vierzig Beamte tätig waren. Man entschied sich zu DNA-Massentests, technischen Überwachungsmaßnahmen und der Präsentation des Falles in der ZDF-Sendung »Aktenzeichen XY … ungelöst«, in der die Phantombilder der beiden jungen Männer gezeigt wurden und eine Belohnung von eintausend Euro für Hinweise ausgelobt wurde, die zur

Ergreifung des Täters oder der Täter führen würden. Auf diesen Betrag legte Familie Kubicki nochmals zweitausend Euro drauf. Felix Kubicki berichtete in der Sendung von Theresa Schwarz und wie schrecklich, sinnlos und tragisch er den Mord finde und dass er sich weiter dafür einsetzen werde, dass der Mörder seiner gerechten Strafe nicht entkomme.

Antonia Kubicki sah sich außerstande, in der Öffentlichkeit die Stimme zu erheben, da sie noch Zeit für sich brauche, um mit dem Tod der Frau, die quasi eine Mutter für sie geworden sei, fertigzuwerden. Auch Antonia war als Zeugin in der Sache befragt worden, da sie als Theresas nächste Bezugsperson galt. Noch vor dem Tod ihres Vaters hatte Theresa sie als Alleinerbin eingesetzt. Sie stand in ihrem luxuriösen Haus den Ermittlern Rede und Antwort. Der zwölfjährige Sohn war traurig, seine Oma Theresa auf so tragische Weise verloren zu haben. Durch Presse und Fernsehen sahen sich die Eltern veranlasst, dem Jungen vom Mord an der Großmutter zu berichten. Er sollte die Umstände der Tat besser von ihnen als von Fremden erfahren, was aufgrund des Aufsehens, welches der Fall in der Öffentlichkeit erregte, unausweichlich war.

Der Kreis der Verdächtigen wurde immer weiter gezogen und es wurde auch im früheren Umfeld ermittelt, wobei die Damen aus dem Lesekreis viel zu erzählen, aber zum Fall nichts zu sagen hatten. Eine Spur eröffnete sich über die Partnervermittlungsbörse, über die Theresa Antonias Vater kennengelernt hatte, aber auch die erkaltete schnell, da der cholerische Herr, dem es nicht gelungen war, Theresas Herz zu erobern, und der wegen der erlittenen Demütigung Rache geschworen hatte, bereits vor über einem Jahr verstorben war.

Immer klarer schien sich abzuzeichnen, dass Theresa Schwarz den oder die Täter bei einem Wohnungsdiebstahl überrascht hatte. Aber weshalb war ausgerechnet ihre Wohnung betroffen, wenn im Umfeld keine weiteren Einbrüche erfolgten? Waren die Täter auf etwas Bestimmtes aus? Und wenn ja, was war dies gewesen? Oder stand dieser Einbruch am Anfang einer geplanten Reihe, die durch den Tod der Witwe sogleich ein Ende fand?

Neben der Möglichkeit eines Raubmordes wurde weiter in Richtung aller Personen und Dienstleister ermittelt, die Zutritt zu der Wohnung gehabt haben könnten, von der Reinigungskraft über den Stromanbieter bis hin zum Postdienst; selbst der Bote der Apotheke blieb nicht ausgenommen. Und man setzte auch immer wieder am Anfang der Tat und bei den näher mit dem Opfer bekannten Personen an. Die wohlhabende Familie Kubicki und deren Alibis wurden für den Tatzeitpunkt genauso überprüft wie die der Nachbarin und des Gemüsehändlers.

Der gestohlene Schmuck konnte über die Bilder, die Familie Kubicki zur Verfügung stellte, beschrieben und bewertet werden. Es waren dem Eindruck nach Familienfotos, die eine harmonische Beziehung ausstrahlten. Dann fielen Antonia noch die wertvollen Uhren ein, die Theresa besaß, und auch Goldmünzen und kleine Goldbarren, die in der Wohnung verwahrt wurden. Wo und wie diese gelagert und gegebenenfalls gesichert wurden, dazu konnte niemand Auskunft geben.

Die Zeit rannte den Kriminalisten davon. Je mehr Zeit verging, desto geringer wurde die Wahrscheinlichkeit der Aufklärung der Tat. Der Schmuck konnte eingeschmolzen sein, die Seriennummern der wertvolleren Uhren konnten nicht ermittelt werden, das Gold und das Geld boten auch keine Möglichkeit der Weiterverfolgung. Alles deutete auf einen Raubmord hin. Wenn nicht der Täter ein weiteres Delikt beging oder die Entnahme von DNA in anderer Sache eine Identifizierung ermöglichte, lag es jetzt nicht mehr außerhalb aller Wahrscheinlichkeit, dass der Täter nicht ermittelt werden konnte.

Kommissar Zufall stand den Beamten der Sonderkommission Wochen nach der Tat zur Seite: Der Telefonanbieter, mit dem

Theresa Schwarz den Vertrag zu dem goldenen Motorola-Handy geschlossen hatte, übersandte die Daten zu einem Gespräch, welches eine bisher unbekannte männliche Person geführt hatte. Alle Ermittlungen stützten sich nun auf diesen mysteriösen Unbekannten. Die Geodaten des Handys führten zu einem bulgarischen Zuhälter mit dem nicht gerade ehrenden, aber in seinen Kreisen vielleicht Furcht einflößenden Spitznamen Perko, was so viel wie »Irrsinniger« bedeutet. Den Mann jetzt festzunehmen, erschien verfrüht. Was, wenn dessen DNA nicht mit der vom Tatort identisch war? Dann wäre möglicherweise der wirkliche Täter gewarnt und tauchte ab. Das Handy hätte der Anrufer auf einem Trödelmarkt oder sonst wo erwerben können, ohne dass die Angaben dazu überprüfbar wären. So kurz vor einem möglichen Ziel galt es, Ruhe zu bewahren.

Perko nutzte das goldene Handy nicht weiter. Brauchte er auch nicht, die Ermittler waren schon auf seiner Spur und hörten auch, was und mit wem er durch die anderen Handys kommunizierte.

Was die Ermittler in der Annahme bestärkte, auf der richtigen Fährte zu sein, waren die Phantombilder. Das Bild der älteren Person wies eine starke Ähnlichkeit mit dem Chef der bulgarischen Zuhälterfamilie auf. Er war der Polizei wegen Förderung und Ausnutzung der Prostitution sowie Menschenhandels und einiger Waffen- und Körperverletzungsdelikte kein Unbekannter mehr. Aber Mord? Das stand bisher nicht in Rede. Mehrere junge Männer aus dem Umfeld des Luden kamen als die zweite Person in Betracht, die in der Nähe des Tatortes festgestellt worden war. Die größte Ähnlichkeit bestand mit seinem zwanzigjährigen Cousin.

Endlich konnten konkrete Ermittlungsverfahren gegen Perko und seinen Cousin eingeleitet werden. Das Haus, in dem das Bordell betrieben wurde, und die Wohnungen eines Großteils der Familie des Zuhälters wurden unter Beobachtung gestellt und technische Überwachungsmaßnahmen zu diesem Personenkreis und den engeren Kontakten durchgeführt. Insbesondere versuchte man, eine Beziehung zwischen diesen Personen und der getöteten Theresa Schwarz herzustellen.

Die Ermittler staunten nicht schlecht, als Perko einen Anruf von Felix Kubicki erhielt, der die ausstehende Miete für den laufenden Monat anmahnte. So viel zu innovativen Anlageformen und Start-ups, dachte sich der Leiter der Sonderkommission. Wer weiß, wem der ITler noch so auf die Sprünge geholfen hatte!

Noch interessanter war ein Gespräch, in dem der Zuhälter meinte, sein Vermieter solle sich nicht so aufregen, er wisse doch ganz genau, dass sein Wort gelte. Das fehlende Glied in der Kette, die Verbindung zwischen dem mutmaßlichen Täter und der Ermordeten, war mit Kubicki gefunden!

Er war nicht nur Eigentümer des Hauses, in dem das Bordell betrieben wurde, er hatte auch den Internetauftritt des Etablissements erarbeitet und betreute und aktualisierte die Seite, sobald neue Mädchen ankamen oder andere gingen, wohin auch immer.

Dann gab es auch Prostituierte, die von Haus zu Haus gereicht wurden und aus deren kurzfristigem Aufenthalt ein regelrechtes Event gemacht wurde, das Freier, die diesen Mädchen auch von weit her hinterherreisten, anlocken sollte.

Felix Kubicki gab sich aber auch nicht mit der Rolle des Vermieters und IT-Dienstleisters zufrieden. So hatte er sich mit den deutschen Zuhältern überworfen, die zuvor in dem Haus einen Escort-Service betrieben hatten und ihn nicht genügend mitspielen ließen. Er war es, der sich mit Perko in Verbindung gesetzt hatte, um einen Betreiber zu finden, auf den er einen größeren Einfluss ausüben zu können glaubte.

Die Ermittler standen vor der Frage, ob bereits beim derzeitigen Ermittlungsstand Haftbefehle beantragt werden sollten. Einen

Haftgrund für eine Untersuchungshaft hätte es schon gegeben. Eine solche darf nach deutschem Recht nur angeordnet werden, wenn eine Fluchtgefahr, eine Verdunklungsgefahr oder Wiederholungsgefahr besteht. Laien wundern sich oft, wenn Beschuldigte nicht gleich in Haft genommen werden. Für eine Untersuchungshaft vor einer ordentlichen Gerichtsverhandlung, also zu einem Zeitpunkt, für den die sogenannte Unschuldsvermutung gilt, muss es gewichtige Gründe geben. Hier konnten sie in einer möglichen Fluchtgefahr aufgrund der zu erwartenden hohen Freiheitsstrafe im Fall einer Verurteilung liegen. Der Nachteil bei einem schnell vollzogenen Untersuchungshaftbefehl liegt für die Ermittlungsbehörde auch darin, dass viele ermittlungstaktisch einzusetzende Möglichkeiten zur weiteren Aufklärung der Straftat dann schlichtweg nicht mehr gegeben sind, da die Beschuldigten dann üblicherweise nicht mehr telefonieren, sich treffen oder andere Handlungen begehen, die in ihre Überführung münden könnten.

Die Ermittler schlossen sich mit der für Tötungsdelikte zuständigen Staatsanwältin kurz. Kubicki, so die Einschätzung, könnte sich auf die Position zurückziehen, dass mögliche Täter auf Frau Schwarz zwar durch Gespräche mit ihm aufmerksam geworden seien, aber mehr habe er nicht mit der Sache zu tun gehabt. Und Frau Kubicki? Sie hatte zwischenzeitlich das Erbe angetreten, einen Brillantring für sechzehntausendsiebenhundert Euro erworben und die Übertragung der Immobilien auf ihren Namen im Grundbuchamt beantragt. Sie könnte als Nutznießerin der Tat völlig ungeschoren davonkommen, indem sie sich dergestalt einließe, nichts von einem geplanten Mord gewusst zu haben. Eine Tatbeteiligung des Ehepaars könne derzeit nicht nachgewiesen werden. Was könnte neben all den personellen und technischen Ermittlungsmethoden den Fortgang des Verfahrens beschleunigen? Der Einsatz eines V-Mannes?

Der Einsatz eines V-Mannes ist immer eine heikle Angelegenheit. Wie könnten über so eine Person die fehlenden Informationen zur Rolle der Kubickis bei der Ermordung von Frau Schwarz beschafft werden? Und würden solche Informationen in einem Gerichtsverfahren verwendet werden dürfen? Zu Taten provozieren, die dann vom Staat verfolgt werden, dürfte der V-Mann nicht, so viel war klar. Er dürfte das Paar aber auch nicht mit Mitteln zu Einlassungen in der Sache bewegen, die zu einem Beweisverwertungsverbot in einem Mordprozess vor einer Schwurgerichtskammer des Landgerichts führen würden. Etwas anderes wäre es, wenn die Eheleute gegenüber einem V-Mann ein Geständnis abgeben würden, das er im Gerichtsverfahren wiedergeben könnte. Dann wäre der V-Mann aber verbrannt, nicht mehr für den Einsatz im kriminellen Milieu nutzbar, und er müsste unter Zeugenschutz gestellt werden. Es wäre ein großer Aufwand zu betreiben, von dem kaum absehbar wäre, ob dieser in einem vertretbaren Verhältnis zu einem möglichen Nutzen stünde. Aber wenn es sich hier um einen Mord oder der Vermutung der Ermittler zufolge gar um einen von den Eheleuten Kubicki in Auftrag gegebenen Mord handelte, dann wären ein derartiger Aufwand und bestimmte Risiken zu rechtfertigen. Welche Person könnte so ein V-Mann sein? Wie müsste der aussehen und wie müsste er auf die Aufgabe vorbereitet werden, um den Erfolg der Sache zu ermöglichen?

Andererseits zeigt die Praxis, dass nach einer Vollstreckung von Untersuchungshaftbefehlen versierte Ermittler erstaunliche Ermittlungserfolge zutage fördern können. Das hieße aber, alles auf eine Karte zu setzen. Was, wenn die Beteiligten gleich eingangs von ihrem Aussageverweigerungsrecht Gebrauch machen würden? Das Ermittlungsverfahren wurde auch auf die Eheleute Kubicki erstreckt. Formal wäre dies für ein bestehendes Aussageverweigerungsrecht nicht notwendig gewesen, da ein solches schon dann greift, wenn der Befragte durch seine Antwort Gefahr läuft, sich selbst wegen der Aussage einer Strafverfolgung auszusetzen. Es galt abzuschätzen, ob die

Möglichkeit, zu einem Geständnis zu gelangen, größer war als die Gefahr, dass die Eheleute überhaupt nichts sagten.

Der Zuhälter betrieb weiter seine Geschäfte. An eine DNA-Probe zu gelangen, gestaltete sich in der Praxis schwieriger als gedacht. Dies musste auf einen Zeitpunkt nach der Festnahme verschoben werden. Familie Kubicki lebte weiter wie bisher, nach außen gut bürgerlich und mit einem Lebensstil, der der gehobenen Mittelschicht entsprach. Der Mann drängte auf höhere Zahlungen für die Bereitstellung eines seiner Häuser als Bordell und wollte sich nicht auf die Rolle des bloßen Vermieters beschränken.

*

Antonia Kubicki hatte ihren Jungen ins Bett gebracht und erwartete die Ankunft ihres Mannes, als plötzlich ein tätowierter Glatzkopf erschien, der mit seinen Maßen den Rahmen der Haustür ausfüllte und zu ihrem Erschrecken nicht erst hereingebeten werden musste, sondern es sich auf der großen weißen Couch im Wohnzimmer gemütlich machte. Sie brauchte auch keinen Small Talk zu führen, da er gleich zu dem Grund seines Besuches kam. Anhand seiner Memberkutte war der Frau klar, woher der Mann kam. So etwas war wie eine Visitenkarte, und man streifte die Lederjacke nicht aus Modegründen über.

Nur ganz kurz schoss Antonia absurderweise die völlig konträre Bedeutung des Wortes »modern« durch den Kopf, je nachdem, welchen Vokal man betonte. Aber ihr Gegenüber sah nicht danach aus, zu Scherzen aufgelegt zu sein oder eine Konversation über den Bedeutungswandel von Wörtern infolge einer verschobenen Betonung führen zu wollen. Ganz im Gegenteil: Er teilte ihr unumwunden mit, dass er um den Mordauftrag an Theresa Schwarz wisse, um den bulgarischen

Zuhälter und Mörder sowie dessen Cousin, um den Diebstahl von Geld, Gold und Schmuck, das viel größere Erbe, die Immobilien, die Show, die ihr Gatte im Fernsehen abgezogen hatte, und die Betreibung des Puffs. Am Erbe wolle er beteiligt werden, und den Bulgaren würden sie das Freudenhaus wegnehmen und künftig mit ihrem Mann zusammenarbeiten. Wo sei der denn jetzt überhaupt? Aus dem Puff habe er sich doch schon vor einer Stunde verabschiedet. Antonia war stumm vor Schreck. Sie und ihr Mann glaubten, ein großes dunkles Geheimnis zu hüten, und sahen sich schon ungeschoren davongekommen, als nun dieser misanthropisch wirkende Hüne in ihr Leben platzte und sie durch die Konfrontation mit seinen Kenntnissen völlig aus der Bahn warf. Sie traute sich nicht, ihm zu widersprechen.

Den Einwand, dass sich der bisherige Zuhälter nicht ohne Gegenwehr vor das Haus setzen lassen würde, quittierte er lächelnd mit der Bemerkung, dass dies auch nicht seine Annahme gewesen sei.

Antonia zitterte am ganzen Körper, stammelte, dass ihr nicht wohl sei und sie ins Bett müsse. Der Kuttenträger erklärte ihr, dass die Bedingungen im Frauenknast sehr viel unfeiner seien als in ihrem luxuriösen Häuschen, weshalb sie, wenn sie dort nicht Quartier nehmen wolle, nun hierzubleiben habe.

Sie versicherte, mit dem Auftrag nichts zu tun gehabt zu haben. Und für ihren Mann, der nun auch schon einiges auf dem Kerbholz habe, laufe das alles nicht so glatt, wie es aussehe. Für ihn sei es in Wirklichkeit viel komplizierter und er wolle nur irgendwie die Probleme gelöst sehen.

Der Recke zeigte sich ziemlich unbeeindruckt von den Äußerungen und erklärte, dass er ihr nicht die Beichte abnehmen wolle, sondern nur einen gehörigen Teil der Erbschaft. Er melde sich in der kommenden Woche mit einer konkreten Forderung, da er den Eindruck habe, dass seine künftige Geldgeberin durchaus kompromissbereit sei.

Als der Rocker das Haus verlassen hatte, rief Antonia in Panik ihren Mann an und unterrichtete ihn über den Besuch des unheimlichen Gastes, der nicht nur vorgab, alle Hintergründe des Mordes zu wissen, sondern so viele Details preisgegeben hatte, dass ihr angst und bange geworden war. Auch dieses Gespräch zeichnete die Polizei auf.

Am nächsten Morgen – der Junge der Kubickis war gerade zur Schule gegangen und im Puff schliefen noch die, die der letzte Abend nicht ausgespien hatte – griff das Sondereinsatzkommando im Bordell zu, während Kriminalbeamte das Ehepaar Kubicki festnahmen. Auf die Kubickis wirkte die Festnahme nach dem abendlichen Besuch so, als ob die »Tagesschau« bereits über ihre Taten berichtet hätte und ohnehin alle Welt Bescheid wüsste. Das Jugendamt wurde wegen des minderjährigen Sohnes informiert. Er wurde in ein Kinderheim eingewiesen und war damit ein weiteres Opfer der Tat.

*

Felix Kubicki räumte bei der ersten polizeilichen Vernehmung zunächst ein, den Auftrag zur Ermordung erteilt zu haben. Er habe dem Zuhälter die Anweisung gegeben, sich um die Alte zu kümmern. Er nannte auch die Summe, die das Menschenleben aus seiner Sicht wert gewesen sei: Er habe dreiundzwanzigtausend Euro in drei Raten gezahlt. Das Geld für die letzte Rate von dreitausend Euro habe er von seiner Frau bekommen, die dieses Geld aus dem Barvermögen der Erbschaft genommen habe. In der Vernehmung äußerte Kubicki, dass ihm klar gewesen sei, dass der Zuhälter unter »Kümmern« nicht verstanden habe, mit Frau Schwarz spazieren zu gehen. Er habe Perko auch den Schlüssel zur Wohnung des Opfers übergeben und ihn nach dem Mord wieder abgeholt.

Die Ehefrau hingegen leugnete, an der Tat beteiligt gewesen zu sein. Ihr Mann habe davon gesprochen, dass sie »in Geld baden« könnten, wenn die Alte aus dem Weg geräumt würde. Sie habe aber nie geglaubt, dass er die Worte wirklich so meinte. Erst nach der vollzogenen Tat sei ihr das klar geworden. Ja, sie habe die letzte Rate für den Auftragsmord in Höhe von fünftausend Euro an Felix gereicht, damit er den Zuhälter bezahlen könne. So stellte sich auch heraus, dass ihr Mann von einer »Auftragssumme« von fünfundzwanzigtausend Euro gesprochen hatte, um zweitausend Euro für sich zu behalten.

Die Staatsanwaltschaft klagte das Ehepaar und den Zuhälter wegen Mordes aus Habgier und den Cousin wegen Beihilfe zum Raub an.

Während des Prozesses schloss Kubicki häufig die Augen und lächelte angestrengt, so als ob er für sich eine andere Wahrheit verinnerlicht hätte. Der IT-Fachmann verteidigte sich entgegen seinen ersten Aussagen gegenüber der Polizei unter anderem damit, dass im Zusammenhang mit der Tat nie das Wort »Mord« gefallen sei. In den Gesprächen sei es immer nur darum gegangen, dass es ein Problem mit der Seniorin gegeben habe, sie immer mehr auf die Nerven gefallen sei und das Problem gelöst werden müsse. Felix Kubicki warf dem Auftragskiller vor, eigenmächtig gehandelt zu haben.

Zudem habe er, Kubicki, sich bei der ersten sechsstündigen Vernehmung bei der Polizei nur deshalb geständig eingelassen, weil seine Familie durch einen V-Mann aus dem Rockermilieu bedroht worden sei. Deshalb seien seine damaligen Aussagen nicht zu verwerten. In der Strafverhandlung vertrat auch sein Verteidiger die Auffassung, dass die Aussagen seines Mandanten aus der polizeilichen Vernehmung schon deshalb nicht verwertet werden dürften, weil es so eine Art staatlicherseits angeordnete Täuschung gegeben habe und die Polizei damit eine Bedrohungskulisse aufgebaut habe, vor deren Hintergrund Kubicki sich zu den ihn belastenden Äußerungen veranlasst gesehen habe.

Die Richter hingegen gingen von der Rechtmäßigkeit des V-Mann-Einsatzes und der Verwertbarkeit der während der Ermittlung gewonnenen Erkenntnisse aus.

Das Gericht war am Ende der Verhandlung der Überzeugung, dass allen Tatbeteiligten stets klar gewesen sei, dass die Rentnerin umgebracht werden sollte. Kubicki habe es darauf angelegt, die Witwe töten zu lassen, um über seine Frau an das Vermögen zu kommen: immerhin ein Barvermögen von einhundertachtundzwanzigtausend Euro und zwei Eigentumswohnungen. Im Verlauf des Prozesses baute er eine immer weitere Distanz zur Tat auf und äußerte, dass er mit all dem nichts zu tun habe.

Der Zuhälter konnte mittels der an der Leiche und der Schmuckschatulle festgestellten DNA schnell überführt werden. Er leugnete jedoch die Begehung des Mordes, schwieg größtenteils in der Verhandlung und ließ Erklärungen allenfalls über seinen Verteidiger abgeben. Gelegentlich tat er bei Zeugenaussagen amüsiert und beugte sich zu seinem Cousin, was wie der unbeholfene Versuch aussah, Zusammenhalt zu demonstrieren, aber von dem Jüngeren ignoriert wurde.

Der Verteidiger tischte während der Verhandlung und auch im Plädoyer die Geschichte von einem weiteren Täter auf, der das Opfer umgebracht habe. Von einem mysteriösen weiteren Täter, von dessen Existenz und Tatbeteiligung es keinerlei objektive Anzeichen gab, konnte er weder die Staatsanwaltschaft noch das Gericht überzeugen oder auch nur so viel Anhaltspunkte bieten, wie die Aufklärung in einer solchen Richtung gerechtfertigt hätte. Er gab in der Verhandlung zu Protokoll, dass Kubicki aus biederen bürgerlichen Verhältnissen stamme und offensichtlich von dem Milieu im Prostitutionsgewerbe fasziniert gewesen sei und ein wenig Verbrecher habe spielen wollen. Die Richter sahen es als erwiesen an, dass der Zuhälter die Witwe nach einem zuvor gefassten Tatplan erwürgt hatte, um an die versprochenen dreiundzwanzigtausend Euro und das in der Wohnung vorhandene Geld und Gold sowie den Schmuck zu kommen. Von dem goldenen Handy sei er so hingerissen gewesen, dass er es trotz der damit verbundenen Gefahren behalten und später benutzt habe.

Er wurde wegen Mordes an der Witwe genauso wie Felix Kubicki zu einer lebenslangen Haftstrafe verurteilt.

Entgegen der ursprünglichen Anklage, die der Ehefrau ein höheres Maß der Teilnahme am Mord vorwarf, konnte Antonia Kubicki im Prozess keine konkrete Tatbeteiligung nachgewiesen werden. Ihr Mann habe ihr gegenüber vor der Tat lediglich den Auftragsmord angedeutet. Der Leiter der Sonderkommission, der während der Strafverhandlung als Zeuge aussagte, berichtete von einem Telefonat, in dem die Frau ihre Freude darüber zum Ausdruck gebracht hatte, bald in Geld baden zu können. Ihm zufolge war der gesamte Plan zur Ermordung der Seniorin nur dank Antonia aufgegangen, ohne die Kubicki niemals an die Erbschaft gelangt wäre. Dieses Gespräch stammte aber von einem Zeitpunkt nach der Begehung des Mordes. Inwieweit Antonia ihrem Mann gegebenenfalls auch nur psychische Beihilfe zum Mord geleistet oder ihn in seinem Plan bestätigt, geholfen oder dahin gedrängt hatte, all das war während der Gerichtsverhandlung nicht aufzuklären, sodass in diesem Falle der Grundsatz »in dubio pro reo«, im Zweifel für den Angeklagten, zumindest für diesen Vorwurfskomplex anzuwenden war.

Für das Gericht stand jedoch aufgrund der Einlassungen der Frau fest, dass sie zumindest von dem geplanten Mord gewusst hatte, weshalb sie wegen der Nichtanzeige einer geplanten Straftat zu einer Haftstrafe von drei Jahren und sechs Monaten verurteilt wurde. Der gegen sie erlassene Haftbefehl wurde zunächst außer Vollzug gesetzt, sodass sie den Gerichtssaal nach der Urteilsverkündung verlassen konnte und ihre Haft später antrat.

Perkos jüngerer Cousin kam weinend in den Verhandlungssaal und beteuerte sogleich nach der Anklageverlesung, nicht gewusst zu haben, was sein Kumpan vorgehabt habe, und er bereue, überhaupt dabei mitgemacht zu haben. Er war nach den Feststellungen der Richter zum Ausbaldowern der Wohnung und dann während der Tat zum Schmierestehen mitgenommen worden und wusste wohl nicht, was in der Wohnung geschehen sollte. Seine Strafe von einem Jahr und vier Monaten wurde zur Bewährung ausgesetzt.

Über den Tod hinaus

»Sieh mal«, rief Doreen vom Nebenzimmer der Kanzlei herüber, »der Erpresser ist gestorben!«

»Es ist immer erbaulich, wenn du in Rätseln sprichst«, rief ich zurück.

Beide lockten wir damit Stephan aus seinem Zimmer. »Welcher Erpresser ist tot?«

Da hatte sie mich wieder. Ich stand auf und ging in ihr Zimmer, in dem der lange Tresen u-förmig, mit der offenen Seite ihrem Schreibtisch zugewandt, und die Seitenteile zu den Türen der beiden Anwälte standen. Wie zum Duell standen Stephan und ich uns nun gegenüber, nun aber eher von Neugierde getrieben denn vom Spaß an Auseinandersetzung.

Stephan und ich schauten Doreen erwartungsvoll an. Da sie von alleine nichts preisgab, lockte ich sie mit einem »Na und?«.

»Was, na und? Welcher Erpresser wird verstorben sein und weshalb haben wir davon erfahren?«, spielte sie das Spiel weiter.

Stephan schlussfolgerte logisch: »Ein Mandant, gegen den ein Ermittlungsverfahren lief und zu dem die Staatsanwaltschaft uns den Einstellungsbeschluss zugesandt hat. Gegen Tote wird nicht ermittelt.«

»Kalt.«

»Kein Mandant? Dann also ein Gegner?«, riet ich weiter, obwohl mir die Lösung des von der Sphinx aufgegebenen Rätsels schon schwante.

»Wärmer.«

Entgegen seiner Art erklärte Stephan: »Ich bin raus, wenn es keiner meiner Schutzbefohlenen war. Oder wartet … Gab es da in einer Metallbude nicht einen früheren Gesellschafter …«

»… der seine frühere Firma beim Finanzamt …?«, ergänzte ich.

Doreen strahlte. »Treffer, versenkt.«

*

Berlin hatte nach Martins Ansicht seit dem Mauerfall viel von seinem Charme verloren. Andererseits konnte er nun ohne lästige Kontrollen auch mit dem Fahrzeug die Strecke zurücklegen. Von Baden-Württemberg bis nach Berlin war es weit, aber das hatte ihn nie gestört. Mit seinem S-Klasse-Mercedes fuhr er gerne und auch lange Strecken. Die langwierigen Kontrollen waren es, die ihn zu Zeiten der Teilung meist zum Fliegen bewogen hatten. Vielleicht hatte die Geschichte ihm auch nur seine Schatzinsel, seine Pirateninsel, sein geheimes Rückzugsgebiet gestohlen. Hier musste er nicht damit rechnen, dass ihm auf Schritt und Tritt ein Bekannter über den Weg lief.

Martin schmunzelte in seinem Wagen. Das Leben war doch manchmal völlig verrückt. Mit seiner Berliner Anwältin, die er mehr für ihr Auftreten und Aussehen schätzte als für ihre fachliche Kompetenz, die er ohnehin nur bereit war smarten Männern zuzubilligen, hatte er schon vor dem Mauerfall einen Ausflug nach Ostberlin gemacht. Auf der Aussichtsetage des Fernsehturms, unterhalb des Restaurants, sah er einen Parteifreund aus der fast achthundert Kilometer entfernten Heimatstadt in Begleitung einer ihm nicht bekannten Dame. Dieser Schwerenöter, hatte Martin bei sich gedacht, bevor ihm klar geworden war, dass der Bekannte das Gleiche von ihm vermuten würde. Es war zwar allgemein bekannt, dass Martin kein Kostverächter war, aber das sollten alles besser Gerüchte bleiben. Schnell hatte er die Flucht in die untere Etage ergriffen und das gegenüber der Angebeteten mit einem Mann begründet, der ihm schon seit der Passage der Grenzübergangsstelle folge.

Zu Hause wollte er den braven Familienvater mimen, der zu sein er sich gerne einbildete. Letztlich fuhr er auch heute nur für die Familie den weiten Weg. Und nebenbei würde er auch die Anwältin wiedersehen.

Martin war sich sicher, dass das Rezept seines Erfolges im vorausschauenden Denken lag. Die Berlinförderung für das hiesige Unternehmen würde wegfallen. Aber dafür gab es nun eine Goldgräberstimmung in den neuen Bundesländern, die er zu seinem Vorteil ausnutzen würde. Da kam ihm die schwere Erkrankung seines Berliner Geschäftspartners zeitlich durchaus gelegen. Der letzte Besuch heute im Krankenhaus war Ehrensache.

»Schön«, meinte der alte Freund, »dass du mich in der Abnippelabteilung noch einmal besuchen kommst.«

Martin fasste die Hand des Freundes. »Ich werde dich noch ganz oft besuchen kommen.«

»Du lieber Lügner!«

Es war nicht das erste Mal in seinem Leben, dass Martin einen vom Tode Gezeichneten sah – mit eingefallenen Wangen, dem aufgezehrten Körper, der blassen Farbe der Iris, den Augen, die nicht mehr alles wahrnehmen, was um sie herum geschieht. Auch wusste er, dass der Tod viele Gesichter haben kann. Aber hier war sehr deutlich, dass es ein Abschiedsbesuch sein würde.

Der im Sterben Liegende griff Martins Hand. So etwas wie ein Lächeln huschte über sein Gesicht. »Was ich alles mit deinem Vater erlebt habe! Noch als Jungen haben wir den Russen eine schon abgebaute Drehmaschine in Berlin für eine Flasche Wodka abgekauft, als der Krieg beendet war. Bei den Amis haben wir weitergemacht und eine der ersten Gesellschaften nach Besatzungsstatut gegründet …« Dann versagte seine Stimme, die Gedanken hinkten sechzig Jahre hinterher.

»Ihr wart schon Teufelskerle«, bestätigte Martin seinem alten Geschäftsfreund, der in den letzten Jahren immer noch so handelte, als ob die Erde sich nicht weitergedreht hätte. Er kannte all die alten Husarenstücke und beneidete ihn und seinen viel zu früh verstorbenen Vater ein wenig um den Enthusiasmus, der in der Aufbauzeit geherrscht haben musste, und um die Möglichkeiten, die damit verbunden waren. Nun war er aber verflucht, diese alten Kamellen wieder und wieder zu hören. Zum Glück hatte der alte Mann sich schon vor Monaten aus der aktiven Geschäftspolitik der Unternehmen zurückgezogen und ihm Generalvollmachten auch für das private Vermögen über den Tod hinaus erteilt, was sich wegen des Sohnes zu einer schweren Bürde zu entwickeln drohte.

»Du kümmerst dich um Rolf?«

»Wie versprochen.«

»Versprich es mir noch einmal hier auf dem Totenbett!«

»Bei unserem Herrgott. Ich schwöre dir, dass ich mich um Rolf kümmern werde und er nie in ein Krankenhaus oder Pflegeheim muss, solange er in eurer Villa gepflegt werden kann.«

»Er hat«, meinte der Todgeweihte, »laut den Ärzten vielleicht noch drei, maximal fünf Jahre zu leben.«

»Und was passiert dann mit dem Vermögen?«

»Das muss schon Rolf entscheiden. Er ist ja nicht geistig behindert.«

Martin widersprach: »Die Krankheit schlägt ihm schon sehr aufs Gemüt. Als ich ihn letzte Woche am Krankenbett besucht habe, ging sein Blick ganz starr und abwesend zur Decke und ich habe einige Zeit gebraucht, um ihn in die Welt zurückzuholen. Er war völlig entrückt.«

»Ein Leben lang ans Bett gefesselt, was verlangst du da?«

»Stimmt, und deshalb sollte ich vielleicht noch einmal mit einem Notar kommen und eine Erbregelung treffen. Nacherbschaft zu meinen Gunsten nach Rolfs Ableben oder so.«

»I wo! Es kann ja auch sein, dass Rolf uns alle überlebt.«

»Du hast doch immer gesagt, dass er nicht mehr lange hat.«

»Früher haben die Ärzte gesagt, dass er nicht älter als zwanzig, vielleicht dreißig Jahre wird, und jetzt hat er bald die vierzig geschafft. Und mit der Manneskraft scheint es ja zu klappen. Vielleicht gibt es dann noch Enkel.«

»Siehst du. So gefällst du mir. Ganz der Alte. Eben noch die Hufe hochstrecken wollen und jetzt an Enkelchen denken.«

Unmerklich schüttelte der Alte den Kopf. »Das werde ich selber nicht mehr erleben. Aber der Gedanke ist schön.«

»Dann lassen wir das mit der Erbregelung«, sagte Martin, »und der Junge bekommt alles.« Vertraulich ergänzte er: »Wenn du nicht noch andere Kinder gezeugt hast.«

Diese Vermutung schmeichelte dem Alten. »Wer weiß!«, entgegnete er scherzhaft und unternahm noch einen Versuch, den Geschäftsmann herauszukehren: »Und können wir die Firmen im Osten kaufen?«

»Da gibt es nur noch ein paar Formalitäten mit der Treuhand zu klären. Das habe ich alles im Griff.«

»Schade, dass ich da nicht dabei sein kann. Da sehe ich eine Chance, unser Vermögen zu mehren. Dann bleibt auch genug für Rolf übrig. Das ist wie damals, nach dem Krieg, als dein Vater und ich alles aus dem Nichts schufen. Bleib dran!«

»Das ist schon alles eingerührt. Ich weiß nur noch nicht, ob wir mit einer unserer Gesellschaften kaufen oder als natürliche Personen.«

»Du versprichst mir, dass du dich um Rolf kümmerst?«

»Ja, das habe ich doch gerade schon. Und ich verspreche es dir noch einmal. Für Rolf wird gesorgt sein. Mit den Vollmachten kann ich über alles verfügen und Rolf muss sich nicht sorgen.«

»Du bist mir nämlich ein ganz schöner Schlawiner.«

»Das muss man im Geschäftsleben auch sein. Sonst geht man unter. Schau dich und Vater an, was ihr alles angestellt habt.«

»Jaja, und von den Russen haben wir die erste Drehbank gekauft. Sie hatten die schon auf dem Lieferwagen. Eine Flasche Wodka hat sie uns gekostet.«

»Jaja.« Er tätschelte dem Greis die Hand. »Ich werde dann mal gehen.«

»Und du sorgst für Ralf? Versprich es mir!«

»Du meinst Rolf! Ja, ich werde mich bis zu seinem Tode um ihn sorgen und mich um seine Vermögensangelegenheiten kümmern. Ich werde mit eurem Geld so umgehen, als wäre es mein eigenes.«

»Rolf, jaja. Ich bin noch klar im Kopf. Es ist nur anstrengend, so lange zu reden.«

Martin stand auf. »Leb wohl, alter Freund!«

Im Berliner Notariat warteten schon Martins Bruder, Professor Doktor Ignaz E., und Martins Sohn, der Polizeibeamte Conrad E. Eine kleine, freundliche und mit ihren dunklen, etwas traurig wirkenden Augen und braunen, glänzenden Haaren sehr attraktiv aussehende Notariatsangestellte, die Martin hier schon oft gesehen und deren Namen er sich gemerkt hatte, verkündete, der Notar bedauere, sich zu verspäten, in zehn Minuten sei er hier. Sie wüssten ja, wie das mit dem Verkehr in Berlin sei.

Martin sah seine Chance. »Bei dieser Bemerkung habe ich einen Anflug von unziemlichen Gedanken.«

Sichtlich genervt erhielt er die Abfuhr: »Die behalten Sie dann besser für sich.«

Ignaz, der seinen Bruder auch in diesen Dingen nur zu gut kannte, fasste ihn kurz am Arm und bremste ihn damit.

Conrad war mit der »Männerart« seines Vaters groß geworden und schenkte dem kaum Aufmerksamkeit. Ihn bewegten Probleme gänzlich anderer Art. »Muss ich dienstrechtlich die Übernahme der Geschäftsanteile anzeigen?«

»Damit kennt sich vielleicht der Notar aus«, warf sein Vater ein und ergänzte: »Wenn der Deal hier klappt und wir als Gesellschafter des renommierten Berliner Unternehmens die Firma im Osten kaufen, dann ist endlich Schluss mit dem Schichtdienst und du kannst als Geschäftsmann Karriere machen.«

Der Professor, wie Ignaz E. von allen genannt wurde, brachte seine Besorgnis hervor. »Du verkaufst uns die Anteile deines Partners aber sehr günstig. Wollte er nicht mehr haben, um auch für Rolf vorzusorgen?«

»Das ist alles geklärt«, ließ Martin seine Verwandten über seine Pläne im Unklaren, »und jetzt, wo die ganzen Förderungen für die Unternehmen wegfallen, die sich im Westteil der Stadt niedergelassen haben, sinkt natürlich auch der Wert der Geschäftsanteile. Unsere Vorhaben in den neuen Ländern sind derart risikobehaftet, dass dies sich mindernd auf den Wert der Anteile niederschlägt. Und um Rolf kümmere ich mich schon, das habe ich dem Alten versprochen und darauf könnt ihr mich auch festnageln.«

Noch waren die Zweifel des Professors nicht völlig zerstreut. »Und dein Geschäftspartner und sein Sohn sind wirklich mit allem einverstanden?«

»Selbstverständlich«, behauptete Martin. »Die haben noch die Villa. Und die Immobilienpreise für solche Luxusgrundstücke gehen durch den Hauptstadtbeschluss durch die Decke. Komm, Ignaz! Müssen wir dich zu deinem Glück zwingen?«

»Du bist«, blieb der Professor kritisch, »in Geldangelegenheiten ein ganz schöner Hasardeur.« Da er nicht wusste, inwieweit Conrad über die Spielsucht seines Vaters Bescheid wusste, wollte er nicht genauer werden und seinen Bruder nicht vor dem Sohn brüskieren.

»Umso besser ist es, wenn du mit an Bord bist und auf die Angelegenheiten schaust. Neben deiner wissenschaftlichen Karriere auch noch die Kompetenz als Geschäftsmann beweisen, das ist es doch, was dich reizt.« Damit hatte Martin genau den Nerv getroffen.

Der Neffe appellierte an den Familiensinn des Onkels. »Und dann ist es ein Familienunternehmen.«

»Das wäre es auch, wenn nur ihr zwei Gesellschafter wärt«, wandte der Professor zu Recht ein.

»Fishing for compliments?«, warf ihm sein Bruder vor. »Du weißt doch, was das ›Professor Doktor‹ auch im Geschäftsleben für Türen öffnet. Wenn wir mit so einer Gesellschafterliste bei der Treuhand anrücken, dann schmeißen die uns die ganzen Ostbuden hinterher, sage ich dir.« Das hatten sie auch alles schon so besprochen, und Martin – Ignaz kannt diesen Besserwisser nur zu gut – war nicht den weiten Weg nach Berlin gereist, um jetzt einen Rückzieher zu machen. »Und wer zu spät kommt … Du weißt doch, was Gorbatschow prophezeit hat.« Ein verbindliches Lächeln umschmeichelte Martins Gesicht.

Dem Professor war noch nie aufgefallen, welche Ähnlichkeit Martin mit Gorbatschow hatte. Es war nicht nur die Halbglatze. Zwar fehlte das markante Muttermal, aber der runde Kopf mit Halbglatze und sein einnehmendes Wesen, all das passte. »Das war doch nur ein Spruch. Zugegeben, er hat ihn zur rechten Zeit am rechten Ort von sich gegeben und Menschen freuen sich, wenn sie einfache Erklärungen für komplexe Sachverhalte erhalten. Was hätten denn die Machthaber im Osten unternehmen sollen, als ihnen die Felle davonschwammen? In diesem Moment waren sie auch nur Spielfiguren der Geschichte. Weshalb nehmen so viele an, dass ihre vermeintlichen Führer alles wüssten und es historische Gesetze gäbe? Ich halte es da mit Nietzsche, wonach Geschichte keine Moral, Sitte oder Anstand kennt. Sie geht über die Schicksale der Menschen hinweg. Das einzige Gesetz, dem sie folgt, ist das des Lebens und Überlebens. Und daran sollten wir uns hier auch halten.«

Martin wollte die Sache auf den Punkt bringen und den Vortrag seines Bruders unterbrechen, als der selbst seine Suade wieder auf das Thema brachte: »Die Menschen im Osten sind wie die im Westen. Die Mehrheit der Herde trabt immer hinterher. Die kleinen Leute schimpfen auf die da oben. Wer etwas höher geklettert ist, findet es gut, wie es ist, und möchte nichts ändern. Nur wer selber sein Schicksal in die Hand nimmt und was unternimmt, kann gewinnen. Deshalb gehen wir da jetzt rein.«

»Aber nicht vor mir«, ertönte die Stimme des im guten Maßanzug hereinschneienden Notars, der die letzten Worte des Professors mitbekommen hatte. Er reichte allen die Hand, brachte höflich seine Freude zum Ausdruck, nun die ganze Familie kennenlernen zu dürfen, ohne der Abwesenheit sämtlicher weiblicher Familienmitglieder irgendeine Bedeutung beizumessen, und bat darum, noch einige Augenblicke zu warten, bis er sich gesammelt habe, bevor er in seinem Zimmer verschwand.

»Richtig, Ignaz! Und die Konkurrenz«, nahm Martin ihren Gesprächsfaden wieder auf, »schläft nicht. Die Filetstücke sind bald weg. Was denkst du, wie hoch die Grundstückspreise in Berlin sind, wenn wir sie nach Ablauf der Haltefrist verkloppen!«

Conrad wollte auch etwas zum Gespräch beisteuern und sagte im anspornenden Ton eines Trainers einer Kindermannschaft: »Wir sind wie ein Football-Team, hier zusammen im Kreis, und gehen da jetzt rein zum Notar, also auf das Spielfeld, und werden es allen zeigen!«

Der Professor nickte höflich und dem Vater bestätigte Conrad damit, wie wichtig es war, dem Sohn eine Perspektive außerhalb des Polizeidienstes zu eröffnen. Dort würde er ewig im Vollzugsdienst schmoren und keine Chance haben, je zur Kriminalpolizei zu kommen. Aber so weit waren sie hier noch nicht. Erst mussten einige Weichen gestellt werden.

Zunächst wurde bei dem Berliner Notar, der auch die Vollmacht beglaubigt hatte, die Martin alle Rechtsgeschäfte auch für seinen Teilhaber erlaubte, die Übertragung der Gesellschaftsanteile des Geschäftspartners an seinen Bruder und seinen Sohn beurkundet. Die Vollmacht, die sich Martin hatte erteilen lassen, ging sogar so weit, dass er sich selber die Anteile seines Partners hätte übertragen können. Das wusste Martin genau. Und er hatte auch noch vor, diese Vollmacht zu seinen Gunsten zu nutzen.

*

Die Ernüchterung bei dem Trio trat bald ein. Sie waren für den Erwerb von lukrativen Berliner Immobilien zu spät an den Start gegangen. Alles, was es jetzt hier noch gab, war mit hohen Risiken verbunden: Da gab es Ansprüche, die die Jewish Claims Conference für Opfer des Holocausts geltend gemacht hatte, Vorkaufsrechte des Landes Berlin, umweltgefährdende Altlasten, Sondernutzungsrechte nach dem Zivilgesetzbuch der DDR und noch so manch andere Überraschung.

Einer ihrer Verhandlungspartner war ein badischer Landsmann, der ihnen den Tipp zum Erwerb eines Stahlbaubetriebs südlich von Berlin gegeben hatte. Der Maschinenpark müsse ausgewechselt werden; die Leute? – Wie sie hier sind im Osten: Viele gute sind schon vor dem Mauerfall zu uns gekommen, jetzt noch mehr, weil sie nicht auf die blühenden Landschaften warten wollen, und dann sind noch ein paar hier, die an ihrer Scholle kleben … Aber ein Riesengrundstück, und das Ganze neben einer als Gewerbepark zu erschließenden Immobilie, für die schon ganz große Konzerne Interesse angemeldet hätten!

Die neue Gesellschafterliste der Firma machte mit Herrn Professor E. schon was her. Kurz überlegte Martin, ob es opportun wäre, dem Verhandlungspartner eine kleine Zuwendung zur Beschleunigung und Lenkung des Geschäfts in eine günstige Richtung zukommen zu lassen, aber sein Instinkt bewahrte ihn davor. Der Vertrag mit der Treuhandanstalt war bald beurkundet, darin eine zehnjährige Haltefrist vereinbart, wonach die Gesellschaft die neu erworbenen Grundstücke nicht weiter veräußern durfte.

Martins altem Geschäftspartner ging es gesundheitlich immer schlechter. Er und sein Sohn Rolf, der zeit seines Lebens ans Krankenbett gefesselt bleiben würde, ahnten nicht, dass sie von den Geschicken des Unternehmens abgenabelt worden waren.

Als Geschäftsführer fungierte Martin, der seinen Sohn langsam in die Geschäfte einführte. Der freute sich, seinen Job bei der Polizei an den Nagel hängen zu dürfen. Was für ihn aus dieser Zeit blieb, das waren ein paar Geschichten, die er bei einem Bier zum Besten geben konnte. Der Professor indes kümmerte sich nicht weiter um die Belange des Unternehmens; er glaubte die Geschicke in guten Händen.

*

»Danke für die Fotos von der Beerdigung! Haben ja schon eine Weile in dem Laden gebraucht.«

»Die haben gerade auf eine ganz neue Technik aus Japan umgestellt. Das hat seine Zeit gedauert.«

»Ich wäre gerne dabei gewesen! Dann hätte ich auch gleichzeitig Mutter am Familiengrab besuchen können.«

»Das mit der Grabpflege läuft gut. Immer frische Blumen, und im Sommer wird täglich gegossen, an heißen Tagen mehrfach.«

»Apropos Grabpflege. Kannst du mir Bargeld da auf die Anrichte legen? Du weißt schon …«

Martin tat, als verstünde er nicht recht. »Das Geld hat doch die Pflegerin. Ich habe ihr für die Einkäufe eintausend Mark hiergelassen. Alles andere wird von den Konten eingezogen.«

»Da«, setzte Rolf umständlich an, »müssen wir auch noch einmal drüber sprechen. Ich denke, das reicht nicht. Und das Bargeld brauche ich selbst, um eine Frau zu bezahlen.«

»Ach so«, brüskierte Martin ihn, »du lässt dir Nutten kommen.«

Etwas peinlich berührt bestätigte Rolf das. »Jetzt, wo Vater tot ist und ich das ganze Geld habe, sollte ich mir ab und zu auch etwas gönnen.« Er konnte nicht ahnen, dass seine Firmenanteile für einen lächerlich geringen Betrag an Martins Verwandtschaft veräußert worden waren.

»Na, na, na, wenn er das hören könnte! Verlieb dich bloß nicht in eine Prostituierte. Die denken, dass sie dich ausnehmen können wie eine Weihnachtsgans, wenn du so ans Bett gefesselt bist. Und husch! sind sie weg mit dem Vermögen.«

»Da kümmerst du dich doch schon drum.«

»Da kannst du aber einen drauf lassen. Aber wenn so eine auf die Idee kommt, dir die große Liebe vorzugaukeln, und du darauf hereinfällst, müsste ich schauen, ob zur Sicherung des Vermögens nicht andere Maßnahmen zu ergreifen wären.«

»Wie meinst du das?«

»Ach, Quatsch! Lass mal. Hier bleibt alles friedlich und ich passe auf dich auf, so gut es geht. Das ist natürlich bei der Entfernung nicht einfach. Wie viel brauchst du denn für die Nutte?«

»Nenn sie nicht so! Fünfhundert Mark.«

»Ich weiß ja nicht, wie die Preise hier in Berlin sind«, log Martin, der sich über jeden Flug von Baden-Baden nach Berlin freute, um dort die Leistungen eines Escort-Services in Anspruch zu nehmen, »aber bei uns würdest du dafür fünf Weiber bekommen.« Das war die Möglichkeit, Rolf die Berliner Anwältin schmackhaft zu machen.

»Denkst du denn, jede Frau macht es mit einem Behinderten?«

»Ach so, ja …« Martin ging zur alten Anrichte und legte fünf Einhundertmarkscheine unter eine Schale. »Lass dich bloß nicht von den Nutten ausnehmen. Aber so oft bin ich auch nicht in Berlin. Du solltest da eine Vertrauensperson mit der

Geldabhebung beauftragen, die auch sonst Behördenangelegenheiten für dich erledigen kann.«

»Das machst du doch alles. Willst du dich hier nicht mehr blicken lassen?«

»Selbstredend komme ich vorbei. Aber jeden Monat werde ich es nicht schaffen. Ich habe auch noch zu Hause meine Firma, um die ich mich kümmern muss.«

»Wen soll ich denn beauftragen?«

»Das kann ich ja mit der Generalvollmacht erledigen. Aber auswählen solltest du denjenigen schon.«

Auf Rolfs Frage nach einer geeigneten Person nannte er die Anwältin, die von der Firma gelegentlich Aufträge bekam, und Rolf entschied, dass es eine gute Idee sei, jemanden zu beauftragen, zu dem auch sein Vater offensichtlich Vertrauen gehabt hatte. Mit dieser Entscheidung sah Martin seine Interessen vorerst gesichert.

Die Anwältin kam einmal im Monat und brachte Bargeld, wovon Rolf das meiste für Prostituierte ausgab, die ihn in der Villa besuchten. Aber wenn die und seine Zugehfrau weg waren, war er in diesem riesigen Gebäude in seinem Bett einsam und allein. Martin schlug vor, von dem Vermögen eine Pflegekraft einzustellen, die bei Rolf in der Villa wohnen könne. Rolf war von dieser Idee begeistert. Martin sah, dass er die hohen Kosten für den Pflegedienst sparen und den Lohn für die bei Rolf wohnende Pflegekraft als Personalkosten in der Firma unterbringen konnte. Rolf ließ er in dem Glauben, dass der Lohn aus dem Familienvermögen gezahlt würde, was dadurch erheblich geschmälert werde. Tatsächlich aber bediente sich Martin zur Befriedigung seiner Spielsucht und anderer Gelüste kräftig an Rolfs Vermögen. Mit der Berliner Anwältin, die Jahr für Jahr jeden Monat erst eintausendfünfhundert Deutsche Mark und nach der Euro-Umstellung eins zu eins Geld in Euro von Rolfs Konto abhob, begann Martin ein

Verhältnis. Und dieses lohnte sich mehrfach für ihn und so rechnete er auch: Er sparte bei seinen Berlin-Besuchen das Geld für die Escort-Damen. Von den eintausendfünfhundert Euro wurden Rolf für seine Damen fünfhundert Euro unter die Schale gelegt und eintausend Euro übergab die Anwältin an Martin. Für ihre Dienste stellte sie dem Unternehmen, das auch die Pflegekraft bezahlte, ihre Rechnungen.

*

Entgegen allen medizinischen Vorhersagen lebte Rolf länger als erwartet. Martin hatte Rolfs Privatvermögen in zehn Jahren erheblich dezimiert. Wenn der noch viel älter werden würde, müsste er zusehen, wie er alles finanziert bekäme. Einen größeren Coup hatte er noch mit der Immobilie geplant, in der Rolf lebte.

Martin selbst hatte bis auf die Gesellschaftsanteile an der Firma in Brandenburg kaum nennenswertes Vermögen; alles war ihm durch die Finger geronnen. Seine Frau hatte sich aus Angst, wegen des wachsenden Schuldenbergs und der wirtschaftlichen Hasardspiele ihres Mannes aus dem Haus zu müssen, Martins Anteil am privaten Grundstück in Baden-Baden auf ihren Namen übertragen lassen.

Martins Selbstbedienermentalität gegenüber der Firma, seine Geldverschwendung bei Spiel, Autos, Frauen und Reisen brachten die Gesellschaft nicht nur in eine Schieflage, sondern an den Rand des wirtschaftlichen Untergangs. Conrad konnte sich gegenüber seinem Vater nicht durchsetzen und weihte den Professor ein, der vom Ernst der Lage nichts wusste, aber durch die Präsentation der Zahlen schnell überzeugt werden konnte.

Der Familienrat wurde beim Professor einberufen. Man setzte sich auf die Terrasse des kleinen Häuschens. Martin äußerte zum wiederholten Male sein Unverständnis über das kleine Wohnhaus. Wenn er so viel Geld hätte, würde er sich eine große Villa mit Seeblick kaufen, erklärte er bestimmt. Sein Bruder verwies nüchtern darauf, dass es Zeiten in Martins Leben gegeben habe, in denen er über ein entsprechendes Kapital verfügte, ihm aber das Geld nur so durch die Finger geronnen sei, und dass ihm andererseits das Häuschen für seine Familie ausreiche. Im Übrigen zeugten auch Kleidung, Einrichtung und Verhalten von einer eher bescheidenen Lebensweise des Akademikers, dem augenscheinlich andere Dinge wichtiger waren als die Präsentation von Statussymbolen.

»Ich hätte wetten können«, polterte Martin, als er sich setzte, »auf deiner Terrasse gibt es nur umweltverträgliches Holzmobiliar und nicht solche alten Plastikstühle. Die sind doch in ein paar hundert Jahren noch nicht zersetzt.« Er stutzte und ergänzte: »Kenne ich die nicht schon von früher?«

Der Professor bestätigte, dass es noch die Stühle aus Studententagen seien. »Damals hat man das eben anders gesehen. Jetzt andere Möbel zu kaufen, um unsere heutige Auffassung zu verdeutlichen, das wäre heuchlerisch.«

Martin wusste, dass er und sein Bruder unterschiedliche Ansichten, Interessen und Ziele hatten, was ihm eine andere Tatsache gleich bestätigte: Er, der vor seinen Gästen auch bei der Bewirtung hätte glänzen wollen, hätte einen ordentlichen Braten vorgesetzt. Hier betrat seine Schwägerin mit einer Suppenterrine die Terrasse, und seine Hoffnung, dass es sich um eine Vorspeise handele, schwand vollends, als sein Bruder verkündete, dass es am Sonnabend bei ihnen immer eine Suppe gebe.

Der inzwischen eingetroffene Conrad, der auch in dieser Hinsicht seinem Vater ähnelte, warf süffisant ein, dass man sich dann besser hätte am Sonntag treffen sollen.

Nach dem Essen versuchten Ignaz und Conrad zu verdeutlichen, dass Martins Verbleib in der Gesellschaft deren Untergang bedeuten würde, was dieser vehement bestritt. Schließlich sei er der Einzige in der Runde, der im Handelsregister als eingetragener Kaufmann geführt werde. Seine Gläubiger, so viel war ihm aber auch klar, könnten seine Gesellschaftsanteile pfänden und die Geschicke der Gesellschaft beeinflussen. Seiner Art entsprechend polterte er laut und lehnte die Übertragung seiner Geschäftsanteile ab. Sein Bruder konnte ihn jedoch mit einem hoch dotierten Beratervertrag für die Firma, der weiteren Zahlung des Lohnes für Rolfs Krankenschwester und der Zusicherung locken, dass bei einer Verbesserung der Vermögensverhältnisse eine Rückübertragung der Geschäftsanteile erfolgen würde. So wurden nun der Professor und sein Neffe Conrad je zur Hälfte die Gesellschafter der Firma und man glaubte, so die Probleme des Unternehmens gelöst zu haben.

Ein Abteilungsleiter des Unternehmens wurde neben Conrad zum Geschäftsführer berufen. Ronald G. kam vom Fach, hatte Maschinenbau studiert, schon der früheren Betriebsleitung zur Seite gestanden, sich schnell auf dem neuen Markt orientiert, war loyal und in der Belegschaft anerkannt. Der Professor glaubte, nun für die Firma alles auf den rechten Weg gebracht zu haben.

Martin musste, da die Anwältin nach Kündigung des Beratervertrages durch die neuen Geschäftsführer nicht umsonst arbeiten wollte, wieder selber nach Berlin fahren, um Geld abzuheben, wovon er proportional zur jährlichen Erhöhung der Beträge monatlich einen höheren Anteil für sich einbehielt. Die Gefühle der Anwältin für Martin kühlten schnell ab. Rolfs Gesundheitszustand verschlechterte sich zwar, aber weitere Jahre gingen ins Land, ohne dass das prognostizierte frühe Ableben eintrat.

Martin trug nun eine Brille, begann schwerer zu hören, musste Pillen gegen seinen Bluthochdruck und gegen indizierte Medikamente wegen der schleichenden Impotenz nehmen und befürchtete über die Jahre, dass Rolf ihn noch überleben würde. Mit zunehmendem Alter und abnehmender Bonität schwanden seine Aussichten auf den lebenslang begehrten Reichtum. Eine Karte hatte er aber noch im Ärmel: Rolfs Villa. Als Martin allerdings Vorbereitungen traf, Rolfs Grundstück mit dem herrlichen alten Gebäude, dem Nebengelass und dem parkähnlichen Garten zu veräußern, sah er aufgrund einer SMS seine Pläne gefährdet.

»Wir müssen uns sofort sehen! Es hat keine Zeit bis zum geplanten Besuch. Bring alle Unterlagen die Vermögensverwaltung betreffend mit! Gruß Rolf.«

Was bildete sich dieser Grünschnabel ein? Ohne seine Hilfe wäre er längst in einem Pflegeheim gelandet! Die erste Regung, eine Nachricht zu senden, die seiner Verärgerung gehörig Ausdruck verlieh, unterdrückte er schnell. Erst musste er in Erfahrung bringen, was Rolf wusste und vorhatte, ob er Helfer hatte und ob der geplante Hausverkauf überhaupt noch realisierbar war.

Im Hause seiner Frau lebte Martin mehr und mehr als Gast. Das störte beide Ehepartner nicht weiter. Wichtig war am Sonntag der gemeinsame Gang in die Kirche. Solange sie dieses Bild der Harmonie den Nachbarn boten, war alles in bester Ordnung. Sollte sich seine Frau von ihm trennen, stünde er auch noch wohnungslos da.

Die Krankenschwester, die Rolf nun schon seit einigen Jahren pflegte und im Hause lebte, als wäre es auch das ihre, öffnete Martin bei dem kurzfristigen Besuch in Berlin mit finsterer Miene die Tür. Sie schien eingeweiht, schlussfolgerte Martin zutreffend und erlangte Sicherheit, als sie sich erkundigte, ob er die geforderten Unterlagen bei sich habe. Ohne eine Antwort ging er an ihr vorüber.

Völlig aufgelöst erwartete Rolf seinen Besucher. Der Sohn seines ehemaligen Geschäftspartners hatte eine schriftliche Auskunft des Handelsregisters des Amtsgerichts Berlin-Charlottenburg auf dem Beistelltisch neben seinem Krankenbett bereit gelegt.

»Bin ich nun völlig arm? Was ist mit der Firma? Wo ist das Geld aus dem Verkauf?«, stürmten die besorgten Fragen auf Martin ein.

Der blickte zur Tür und bat die Krankenschwester zu gehen. Rolf entgegnete, dass er vor ihr keinerlei Geheimnisse habe.

»Das mag«, der nun auch in die Jahre gekommene Geschäftsmann räusperte sich, »aus deiner Sicht so sein. Ich habe aber vertrauliche Antworten, die ich dir nur gebe, wenn wir uns unter vier Augen unterhalten können.«

»Dann gibt es kein Gespräch.«

»Gut. Dann gehe ich gleich wieder.«

Als Martin Anstalten machte, das Zimmer zu verlassen, rief Rolf hinterher: »Ich möchte Antworten! Ich entziehe dir hiermit die Vollmacht! Du darfst sie ab jetzt nicht mehr gebrauchen. Unter Zeugen habe ich das jetzt gesagt. Ist das klar?«

Martin wandte sich zum Gehen. »Das habe ich von meiner Gutmütigkeit. Da kümmere ich mich jahrein, jahraus darum, dass du genügend Geld hast, hier wohnen kannst, gepflegt wirst. Das alles zum Nulltarif. Habe dich vor den Folgen der drohenden Firmeninsolvenz gerettet, Probleme verschwiegen, damit du dir keine Sorgen machen musst, und das habe ich nun davon.« Die letzten Worte spuckte er förmlich in Richtung der Krankenschwester.

Schon auf dem Weg zum Auto signalisierte sein Handy den Eingang von Nachrichten. Da er sich auf dem Grundstück von den wachen Augen der Krankenschwester beobachtet glaubte, schaute er nicht nach. Er wollte den Eindruck des missverstandenen und beleidigten Betreuers hinterlassen, der es nicht nötig hatte, sich zu rechtfertigen.

Er verließ das Grundstück, parkte in einer Nebenstraße und erfreute sich daran, wie eine Nachricht nach der anderen auf dem Display aufploppte: »Komm zurück! Wir müssen reden!«,

»Du musst mich doch auch verstehen!« und »War doch alles nicht so gemeint!«. Als dann noch die Information folgte, dass man sich auch ohne die Frau unterhalten könne, sandte er die Antwort zurück, jetzt kehrtzumachen und noch einmal einen Gesprächsversuch unternehmen zu wollen.

Zwar öffnete die Pflegerin bei Martins nochmaligem Erscheinen mit immer noch düsterem Blick, sagte aber nichts mehr und zog sich zurück, sobald er Rolfs Zimmer betreten hatte.

Martin ging in die Offensive. »Nie hätte ich gedacht, so von dir empfangen zu werden.«

»Du musst mich verstehen. Ich bekomme da Papiere vom Gericht, aus denen hervorgeht, dass du die Anteile schon vor fast fünfzehn Jahren verkauft hast.«

»Das hätte ich dir alles erklären können. Warum hast du denn die Unterlagen angefordert?«

»Warum nicht? Ist doch mein Recht!«

»Ja klar. Aber da scheint dir diese Dame einen Floh ins Ohr gesetzt zu haben. Ich habe das große Ganze im Auge, egal«, feuerte er mit einem Blick auf die neben dem Bett liegenden Unterlagen heraus, »was in den Papieren steht. Wie ich deinem Vater versprochen habe, dir ein Leben hier zu ermöglichen und dich nicht in ein Pflegeheim abzuschieben. Und darauf stelle ich alles ab. Die Krankenschwester bekommt ihr Geld von der Firma, an der du, da hast du recht, nicht mehr beteiligt bist. Aber die Bezahlung klappt ohne Probleme. Und so organisiere ich alles, damit es dir gut geht.«

»Ja, aber …«

Jetzt wollte Martin das Zepter ganz übernehmen und ließ Rolf nicht ausreden: »Da gibt es kein Aber. Ich selber habe mich bei meinen Geldangelegenheiten vergaloppiert und bin in keiner Gesellschaft mehr. Auch meinen Anteil am Haus bin ich los.« Damit hatte er gegenüber Rolf klargestellt, dass es keinen Zweck hatte, gegen Martin direkt vorzugehen. »Conrad und mein Bruder führen jetzt die Geschäfte. Aber sobald sich das alles konsolidiert hat, werden die Anteile rückübertragen. Deine Versorgung ist gewährleistet.«

»Und die Anwältin, warum kommt die nicht mehr? Die hatte doch ich beauftragt.«

»Die ist zu gierig geworden. Die musste ich feuern«, blieb Martin auch hier nicht bei der Wahrheit.

»Wenn mein Vermögen sonst gesichert ist … Dann ist doch alles in Ordnung«, bangte Rolf mehr, als es seine Worte zum Ausdruck brachten.

»Na siehst du. Wozu dann die Aufregung und der Entzug der Bevollmächtigung? Ich habe das alles in der Hand.«

»Das ist es ja. Da möchte ich auch etwas Sicherheit und Nachweise in den Händen halten. Was ist, wenn dir etwas zustößt?«

»Mir?«, tönte es aus Martin, als wäre er Jung Siegfried. »Da passiert nichts! Und jetzt gib Ruhe!«

Als Martin schon glaubte, Rolf von seinen Forderungen abgebracht zu haben, ging dieser noch einmal zu einem Angriff über: »So geht das nicht! So lasse ich mich nicht abspeisen! Weis mir den Bestand des Vermögens ordnungsgemäß nach!«

»Das werde ich nicht! Deine Pflege, Behandlung, die Reinigung hier, Einkäufe und alles bezahle ich dir, und jetzt? Dieser Undank ist mein Lohn?«

»So toll bin ich nicht ausgestattet. Und das Geld für die Nutten nehmen wir schon lange für die Versorgung.«

»Wer ›wir‹? Du und diese Pflegekraft?«

Rolf nickte.

»Hätte ich mir gleich denken können, dass die dahintersteckt! Dann hat das Geld doch seinen Zweck erfüllt und du hast die eine Nutte gegen eine andere getauscht, die hinter deinem Geld her ist!«

Jetzt wurde Rolf lauter und schrie erregt: »So redest du nicht über sie! Das verbitte ich mir!«

Die Tür ging auf und die Krankenschwester trat ein. »So lassen wir nicht mit uns reden!«

»Oh, der Lauscher an der Wand … Das lasse ich mir nicht gefallen.« An die Krankenschwester gewandt, drohte Martin: »Mit Ihnen rede ich gar nicht! Und wenn Sie noch einen Ton sagen, bekommen Sie die Kündigung! Mal sehen, wie weit her es dann noch mit Ihrer großen Liebe ist. Ich gehe jetzt und erwarte von dir«, wandte er sich Rolf zu, »eine Entschuldigung und die Bestätigung, dass du mich mit deinen depperten Nachweisforderungen in Ruhe lässt. Ansonsten siehst du keinen Cent mehr. Ich bin faktisch pleite. Greif einem nackten Mann nicht in die Tasche.«

Martin besuchte Rolf nie wieder. Er teilte nur noch mit, dass er die monatlichen Beträge auf das Gehaltskonto der Krankenschwester überweisen lasse und er nur noch in Notfällen kontaktiert werden wolle.

Rolfs Aussage hinsichtlich der nicht mehr zu verwendenden Bevollmächtigung interessierte ihn wenig. Noch hatte er die notarielle Vollmacht, die ihn auch berechtigte, nach dem Tod des Geschäftspartners dessen Grundstück zu belasten und zu veräußern. Letzteres tat Martin auch. Er fand einen windigen Käufer, der bereit war, die Hälfte des Kaufpreises an Martin schwarz zu zahlen. Der Käufer sagte zu, dass Rolf und der Krankenschwester ein Wohnrecht eingeräumt werde, solange Rolf noch lebe. Damit Rolf nichts von dem Verkauf mitbekam, wurde das lebenslange Wohnrecht aber nicht ins Grundbuch eingetragen. Dass Rolf dadurch überhaupt nicht abgesichert war, interessierte Martin nicht. Der Käufer äußerte, dass er die Immobilie ohnehin als langfristige Wertanlage nutzen wolle. Martin versprach im Gegenzug weiterhin die Zahlung aller Lasten und Kosten des Grundstücks. Das besiegelten die Geschäftsmänner auf ihre Ehre mit einem Handschlag.

Als der ans Bett gefesselte Rolf über sein Konto verfügen wollte, schrieb er über die Krankenschwester der Bank. Diese ignorierte das erste Schreiben und antwortete auf ein weiteres, dass die Dame erst einmal ihre Vertretungsberechtigung nachweisen möge. Obwohl die Bank keinen Anspruch darauf hatte, verlangte sie nach der Übersendung einer schriftlichen Vollmacht, dass diese nicht ausreiche, sondern eine notarielle Vollmacht erteilt werden müsse. In einem Nachsatz wurde darauf verwiesen, dass dies im Ergebnis aber auch nicht zum Ziel führen würde, da Rolf nicht als Kontoinhaber eingetragen sei und er seine Berechtigung durch einen Erbschein nachweisen müsse. Über diese monatelange Erledigung von Formalitäten verstarb Rolf.

Martin übernahm die Kosten der Beerdigung, informierte nur den Grundstückskäufer von Rolfs Ableben, hob den Rest vom Konto ab und kündigte dieses. Zwischen Martin und der bei der Bestattung ebenfalls anwesenden Krankenschwester herrschte eisiges Schweigen. Ein verstohlener Blick auf die in Schwarz gekleidete Frau bestätigte ihm ihre Trauer und Sorgen, was aber kein Grund für ihn war, sie anzusprechen.

Sie erhielt alsbald von dem Unternehmen, in dem sie offiziell beschäftigt war, ihre Kündigung und zog aus der Villa aus. Für Martin waren seine Machenschaften zusammen mit Rolf begraben.

*

Conrad hatte sich wohl zu viel von seinem Vater, den er nur noch sehr selten sah, abgeschaut: Er stellte seine Frau und seine Mutter auf dem Papier in der Firma an, ohne dass diese auch nur auf der Landkarte wussten, wo das Unternehmen seinen Sitz hatte, zahlte ihnen fürstliche Gehälter, kaufte für sich einen Mercedes als Dienstwagen, den er sofort tunen ließ, und für die beiden Frauen Dienstfahrzeuge, die diese ausschließlich privat nutzten, gönnte sich ein stattliches Geschäftsführergehalt dicht an der Grenze der verdeckten Gewinnausschüttung und überließ mehr und mehr die Arbeit dem nur mäßig bezahlten angestellten Geschäftsführer Ronald G. Dessen Bedenken gegen die Selbstbedienung am Unternehmen begegnete Conrad mit der Frage, ob sich der Geschäftsführer denn nicht in der Lage sehe, die Firma so zu leiten, dass diese Peanuts abfielen.

Als Conrad entschied, nun auch die Zahlungen für angebliche Beratungsleistungen seines Vaters einzustellen, um sein Geschäftsführergehalt zu erhöhen, kam es zum endgültigen Bruch zwischen Vater und Sohn. Davon, dass Martin seine Geschäftsanteile zurückbekommen könne, war schon lange nicht mehr die Rede gewesen. Martins wirtschaftliche Lage hatte sich nach dem Verkauf von Rolfs Grundstück nur kurze Zeit entspannt. Wieder rann ihm das Geld durch die Finger.

Der zweite Geschäftsführer wandte sich direkt an den Professor, um das auf eine Insolvenz zusteuernde Unternehmen zu retten. Der angestellte Geschäftsführer würde für die zulasten der Gesellschaft getätigten Geschäfte haften und, wenn nichts geschah, auch bald seinen Job verlieren. Und mit ihm die ganze Belegschaft. Conrad entschied sich gegen dringend zu tätigende Investitionen, da dies seine Entnahmen geschmälert hätten.

Der Professor und der angestellte Geschäftsführer wandten sich in dieser Angelegenheit an unsere Kanzlei. Es ist schon erstaunlich, wie ein eigentlich funktionierendes Unternehmen mit Mitarbeitern, die so etwas wie Stolz auf ihre Firma entwickelt haben und in ihrer Arbeit einen Teil Lebenssinn sehen, durch kurzsichtiges Gewinnstreben heruntergewirtschaftet werden kann. Von der ihm aufgezeigten Möglichkeit zur Einziehung der Geschäftsanteile seines Neffen wollte der Professor noch keinen Gebrauch machen. Strafrechtliche Schritte waren ohnehin nicht gewünscht.

So kam es Jahre nach dem Gespräch mit seinem Bruder wieder zu einem Treffen auf der Terrasse des Hauses des Professors, zu dem auch der angestellte Geschäftsführer geladen war. Natürlich war dieses Treffen keine förmliche Gesellschafterversammlung, sondern diente der Auslotung der Möglichkeiten einer einvernehmlichen Lösung, jedoch machte Conrads Onkel deutlich, dass er auch vor weiteren Konsequenzen nicht zurückscheuen werde, wenn man sich nicht einige.

Mit dieser Unterredung war der erste Schritt getan. Bei Conrad setzte der gedankliche Prozess ein, an dessen Ende sein Einverständnis zur Veräußerung seiner Geschäftsanteile an den Professor stand. Wie Martin begehrte auch noch der Sohn einen Beratervertrag, auf den man sich einigte, für den Conrad aber auch nachweisbare Leistungen zu erbringen hatte. Nachdem diese ausblieben, zahlte das Unternehmen, dessen Alleingesellschafter der Onkel nun war, auch keinen Cent mehr.

Ronald G. übernahm nun erstmals auch faktisch die Geschäftsführung und schaffte es durch umsichtiges Wirtschaften, knappes Kalkulieren und geschicktes Verhandeln, das Unternehmen in recht kurzer Zeit zu konsolidieren.

Bei Martin flatterte der Brief eines Anwaltes ein, der ihn nicht nur überraschte, sondern geradezu aus den Gleisen warf. Da hatte er für Rolf alles getan, was er dessen Vater versprochen hatte. Es hatte dem Jungen nie an etwas gefehlt. Letztlich war er gestorben, wie es hierzulande nur wenigen Menschen vergönnt ist. Er starb nicht einsam, sogar in der Obhut eines geliebten Menschen, und in einer häuslich vertrauten Umgebung.

Und nun schrieb ihn dieser Anwalt an, der als Ergänzungspfleger für Rolfs minderjährigen Sohn vom Amtsgericht bestellt worden war, und forderte eine Aufstellung des Vermögens am Beginn und Ende der Vermögensverwaltung. Das konnte doch nicht wahr sein! Woher kam plötzlich ein Kind? Sollte der erst einmal nachweisen, dass er Rolfs Nachkomme war. Da steckte sicher die hinterhältige Krankenschwester dahinter. Er hätte doch gewusst, wenn Rolf Vater geworden wäre. Oder nicht? Martin hatte immer befürchtet, dass irgendeine der Prostituierten die Situation nutzen würde, um sich von Rolf ein Kind machen zu lassen, damit sie ausgesorgt hätte. Nun kam die Gefahr offenbar aus einer ganz anderen Richtung. Diese Krankenschwester hatte er gar nicht auf dem Schirm gehabt, obwohl es so nahegelegen hatte.

Die Bitte des Professors, seinen Bruder in dieser Sache anwaltlich zu vertreten, lehnte unsere Kanzlei ab, nachdem wir uns ein erstes Bild gemacht hatten. Martin hatte Rolfs gesamtes Vermögen durchgebracht und dazu noch die Dreistigkeit gehabt, sich als Wohltäter hinzustellen. Wer angesichts der Situation der alleinerziehenden Mutter mit dem minderjährigen Sohn das Geld viel nötiger hatte, lag auf der Hand. Aber nicht nur diese Erwägungen ließen uns das angetragene Mandat ablehnen. Schließlich schien es nicht ganz unmöglich, dass das von uns vertretene Unternehmen eigene Forderungen gegen Martin haben könnte.

Für ein Vermögen von ungefähr zwei Millionen Euro, welches er durchgebracht und seinem Mündel vorenthalten hatte, gelang es Martin in den von ihm allein geführten Verhandlungen mit dem Anwalt des Jungen, eine Summe von fünfundzwanzigtausend Euro zu vereinbaren, die er nun noch zu zahlen hatte. Offensichtlich spielten dabei mehrere Umstände eine Rolle, die den Anwalt zu diesem Vergleichsschluss bewogen: Martin verfügte über kein eigenes Einkommen mehr, er versicherte, auch keinerlei Vermögen zu haben, und sein Gesundheitszustand verschlechterte sich so rapide, dass es fraglich war, ob er das Ende eines zivilrechtlichen Prozesses oder eines strafrechtlichen Verfahrens überhaupt noch erleben würde. Es war dann wieder der Professor, der für seinen Bruder in die Bresche sprang und die Schulden aus dieser Einigung übernahm.

Ich stellte mir vor, wie er grübelnd irgendwo in süddeutschen Landen mit Blick auf Höhenzüge in einem abgesessenen Ohrensessel saß und überlegte, wen er als Nächstes über den Tisch ziehen könne. Da kam ihm die Firma in den Sinn, an der seine Beteiligung mittlerweile Jahrzehnte zurücklag, er rief dort an und drohte, dem Finanzamt schmutzige Firmengeheimnisse zu verraten, wenn man sich nicht finanziell mit ihm einige. Er erwarte einen Rückruf, weil er sonst seiner staatsbürgerlichen Pflicht nachkommen und die zuständige Finanzbehörde informieren müsse. Ich musste an Marc-Uwe Klings Känguru-Manifest denken. Dem Känguru wurde sogar ins Arbeitszeugnis geschrieben, dass es gedroht hatte, schmutzige Firmengeheimnisse zu verraten. Zwar wusste man in der Firma nicht, worum es sich dabei gehandelt hatte, dennoch entschloss man sich, das Känguru wieder einzustellen.

Unsere Mandantschaft wusste zwar ebenfalls nicht, um welche schmutzigen Geschäfte es sich handeln sollte, aber entschloss sich gerade deshalb, nicht zu zahlen. Erwartungsgemäß geschah nichts weiter.

Nun standen wir – beziehungsweise Doreen saß – in der Kanzlei und rätselten, wer gestorben war, bis wir auf Martin kamen. Mit seinem Tod endete auch das Verfolgungsinteresse des Staates bezüglich der von ihm im Laufe seines Lebens begangenen Taten.

Mal verliert man, mal gewinnen die anderen

Eine Dame um die fünfzig, mit dunklen, eigentlich lockigen, aber gezähmten und dadurch nur wellig wirkenden Haaren und tiefen Ringen unter den Augen, die von wenig ungestörtem Schlaf in den letzten Nächten zeugten, ging an der uniformierten Wache mit einem etwas beklommenen Gefühl vorbei. Sie war eine der ersten Besucherinnen im ausverkauften Saal, betrat diesen eher gemächlich, blickte sich fast scheu um, sah mich mit einem der Veranstalter debattieren und wurde vom Halbdunkel der hinteren Reihen verschluckt.

Vor der Lesung im Polizeihistorischen Museum am Platz der Luftbrücke fragte mich gerade einer der Veranstalter des Krimi-Marathons, wie ich denn zu den Strafverteidigungen käme, über die ich schrieb. Ich blieb ihm aber die ausführliche Antwort schuldig, die ich mir auf diese Frage zurechtgelegt hatte, und kam wegen der eintreffenden Getränkedosenlieferung eines der Sponsoren nicht einmal dazu, die Kurzfassung herunterzuleiern, wonach nicht ich zu den Fällen käme, sondern die Fälle zu mir, ohne zu ahnen, dass ich hier schon wieder am Beginn eines weiteren Falles stand.

Im Anschluss an die Lesung und Diskussion unterzeichnete ich noch einige Bücher und nahm dabei die Frau an der Seite stehend wahr. Sie schien auf den richtigen Moment zu warten, um noch eine drängende Frage loszuwerden. Die Diskussion war schon rege gewesen, aber mein Tisch war immer noch von

Hörern umlagert, die ich, der Kleidung, ihrem Habitus und den Fragen nach zu urteilen, getrost für Polizeiangehörige halten konnte, die nach ihrem Dienst noch ein paar Etagen hinunter ins Polizeimuseum zur Lesung gekommen waren. Die Beobachterin schien meine Wahrnehmung, dass es sich bei einigen der nun noch Umherstehenden um zivile Polizeibeamte handelte, zu teilen, was sie dazu veranlasste, noch weiter in den Hintergrund zu treten und fast unsichtbar zu werden, auf alle Fälle unscheinbar zu wirken. Oder bildete ich mir das nur ein? Das würde ich gleich erfahren.

Wie zur Beantwortung der eingangs vom Veranstalter gestellten Frage zu den Strafrechtsmandaten drängte nun ein Mann mit einem gebundenen Aktenstapel vor, der wie ein überarbeiteter und kurz vor der Pensionierung stehender Staatsanwalt wirkte, wuchtete das »Gürteltier«, wie Insider diese von einem festen Gewebeband zusammengehaltenen Aktenkonvolute nennen, vor mir auf den Tisch und verkündete, dass da alles drinstehe. Den Aktenberg zwischen uns, erklärte der abgehetzte Staatsanwalt, dass er viele Jahre zu Unrecht verurteilt im Knast gesessen habe – nun gut, es war wohl doch kein Gesetzeshüter; so viel schien festzustehen –, er mir die Rechte an seinem Fall übertrage, über den ich schreiben dürfe, und er die, er überlegte einen Moment und meinte dann entschlossen, die Hälfte meines Honorars bekäme. Da mache er doch einen schlechten Schnitt, erwiderte ich und schlug vor, er solle seine Geschichte selber schreiben und das ganze Honorar kassieren. Als sich die Gruppe aufgelöst hatte, war auch die mysteriöse Dame verschwunden.

*

Herausfordernd saß er breitbeinig auf dem Fernsehsessel, schaute an seiner Freundin vorbei auf den See, strich sich mit der braun gebrannten Pranke über den kurz geschorenen, ergrauten Haarkranz, der eine noch dunklere Glatze umkränzte, die wie eine glänzende Bowlingkugel wirkte, und meinte herablassend: »Was willst du machen? Mich raussetzen? Kannst du dir vorstellen, wie lange so ein Räumungsprozess dauert? Den werde ich dir so schwer machen, wie es geht: mit Berufung, Räumungsschutzantrag und bei der Vollstreckung mit einer Krankheit, die mich gerade ans Bett fesselt. Du kannst dir vorstellen, dass ich mich da auskenne. Und obendrein war es abgemacht, dass ich hier mietfrei leben kann. Dafür hat dir meine Firma die Eigentumswohnung zur Hälfte des Preises verkauft, der für vergleichbare Immobilien erzielt wird. Da kann ich noch ganz lange hier leben, bis das abgewohnt ist.«

Margot sah ihre Felle davonschwimmen. Ja, etwas günstiger hatte sie die Wohnung bekommen, aber es war nicht die Hälfte des Preises, und etwas wie Mietfreiheit war nie vereinbart worden. Sie lebten seit ein paar Jahren zusammen, und er war davon ausgegangen, dass er hier weiterleben würde, und es stimmte, dass sie bisher keinen Mietanteil gefordert hatte, weil sie die Wohnung günstig erworben hatte. Aber jetzt, da sie ihm eindeutig gesagt hatte, dass sie sich von ihm trennen wolle, änderten sich die Dinge eben. Und statt einer vernünftigen Lösung ließ er es auf eine Klage und lange Rechtsstreitigkeiten ankommen. Sollte er auch diesmal als der strahlende Sieger vom Platze gehen, so, wie er es gewohnt war? So ein Prozess wäre sicher zeit- und geldraubend. Beides hatte sie nicht. Sie wollte nicht noch mehr Lebenszeit mit einem Menschen verstreichen lassen, der ihr nicht das Gefühl gab, sie zu achten, geschweige denn sie zu lieben. Und Geld hatte sie viel weniger als Schulden. Erst kamen nur Zahlungsaufforderungen und dann Mahnungen, erst eine, dann immer mehr. Nachts träumte sie von einem mit Mahnungen und gerichtlichen und behördlichen Titeln überbordenden Briefkasten, was sie aus dem Schlaf riss. Ein Traum, der sich oft wiederholte und für den er nur ein Grinsen übrig hatte. Das Finanzamt machte Forderungen wegen der Steuerschulden aus ihrer Tätigkeit als Baufinanziererin geltend. Die Steuerschulden drohten zum Grund für die gewerberechtliche Unzuverlässigkeit und damit für ein Gewerbeuntersagungsverfahren zu werden. Mithin ging es für sie sowohl um einen Wohnsitz als auch um ihre weitere Berufsausübung. Sie und ihr deutlich älterer und wirtschaftlich versierter Lebenspartner hatten sich gegenseitig die Kunden zugeschoben und davon in der Vergangenheit recht einträglich leben können. Das lief aber nur so lange gut, wie für die Kunden Bausparverträge lohnenswert waren und bis Margot sich mit einer Abfindung, von der sie den Rest der Wohnung finanziert und sich das gebrauchte Boot gekauft hatte, selbstständig machen musste, weil das große Bausparunternehmen sie, wie viele andere ihrer Kolleginnen auch, nicht mehr benötigte.

Sie konnte ihren Ex-Freund schlecht am Schlafittchen nehmen und aus der Wohnung bugsieren. So unternahm sie einen weiteren Versuch, ihm den Auszug schmackhaft zu machen.

»Du könntest«, begann Margot vorsichtig ihren Vorschlag zu formulieren, »in eine der tollen Ferienwohnungen des Arite-Ferienresorts ziehen. Die sind doch recht nobel gelegen, direkt am See. Und die ersten Monate wären kostenfrei.«

Als ob er sich das wirklich überlegen würde, erkundigte er sich: »Wie das?«

»Alma schuldet mir noch was. Und das können wir so verrechnen. Alles, was über den Selbstbehalt hinaus auf das Konto kommt, krallt sich doch sonst das Finanzamt.«

Er erhob sich und sie wusste nicht, ob er nun bedrohlich oder nur in seiner sonst sehr einnehmenden Art auf sie zukam. Als er sie in die Arme nehmen wollte, wich sie zurück. Im versöhnlichen Tonfall unternahm er noch einen Versuch, sie für sich zu gewinnen. »Warum willst du dir das überhaupt antun? Wir haben hier eine tolle Wohnung mit Blick auf den See, eine Jacht fast vor dem Haus. Du bist fünfzig und hast alles erreicht, wovon andere ein Leben lang nur träumen.«

Sie schüttelte den Kopf. »Es ist meine Wohnung und es ist mein Boot.«

»Ein Grund mehr zur Freude.« Und fast schon flehend setzte er hinzu: »Mach das doch alles nicht kaputt! Du bist so ein Dummerchen.«

Was er als eine Art Liebkosung meinte, verletzte sie mehr, als er anzunehmen in der Lage war. Sie hatte einen betriebswirtschaftlichen Fachschulabschluss und er nicht einmal einen erlernten Beruf. Aber er überzeugte seine Kunden durch sein sicheres Auftreten und hatte ein Gespür für lohnende Geschäfte.

»Du«, erklärte sie kopfschüttelnd, »hast das alles kaputt gemacht. Das ist zwischen uns geworden, als wären wir schon ewig verheiratet. Ich habe mir die Entscheidung nicht leicht gemacht. Aber du zeigst mir nicht, dass dir etwas …«

»Sei nicht so naiv!«, fuhr er barsch dazwischen. »Das läuft doch alles zwischen uns.«

»Du willst es einfach nicht verstehen.«

»Du kannst doch in die ach so tolle Ferienwohnung ziehen. Und in deinem Büro könntest du auch noch schlafen.«

Sie ging auf die dreisten Vorhaltungen auch noch ein: »Es ist meine Wohnung und deshalb gehst du hier raus. Und mein Büro geht dich überhaupt nichts an. Da findet sich schon wieder eine Gelegenheit für einen Neuanfang.«

»Ach Maggi«, lenkte er ein, »ich will doch überhaupt nicht mit dir streiten. Kann nicht wieder alles so sein wie früher?« Als sie sich wiederholt sträubte, sich von ihm in die Arme nehmen zu lassen, wurde er wieder unangenehmer. »Du solltest dir überlegen, wie du dich mir gegenüber verhältst. Wenn einem das Wasser bis zum Hals steht, sollte man das Maul nicht so weit aufreißen. Das Finanzamt hat wegen der Schulden bereits eine Grundschuld auf diese Wohnung.« Er machte dabei eine ausladende Handbewegung. »Wenn du mir wegläufst und den Anschein machst unterzutauchen, wird das Finanzamt die

Zwangsvollstreckung betreiben und deine schöne Wohnung versilbern. Dann ist die auch weg. Und das Boot: Sobald die Raten ausbleiben, holt sich der Verkäufer das auch zurück.«

Das von ihr erwiderte »Ich schaffe das schon« klang nicht so sicher, wie sie es eigentlich rüberbringen wollte.

Am nächsten Tag zog sie in die Ferienwohnung, die sie ihrem Ex empfohlen hatte. Einige Monate später, als sie beginnen musste, für diese Wohnung zu bezahlen, hatte ihr Freund aber immer noch keine Anstalten gemacht, aus ihrer Wohnung auszuziehen. Nun suchte sie ihn mit dem Plan auf, ihm gehörig einzuheizen und die endgültige Räumung der Wohnung zu fordern. Sie war entschlossen, sich nicht wieder beschwichtigen oder einwickeln zu lassen und einen endgültigen Schlussstrich unter ihre Beziehung zu ziehen.

Er brachte seine Freude zum Ausdruck, dass sie ihn wieder besuchen kam, und sie ihr Unverständnis darüber, wie unverfroren er war. Schnell wurde deutlich, dass er nicht freiwillig ausziehen würde. Sie machte deutlich, dass sie in ihrer Lage nicht mehr das Geld für die Ferienwohnung aufbringen könne, da sie auch auf das Büro nicht verzichten mochte. Schließlich könne sie so noch ein paar Baufinanzierungen realisieren, um ein paar Einkünfte zu generieren.

»Was?«, erkundigte er sich mit hochgezogenen Augenbrauen. »Die haben dir das Gewerbe immer noch nicht entzogen?« Dann hellte sich sein Gesicht ein wenig auf. »Weißt du was, Maggi? Unsere Bauträgerfirma hat die Wohnung im Souterrain noch nicht verkauft. Da müssen nur noch ein paar Maler- und Bodenlegerarbeiten gemacht werden und es ist eine richtige Perle. Die schenke ich dir und du lässt mich hier oben noch ein halbes Jahr wohnen.« Er strahlte sie an. »Vielleicht«, gab er seiner Hoffnung Ausdruck, »wird das für unsere Beziehung ein Neuanfang.«

Er wusste Maggi so zu manipulieren, dass sie nicht umhinkonnte, aller guten Vorsätze ungeachtet, seinem Vorschlag zuzustimmen.

Und Margot zog tatsächlich in die Kellerwohnung. Der Notartermin wegen der Schenkung verschob sich immer wieder. Da präsentierte der Ex ihr einen Mietvertrag, den sie mit der Bauträger- und Verwalterfirma abschließen sollte, die ihm zur Hälfte gehörte. Das müsse pro forma sein, meinte er, damit das in der Verwaltung seine Ordnung habe und es in der Eigentümergemeinschaft keine Probleme gebe. Und obwohl sie seine Pro-forma-Vorwände zur Genüge kannte, unterzeichnete sie den Mietvertrag. Der Notartermin zur Beurkundung der Schenkung rückte heran und der Ex meinte, dass die Firma ihr die Kellerwohnung nicht so einfach schenken könne. Hier am See und in so einer Lage könne sie die Wohnung gut und gerne für das Doppelte verkaufen, wenn er von ihr fünfzigtausend Euro verlange. Sie kannte aus ihrer früheren Tätigkeit in der Baufinanzierung die ortsüblichen Preise und konnte das so bestätigen. Dennoch erinnerte sie ihn an sein Versprechen, ihr diese Wohnung schenken zu wollen. Mit einem »Na gut« lenkte er scheinbar ein. Umso mehr war sie erstaunt, dass beim Notartermin plötzlich ein Kaufpreis von siebzigtausend Euro im Vertrag stand. Er erklärte ihr, dass dies wieder pro forma sei und man sich wegen der Zahlung sicher einig werde. Und wieder vergingen Monate, in denen er, ohne Miete zu zahlen, ihre Wohnung nutzte.

Wie erwartet, konnte sie den Kaufpreis für die Kellerwohnung nicht aufbringen, und der Notarvertrag wurde rückgängig gemacht. Dann forderte die Verwalterfirma des Ex-Freundes die Miete für die Wohnung, die Margot genauso wenig zahlen konnte. Auf ihre Vorhaltungen zu den anders lautenden Absprachen hin zischelte er ihr nur entgegen, dass er sie wieder in die Gosse zurückschicken werde, aus der sie gekrochen sei. Vor dem Amtsgericht erging gegen sie ein Zahlungs- und Räumungsurteil, weshalb sie kurz vor Weihnachten auch die Kellerwohnung räumen musste und nicht wusste, wohin sie sollte. Maggi verstand die Welt nicht mehr: Sie hatte im Rechtsstreit mit den Forderungen auf Mietzins aufrechnen wollen, weil ihr Ex ihre Wohnung bewohnte. Das Gericht hatte aber eingewandt, dass dies so nicht möglich sei, da sie von der Bauträger- und Verwalterfirma verklagt werde und ihre Forderungen sich, soweit sie überhaupt bestünden, gegen ihren Ex-Freund als natürliche Person richteten.

*

Ein pensionierter Strafrichter des Landgerichts hatte den geräumigen Bauernhof seiner Großeltern wiederhergerichtet und keines seiner Kinder oder sonstigen Verwandten überzeugen können, mit ihm aufs Land zu ziehen. Seine Frau hatte sich scheiden lassen, als es für ihn nur die Arbeit gab; jetzt, da er sich im Ruhestand befand und es keine Arbeit mehr für ihn im Gericht gab, war auch keine Ehefrau mehr da. Von den Kollegen besuchte ihn keiner mehr, und als die neue Präsidentin des Gerichts das Amt übernahm, wurden von dort aus auch keine Telefonate mehr mit ihm geführt. Dafür besuchte ihn immer häufiger eine attraktive Dame aus der Geschäftsstelle der Strafkammer, deren Avancen er während seiner Dienstzeit als besondere Beflissenheit missdeutet hatte. Sie schlief geschafft von der Arbeit in seinen Armen ein – die ihm dabei schnell schmerzten, was er sich aber nicht anmerken ließ, damit sie den erheblichen Altersunterschied nicht weiter thematisierte, als es nötig war – und verschwand am Morgen nach einem gemeinsamen Frühstück wieder in Richtung der Stadt, wo ein hässlicher Betonklotz das Land- und Amtsgericht beherbergte. Dieser Bau hatte schon Sinn: Die Angeklagten bekamen so einen Eindruck von dem, was sie erwartete, wenn sie zu einer Freiheitsstrafe verurteilt würden, deren Vollziehung nicht zur Bewährung ausgesetzt werden konnte.

Ferienwohnungen wollte der Richter a. D. aus den nun renovierten Wohnungen nicht machen. Er gab vor, sich die Vermieterei, die Reinigung, den Ärger mit den immer wieder wechselnden Gästen nicht antun zu müssen und gestand sich nicht ein, die Wohnungen doch nur für seine Kinder in der aussichtslosen Hoffnung bereitzuhalten, dass wenigstens eines hierherziehen wolle. Nach langer Zeit entschloss er sich dennoch dazu, die Vermietung einer der Wohnungen in Angriff zu nehmen. Er schrieb einen kleinen Zettel und heftete ihn an das Schwarze Brett im Dorfladen, als er am Morgen die Brötchen für das gemeinsame Frühstück mit seiner ehemaligen Geschäftsstellendame kauft, riss ihn aber am Abend, als er eine Flasche mäßig schmeckenden Rotweins besorgte, wieder ab, erfreut darüber, dass sich niemand gemeldet hatte.

Er wunderte sich nicht schlecht, als sich am Folgetag eine Frau bei ihm meldete und sich die Wohnung anschauen wollte. Margot war nicht aufdringlich, aber zunächst sehr bestimmt. Sie zog gar nicht in Zweifel, dass die Wohnung noch zu vermieten sei, und er traute sich aus einer unerklärlichen Zurückhaltung nicht, ihr zu sagen, dass er gar nicht mehr vermieten wolle. Er brachte sein Unverständnis darüber zum Ausdruck, dass jemand von so einer tollen Lage am See nun hierher aufs platte Land ziehen wollte, fand aber Margots mit traurigen Augen vorgetragene Erklärung des plötzlichen Umzuges so kurz vor Weihnachten aufgrund von Beziehungsproblemen plausibel. Er erzählte ihr, wie er zu dem großen Hof gekommen war, etwas zu seiner beruflichen Laufbahn und dem Ende derselben als Vorsitzender einer Großen Strafkammer – was Margot zu dem Einwurf veranlasste, dass sie mit so etwas (!) zum Glück nie zu tun gehabt habe – und vermietete ihr eine Wohnung am Ende des Gehöfts, sodass jeder seiner Wege gehen konnte.

Seiner Freundin war dieses Mietverhältnis gleich von Anbeginn nicht geheuer und der Vermieter konnte sich zur Weihnachtszeit einige Tiraden über seine Unvernunft und darüber anhören, dass Männer von fordernden oder weinenden Frauen so leicht zu manipulieren seien.

*

Obwohl sie wusste, dass sie mit dem einen Loch nur das andere stopfte, entschloss sich Margot nolens volens, mit einem Darlehen die Schulden beim Finanzamt in einem Betrag abzubezahlen, weil nun das Gewerbeuntersagungsverfahren mit der befürchteten Entziehung der Erlaubnis geendet hatte. Wenn erst einmal diese Schulden getilgt wären, so glaubte sie, würde es auch wieder mit einer Gewerbegenehmigung als Finanzmaklerin klappen. Da sie mit keinem weiteren Kredit von einer Bank rechnen konnte, annoncierte sie wegen eines Privatdarlehens in einer Zeitung, woraufhin sich zunächst ein Kaufmann telefonisch und ein paar Tage später dieser und ein weiterer Geschäftspartner bei ihr persönlich meldeten. Die zwei distinguierten Erscheinungen betraten ihr Büro, machten einen ihr zugewandten Eindruck und nahmen den ihnen angebotenen Kaffee an. Nach ein wenig Small Talk gingen die beiden Besucher auf die Annonce ein, mit der Maggi auf die Rettung ihrer beruflichen Zukunft hoffte.

Der jüngere Mann erkundigte sich danach, wie hoch der Geldbedarf der Frau war und wofür sie es benötigte, was sie zu erzählen auch bereit war.

»Und was wäre, wenn …«, begann der ältere Herr, »… wenn Sie viel, sehr viel mehr Geld bekämen?«

Spontan schoss es aus Maggi heraus: »Her damit!«

Die beiden Männer lachten auf und Maggi stimmte ein. Das Eis war gebrochen und sie erzählte von ihren wirtschaftlichen Problemen, der Gewerbeuntersagung und sogar vom Ärger mit ihrem früheren Lebenspartner. Sie blieb dennoch vorsichtig und fragte, ob sie die Ausweise der Männer sehen könne.

»Vertrauen gegen Vertrauen«, erklärte der Ältere. »Sie können sie auch kopieren und in Ruhe recherchieren.«

Beide verwiesen auf ihre Erfahrung bei der Planung und Durchführung größerer wirtschaftlicher Projekte, die in den letzten zehn Jahren ausschließlich in der Errichtung von Solarparks bestanden hätten.

Der ältere Geschäftsmann legte nach und gab sich siegessicher, mit dem Ex-Freund der neuen Geschäftspartnerin auch noch fertigzuwerden.

»Weshalb Geschäftspartnerin?«

»Ganz einfach. Sie brauchen einen Kredit und haben keine Sicherheiten. Da können wir auch nichts verschenken. Aber Sie scheinen ein Verkaufstalent zu sein.«

Stolz berichtete sie von ihren Erfolgen bei den Baufinanzierungsgeschäften.

»Sehen Sie, und so ähnlich läuft es bei uns auch.«

»Nur«, warf der Jüngere ein, »im viel größeren Stil.«

»Sie bekommen von der noch zu gründenden Kommanditgesellschaft, der Sie als Kommanditistin beitreten, ein zinsloses Darlehen in Höhe von einhundertneunzigtausend Euro.«

»Und woher kommt das Geld?«, erkundigte sie sich mit ungläubig verzogenem Gesicht.

»Vom Finanzamt!« Dies war ein weiteres Mal ein Grund, um gemeinsam zu lachen. »Aber im Ernst: Wir planen pro Solarpark eine Investitionssumme von einer Million Euro. Sobald die Anlage am Netz ist, bekommt die KG die Umsatzsteuer von einhundertneunzigtausend Euro erstattet und diese reicht die Gesellschaft als Darlehen an die Kommanditisten weiter.«

»Bei der Baufinanzierung habe ich auch kleine Solaranlagen für Eigenheime finanziert«, warf Margot ein und dachte laut weiter: »Bei Investitionssummen von fünfzehn- bis zwanzigtausend Euro sind monatlich drei- bis vierhundert Euro Einnahmen aus der Einspeisevergütung rausgekommen und abzüglich von Steuer und Unterhaltungskosten ungefähr zweihundert Euro verblieben. Aber ohne Eigenkapital eine Investitionssumme von einer Million Euro zu finanzieren, das …«

»… würde so nicht gehen. Deshalb zahlen die Kommanditisten auch eine Einlage von dreißigtausend Euro.«

Als ob die Herren sie auf den Arm nehmen wollten, wiederholte sie: »Dreißigtausend?«

»Jaja, das reicht. Damit ist Eigenkapital nachgewiesen. Die Banken lassen sich die Einspeisevergütung in Höhe des Kredits zur Sicherheit abtreten. Rechnen Sie mal Ihr Beispiel von der kleinen Anlage hoch auf eine Investitionssumme von einer Million. Sie dürfen dabei nicht die immense staatliche Förderung der Solarenergie vernachlässigen. Noch gibt es sie und wir können daran partizipieren.«

Noch bevor Margot nachgerechnet hatte, schob der ältere Solarunternehmer ihr eine Mappe mit Genehmigungsplanungen, Berechnungen der Profitabilisierung der Kommanditeinlagen, Businessplänen, Risikoanalysen, Musterverträgen für die Gründung der Kommanditgesellschaften und die Gewährung von Krediten sowie Garantieverträge für die Zweckbindung beim Umgang mit den Kommanditeinlagen und diverse weitere Papiere vor die Nase, die auch wunderschöne Fotos ihres Unternehmenshauptsitzes und von bereits finanzierten und errichteten Solaranlagen enthielten; auch waren die beiden Geschäftsleute darauf zu sehen, wie sie offensichtlich bei der Einweihung einer Anlage Champagnergläser erhoben und bei strahlendem Sonnenschein in die Kamera lächelten. Als valide Sicherheit betrachtete Margot die beiliegenden Grundbuchauszüge von Grundstücken, aus denen ersichtlich wurde, dass eine der Firmen der künftigen Geschäftspartner Eigentümerin derselben war und diese erklärten, dass die Immobilien als Sicherheit für Anleger und die Banken genutzt werden könnten.

Der Jüngere fuhr eifrig fort: »Und das Beste kommt noch. Vielleicht kennen Sie das von den Krediten der großen Brauereikonzerne bei Bierlieferungsverträgen?«

Das konnte Maggi bestätigen.

»Ähnlich ist das in der Solarbranche, da die Chinesen mit Billigplatten auf den Markt drängen. Für die Abnahme ihrer Produkte gewähren die Solarplattenhersteller ebenfalls Kredite.«

Nickend die Aussage des anderen bestätigend, blätterte der Ältere weiter, bis er in der Mappe ein Bild gefunden hatte, auf dem er in einem nagelneuen Blaumann zu sehen war. »Mit Verlaub, mein Kompagnon ist der Kaufmann, ich bin der Techniker. Mit unseren eigenen Mitarbeitern erbringen wir vor Beauftragung der Firmen zur Errichtung der großen Solarfelder schon so viel Eigenleistung, dass dies wertschöpfend in die Kalkulation für die Banken einfließen kann.«

Die beiden Männer stellten ihr euphorisch Schlag auf Schlag das Projekt vor, antworteten auf all ihre Fragen, sodass sie kaum in der Lage war, alle Details zu erfassen, und blickten sie am Ende Zustimmung heischend an.

»Ich kann aber die dreißigtausend Euro Kommanditeinlage nicht aufbringen. Ich habe gar kein Geld, nur Schulden, deshalb wollte ich doch das Privatdarlehen haben.«

»Die erlassen wir Ihnen«, meinte der Ältere gönnerhaft, und Margot sah einen Schrecken über das Gesicht des Jüngeren zucken, der sogleich protestierte: »Das geht nicht! Das war so nicht abgestimmt. Wie sollen wir das den anderen Kommanditisten vermitteln?«

»Sie erbringen das auch in Eigenleistung«, klärte der Ältere die beiden auf. »Sie sind doch Finanzierungsberaterin und eine vorzügliche Verkäuferin. Wenn Sie uns … sagen wir mal … drei bis fünf Neukunden vermitteln, die als Kommanditisten in dieses Anlagemodell einsteigen, dann haben Sie ein Äquivalent erbracht, was der Kommanditeinlage entspricht. Im Vertrag belassen wir das, da wir allen Anlegern versprochen haben, in den weiteren Verträgen von diesen Essentialia kein Jota abzuweichen.«

Nach dem Besuch der beiden Herren zweifelte Margot noch ein wenig, ob sie da wirklich mitmachen sollte. »Aber wenn ich ein Darlehen über fast zweihunderttausend Euro bekomme«, dachte sie, ihre Bedenken beiseite schiebend, »ohne dafür eine Bareinlage leisten zu müssen, dann scheint an dieser Sache auch was dran zu sein.« Im Internet fand sie nichts, was gegen eine Zusammenarbeit sprach, aber auch nichts, was dafürspräche.

Ein Notartermin gab ihr die Sicherheit, dass die Sache wirklich funktionieren würde. Der Umstand, dass sie dafür mehrere Stunden Fahrt in Kauf nehmen musste, obgleich vor Ort Notare ansässig waren, die die Beurkundung genauso gut hätten vornehmen können, gab ihr zwar Anlass zu einer darauf abzielenden Frage, die jedoch mit der Erklärung pariert wurde, dass das Projekt außerordentlicher Verschwiegenheit bedürfe. Würde ein Konkurrent von ihrem Vorhaben Wind bekommen, so hieß es, würde ein Wettlauf um die geeignetsten Solarstandorte entbrennen, der ihren Vorsprung allzu schnell verkürzen könnte. Anwälte, Ärzte und Notare vergäßen ganz schnell ihre Schweigepflicht, wenn sie die Aussicht hätten, ihr Geldsäckel flugs füllen zu können. Sie arbeiteten nur mit handverlesenen Vertrauten zusammen, zu denen sie auch bald Margot zählen würden. Sie unterzeichnete als Kommanditistin einen Kommanditvertrag, verpflichtete sich – natürlich nur pro forma – zur Zahlung einer Kommanditeinlage in Höhe von dreißigtausend Euro, die sie nach Aussagen ihrer Geschäftspartner offiziell jedoch nie zu leisten brauchte. In dem Zusammenhang waren nur noch einige Unterschriften zu tätigen, und schon war das Geschäft für die strahlenden Geschäftspartner in Sack und Tüten.

Ein Name, der bisher nicht in Erscheinung getreten war, tauchte in einigen der Dokumente auf. Die Frage danach, wer das denn sei, gab der ältere Geschäftspartner an den jüngeren durch Blickkontakt weiter.

»Ach«, bagatellisierte der Jüngere, »das ist eine längere Geschichte. Es ist ein alter Bekannter aus Schulzeiten. Eine ganz ehrliche Haut und ein lieber Mensch, der viel Pech gehabt hat und durch eine Erwerbsunfähigkeit etwas aus der Bahn geworfen wurde. Er hilft mir in meinen Firmen, geht zur Hand, wo er Arbeit sieht, hilft auch bei mir zu Hause im Garten und bei Reparaturen.«

»Ein Hausmeister«, stellte Margot eher fest, als dass sie fragte.

»Kann man durchaus so sagen. So können wir Danke schön für seine Mühe sagen und die Sache auf breitere Schultern verteilen. Letztlich bekommt er so auch etwas von den Geschäften ab. Auch wenn die Solarparks fast wartungsfrei sind, müssen regelmäßig Staub, im Frühjahr Blütenpollen und sonst Vogelkacke von den Solarpanels entfernt werden, um den Wirkungsgrad hoch zu halten. Diese Arbeit übernimmt er ebenfalls.«

Diese Erklärung war Margot genug, sie bohrte nicht weiter.

Wie die rettenden Engel erschienen ihr ihre Geschäftsfreunde nun auch, als sie ihren Plan vorstellten, dem Ex-Mann eins auszuwischen, indem sie die Eigentumswohnung und das Boot für sie verkauften.

Der frühere Lebensgefährte staunte nicht schlecht, als sich für ihn unerwartet ein Anwalt des neuen Eigentümers meldete und unter Vorlage einer Originalvollmacht das unentgeltliche Nutzungsverhältnis über die Eigentumswohnung kündigte, die zuvor noch Margot gehört hatte. Da nützten ihm auch nicht die Zurückweisung der Kündigung, eine Feststellungsklage zum Nutzungsverhältnis und auch der Versuch der Pfändung des Kaufpreises.

Margots neue Geschäftspartner hatten sich eine notarielle Vollmacht erteilen lassen, mit der sie für Maggi, wie sie sie inzwischen nannten, die Wohnung veräußern konnten. Da es noch verschiedene Zahlungstitel gegen die Wohnungseigentümerin gab, darunter auch die Forderung der Verwalter- und Bauträgerfirma ihres Ex, hatte Margot ein notarielles Schuldanerkenntnis mit Unterwerfung zur Zwangsvollstreckung gegenüber einem der Unternehmen ihrer neuen Freunde erklärt, weshalb beim Amtsgericht ein Pfändungs- und Überweisungsbeschluss beantragt wurde, mit dem die Kaufsumme sogleich gepfändet werden konnte. Ihr Ex tobte, da er ausziehen musste und, anders als geplant, auch kein Geld mehr von Maggi bekam. Für Maggi stand fest, dass ihre Freunde es gut mit ihr meinten.

*

Madeleine freute sich, die Stimme ihrer Freundin zu hören. Sonst verblasst eine Freundschaft unter Kolleginnen häufig im Laufe der Zeit. Sie beide aber waren so etwas wie Seelenverwandte, hatten früher den Laden bei der Bausparkasse gerockt, waren zum Ärger vieler ihrer männlichen Kollegen häufig als beste Vermittlerinnen ausgezeichnet und prämiert, ja beinahe in den Himmel gelobt worden, da schwelgten sie auch gerne in Erinnerungen. So tat es ihrer Freundschaft auch keinen Abbruch, wenn sie sich mal ein paar Wochen nicht sprachen. Madeleine hatte ihre Abfindung in eine Pension im Schwarzwald fließen lassen, die sie zusammen mit ihrem jetzigen Mann betrieb. Maggi berichtete, wie sie endlich ihren Ex losgeworden war, und Madeleine wünschte der Freundin das Glück, das sie endlich gefunden hatte. Sie hatte mit der Freundin gelitten, wenn diese über die Demütigungen berichtete, die ihr widerfahren waren. Dass sie diesen Kerl mithilfe ihrer neuen Geschäftspartner auch noch aus der Wohnung geschmissen und ihm die Jacht unterm Hintern weggezogen hatte, freute sie sehr. Da war sie wieder, ihre frühere Maggi mit ihrem Elan, die niemals verzagte, immer wieder aufstand und weiterkämpfte. Sie erinnerten sich an ihren alten Wahlspruch, der wie aus einem Motivationsseminar klang: »Glaub an dich, dann werden auch die anderen an dich glauben.«

»Was vermittelst du denn jetzt?«

Maggi entzündete vor der Freundin ein derartig infernalisches Feuerwerk von Gewinnerwartung, staatlicher Förderung, Mehrwertsteuererstattung, Solarparks, Einspeisevergütung und Kommanditeinlagen, dass es nicht ausbleiben konnte, deren Interesse zu wecken. So geschah es, dass endlich mal wieder ein Treffen am Ort ihrer früheren Erfolge vereinbart wurde, bei dem auch die neuen Geschäftspartner vorgestellt werden sollten.

Madeleine ließ sich in Maggis Büro schnell vom älteren und arriviert erscheinenden Geschäftspartner einwickeln, der sich kurz nach der Begrüßung bewundernd über ihr Haar äußerte, das sanft ihr Gesicht umschmeichele. Maggi schien das zunächst ein wenig distanzlos, erkannte aber schnell, dass er damit bei der Freundin punktete. Auch der Freundin wurde die Mappe mit Dokumenten, Vertragsmustern und Fotos offeriert.

»Und woher soll ich wissen, dass das auch wirklich funktioniert?«

»Hat es …«, begann Maggi ganz schnell eine Halbwahrheit zu formulieren, »… hat es bei mir auch.« Dann bereute sie es beinahe, ihrer Freundin nicht die Wahrheit gesagt zu haben. Ihre Gewissensbisse schob sie zur Seite. Schließlich hatte sie wirklich die Verträge gezeichnet, und letztlich würde sie die Freundin nicht zum Abschluss bewegen können, wenn sie nicht selber überzeugt rüberkäme. Und bald, so machte sie es sich selber vor, würde auch ihr Geld fließen. Aber das ging nun mal nicht so schnell, wie sich das so eine Anlegerin eben wünschte.

»Wie, du hast das Darlehen über hundertneunzigtausend Euro schon erhalten?« In Madeleines Stimme schwang mehr Skepsis mit, als sie es beabsichtigt hatte.

Maggi ging zu einem Aktenschrank, zog eine Mappe heraus und tippte auf das Papier. »Hier ist mein Kommanditvertrag mit einer Einlageverpflichtung über dreißigtausend Euro.«

»Aber hast du denn auch das Geld tatsächlich erhalten?«

Statt ihrer antwortete der jüngere Geschäftspartner mit einem »Ja«.

Da Madeleine die Männer nicht kannte, wollte sie von ihrer Freundin wissen, ob sie denn einen Bankbeleg oder einen Kontoauszug sehen könne, der die Zahlung bestätigte, was nun Maggi sogleich bejahte. Sie ging an ihren Computer, gab dann aber vor, wegen eines Problems mit dem PC gerade nicht auf ihr Bankprogramm oder die abgespeicherten Kontoauszüge zugreifen zu können, weshalb man sich zügig darauf einigte, dass Maggi die Auszüge am Folgetag per Mail senden würde.

Das Geld aus dem Verkauf ihrer Eigentumswohnung sah Maggi genauso wenig wie den Erlös aus dem Bootsverkauf. Der Käufer sei mit der Zahlung des Kaufpreises in Verzug, bekam sie anfangs zur Antwort, wenn sie sich nach dem Verbleib der Kaufsumme erkundigte, abgelöst von Vertröstungen wegen der komplizierten Buchungsvorgänge auf dem Notar-Anderkonto und letztlich dem Hinhalten aufgrund der Vollstreckung aus dem Pfändungs- und Überweisungsbeschluss. Maggi begann zu begreifen, dass ihr Geld weg war, wollte es aber nicht wahrhaben. Zu einem späteren Zeitpunkt brachte sie das Gespräch noch einmal darauf und musste sich anhören, dass sie ihre dreißigtausend Euro Kommanditeinlage ja auch nicht eingebracht habe und man das jetzt damit verrechne; abzüglich der Spesen bleibe da nichts mehr übrig.

Nun musste schnell viel Geld her, damit die Realisierung des ersten Projekts in Angriff genommen werden konnte. Wenn das Projekt scheiterte, wäre ihr Geld für immer weg. Sie fälschte einen Kontoauszug, damit sie Madeleine weismachen konnte, sie habe die einhundertneunzigtausend Euro erhalten. Als sie das Blatt mit den daraufgeklebten Zahlen mit hoher Helligkeit und geringem Kontrast kopierte, staunte sie selbst, wie echt der Kontoauszug wirkte. Das Blatt lag neben dem

Scanner. Aber sollte sie es wirklich der Freundin senden? Sie verließ ihr Büro, wusste nicht recht wohin, ging zur Promenade des Sees, auf dem nun ihr Boot nicht mehr schwamm, holte im Laden Filtertüten, obwohl noch eine Packung im Büro wartete, und kehrte zurück in die Geschäftsräume, wo immer noch der gefälschte Kontoauszug lag. Sie scannte den Beleg ein und die Kopie erschien im Scan-Ordner ihres PCs. Sie ging zur Kaffeemaschine, wollte einen Kaffee aufsetzen, bemerkte, dass die Filter viel zu groß waren. Warum hatte sie Größe vier gekauft, wo sie über Jahre nur die Größe drei benötigte? Zurück im Büro begann sie die Mail an Madeleine zu tippen, hängte den Scan an, der den Eingang von einhundertneunzigtausend Euro auf ihr Konto bestätigte, und … Sie konnte ihn nicht abschicken. Das fühlte sich nicht richtig an. Sie stand wieder auf, ging in die Küche, lief zurück, um eine Schere zu holen, beschnitt nun die zu großen Filtertüten, setzte einen Kaffee auf und ging wieder zum Computer. Was machte sie hier? War das jetzt, wie sie so häufig gelesen hatte, Prokrastination? Verschob sie einfach eine unangenehme Arbeit? Oder rührte sich etwas anderes in ihr? Ohne eine Tasse aufgesetzt zu haben, sandte sie die Mail in Richtung Schwarzwald.

Madeleine war nun von der Anlagemöglichkeit überzeugt, geriet fast in euphorische Stimmung und wollte gleich zwei Anteile kaufen, für sich und ihre Mutter. Man traf sich bei dem Notar der beiden Anlagespezialisten, unterzeichnete die Verträge, erhöhte zu dieser Gelegenheit die Anlagesumme, trank danach einen Kaffee, bei dem der guten alten Zeiten als Baufinanziererinnen gedacht wurde, und winkte der in den Süden Abreisenden vom Straßenrand hinterher.

Die Harmonie wich dem Zweifel, als Madeleine erfuhr, dass der gesamte Betrag, immerhin fast einhunderttausend Euro, komplett vom Konto abgehoben worden war. Sie kannte den Mitarbeiter der Bank aus ihrer früheren Tätigkeit, forderte Auskunft über den Verbleib des Geldes und fing an zu weinen, als er sich dann doch auf das Bankgeheimnis berief. Selbst Maggi, die seit diesem Telefonat nur noch Margot genannt wurde, fiel aus allen Wolken, als sie von der Totalabhebung des gesamten Geldes, und dann noch durch einen bisher nur namentlich genannten Geschäftspartner der beiden Herren, erfuhr, dem Prokura eingeräumt worden war. Die beiden Geschäftspartner besänftigten Margot damit, dass alles mit rechten Dingen zugehe, für die von Madeleine gezeichneten Verträge keine Garantieerklärungen dergestalt abgegeben worden seien, dass die Kommanditeinlage nur zur Darstellung des Eigenkapitalanteils eingezahlt werde, und sie für die Solarflächen, die in Eigenleistung gebaut werden sollten, nun das Geld für die Solarplatten brauchten. Gleiches gelang ihnen bei Madeleine nicht.

Margot drängte nun bei ihren Geschäftspartnern auf weitere Vorantreibung des Projektes, worauf diese einmal einwendeten, dass der die geplante Anlage prüfende Elektrobetrieb erklärt habe, der vorgesehene Standort sei für eine Einspeisung des Solarstroms in das Netz nicht geeignet, und ein andermal vorgaben, dass der Verpächter für die Nutzung des Ausweichstandortes einem anderen alternativen Stromanbieter den Vorzug gegeben habe. Erst gab Margot die Antworten an ihre frühere, fast schon verzweifelte Freundin weiter, dann forderte sie Madeleine auf, sich direkt an die beiden Geschäftspartner zu wenden, da sie keine genaue Kenntnis über den Stand der Projektentwicklung habe und auch nur immer nachfragen müsse.

Als Margot schon resignieren wollte, gab es Ereignisse, die sie wieder für ihre Geschäftspartner einnahm. Einer von Margots ehemaligen Kunden hatte von der Möglichkeit gehört, Geld bei ihr anzulegen und so auch relativ komplikationslos ein Darlehen zu erlangen. Aufgrund seiner … sagen wir mal … undurchsichtigen Geschäftssituation gestaltete es sich für den ehemaligen Kunden nicht so einfach, an einen Bankkredit zu gelangen. Da sie sich nicht sicher war, ob sie in dieser Sache überhaupt noch Anstrengungen unternehmen sollte, trat sie gegenüber ihrem früheren Kunden eher reserviert auf und verwies auf ihre Geschäftspartner. In der zurückhaltenden Art seiner Baufinanziererin glaubte der Kunde einen Umstand zu erkennen, der eher für die Seriosität der Anlagemöglichkeit sprach. Da der Kunde schwankte, sein Geld bei ihnen anzulegen, und er eine Sicherheit verlangte, unternahm man gemeinsam eine Fahrt zu einem der Firmensitze. Margot und ihr Kunde staunten nicht schlecht, als sie am Rand eines Industriegebietes sahen, wie dort Solaranlagen errichtet wurden, und sie mitten auf dem Gelände eine umzäunte, moderne Werkhalle mit Firmenschildern ausmachten, die ihnen sogar aufgeschlossen wurde. Sie sahen Dutzende Solarplatten, die für den weiteren Aufbau der Anlage gedacht waren.

Der Kunde legte voller Zuversicht nicht nur sein eigenes Geld, sondern auch Geld seines Bruders und eines weiteren Geschäftsmannes an. Ohne zu zögern, ließen Maggis Geschäftspartner auch eine Grundschuld als Sicherheit zugunsten des Kunden eintragen. Diese Zahlungen und der Vororttermin weckten in Margot wieder die Hoffnung auf einen erfolgreichen Fortgang der Sache.

Nun konnte Margot ihrer früheren Freundin Madeleine von den neuen Investoren, ihrer Fahrt zu einem der Firmensitze, werthaltigen Grundstücken, Sicherheitsleistungen, erworbenen Solarplatten und davon berichten, dass die Bankfinanzierung und Fertigstellung der ersten Anlage in Angriff genommen werden könne und es keinen Grund zur Sorge gebe. Madeleine war dieser Berg- und Talfahrt zwischen Euphorie und Zweifel, Hoffnung und Enttäuschung überdrüssig. Gleichwohl setzte sie sich ins Auto und fuhr quer durch das Land zu einem weiteren Treffen, das in einem Café stattfand und ganz anders verlief als erwartet.

Bereits die Begrüßung geriet eher kühl; Madeleine reichte schnell die Hand, als Margot auf sie zugestürmt kam, um sie in die Arme zu nehmen. Margot unternahm den Versuch, mit einer unverfänglichen Plauderei an ihre frühere Freundschaft anzuknüpfen, was Madeleine harsch blockierte. Madeleine hatte sich ihre Fragen zurechtgelegt und ließ sich nicht beirren. Als sie auf die neuen Anleger zu sprechen kamen, wollte sie ganz konkret wissen, zu welchen Solaranlagen und welchen Kommanditgesellschaften Geld angelegt worden war. Schnell stellte sich heraus, dass jeder eine Kommanditeinlage zu eigenen Kommanditverträgen und eigenen Solaranlagen eingezahlt hatte. Das betraf aber nicht die Gesellschaft, in der sie nun Kommanditistin war. Die Zuversicht ihrer früheren Kollegin konnte sie nicht teilen. Auch das Grundstück, das zur Sicherheit dienen sollte, war nun schon durch einen der neuen Kommanditisten mit einer Grundschuld belastet und damit für sie nicht mehr werthaltig. Und wirklich passiert war bis auf einige Vertragsunterzeichnungen auch nichts. Die beiden Männer konnten ihr weder Genehmigungen noch sonst irgendwelche Unterlagen vorlegen, aus denen hervorging, dass die in der Nähe des Geschäftssitzes errichteten Anlagen solche der gerade gegründeten Kommanditgesellschaften waren oder sie die gelagerten Solarplatten wirklich erworben hatten. Die Gesellschaften waren noch nicht einmal im Handelsregister angemeldet worden. Madeleine konnte weder die Zuversicht der drei ihr gegenübersitzenden Personen teilen, noch war die in ihr gereifte Erkenntnis aus dem Weg geräumt, dass sie Betrügern zum Opfer gefallen war. Als sie dies ihren Gegenübern mitteilte, verließ der ältere Geschäftspartner aufbrausend das Café.

Madeleine saß in ihrem Auto und ließ den Kopf auf das Lenkrad sinken. Die beiden Männer stiegen mit Margot zusammen in das hinter ihr auf dem Parkplatz stehende Fahrzeug. Sie nahm nur aus den Augenwinkeln wahr, wie das Auto an ihr vorbeirollte, und vermied es hinüberzuschauen. Sie startete mit zitternder Hand den Wagen.

Da in der weiteren Folge nichts zur Realisierung der Vorhaben geschah, erstatteten sowohl Madeleine und ihr Ehemann wie auch der frühere Kunde Margots Strafanzeigen. Madeleine klagte schon vor Eröffnung des Strafverfahrens mit Erfolg gegen Margot und deren Geschäftspartner auch in zivilrechtlichen Klageverfahren vor dem Landgericht und nach der Berufungseinlegung durch die Schädiger auch vor dem Oberlandesgericht. Zwar war die Strafkammer im folgenden Verfahren nicht an die Entscheidungen der Zivilgerichte gebunden, konnte aber auf deren Feststellungen rekurrieren. Maggi war die Einzige, bei der von allen Tatbeteiligten etwas Geld über den Weg der Lohnpfändung zu holen war. Sie würde bis an ihr Lebensende auch diese Schuld abzutragen haben.

*

Anlässlich ihres ersten Besuchs in der Kanzlei fragte ich Margot, ob wir uns schon einmal begegnet seien, da mir ihr Gesicht bekannt vorkam. So stellte sich schnell heraus, dass sie die mysteriöse Dame war, die mir anlässlich der mittlerweile fast ein Jahr zurückliegenden Lesung im Polizeihistorischen Museum in Berlin aufgefallen war. Sie wusste zu diesem Zeitpunkt bereits, dass es das Ermittlungsverfahren gegen sie gab. Sie hatte auch noch eine zweite Lesung besucht und danach dem Gericht mitgeteilt, dass sie meiner Pflichtverteidigerbestellung zustimme. Ihre bis dahin beauftragten Wahlverteidiger hatten das Mandat niedergelegt, als sich herausgestellt hatte, dass Margot deren Honorar nicht bezahlen konnte; sie waren nicht bereit, sie zu den geringen Pflichtverteidigergebühren zu vertreten.

Für Margot war es ein gutes Stück Weges gewesen, sich nicht nur als Opfer ihrer Mittäter, sondern selbst als Straftäterin zu begreifen. Etwas nicht wissen zu wollen, ist etwas anderes, als es nicht wissen zu können. Als ihr die Anklageschrift mit Zustellungsurkunde ins Haus flatterte, las sie erstaunt, dass der ältere ihrer vermeintlichen Geschäftspartner bereits dreimal einschlägig vorbestraft war und der jüngere sogar zehnmal und deshalb auch schon eine Strafhaft verbüßt hatte.

Margot arbeitete mittlerweile als Bürokraft in einem Agrarkonzern, wohnte immer noch in der Wohnung auf dem Gehöft des pensionierten Richters und traf sich ab und zu mit einem Mann, den sie vor ein paar Monaten im Büro kennengelernt hatte. Für die Verhandlungstage hatte sie Urlaub genommen. Irgendwie schien ihr Leben langsam wieder in geordnete Bahnen zu gelangen, wenn da nicht die Angst vor einer möglichen Haftstrafe gewesen wäre, die alles wieder über den Haufen werfen würde.

Vor Verhandlungsbeginn wartete Margot an allen Tagen schon früh darauf, in den Saal eingelassen zu werden. Das Gerät zur Erfassung der Arbeitszeit der Gerichtsmitarbeiter hängt in dem Gericht direkt vor dem großen Verhandlungssaal 007. Die Wartende beobachtete die Bediensteten des Gerichts, wie sie sich eincheckten. Es wirkte für Margot trotz der Aufregung vor der Verhandlung alles sehr normal; das lief dort ab wie in einem Betrieb, in irgendeiner Behörde.

Als sie vor dem Gerichtssaal saß, kam an einem der Tage die Freundin ihres Vermieters an ihr vorbei, um sich mit ihrem Chip zum Dienstbeginn einzuchecken. Es war zu spät, sich hinter irgendeinem Pfeiler oder in einem der Gänge zu verstecken. Sie wusste, dass die Geschäftsstellendame sie erkannt hatte.

Einige Tage darauf erzählte mir Margot in einer Verhandlungspause, dass sie ihrem Vermieter von der Strafverhandlung in der Betrugssache berichtet habe. Er schien nicht überrascht gewesen zu sein und reagierte außerordentlich gelassen. Man müsse erst mal sehen, was rauskomme und ob sie sich dann mit ihm ausführlicher über die Angelegenheit unterhalten wolle, soll er gesagt haben.

Die Verteidiger der beiden hauptangeklagten Geschäftsleute kannten einander aus vorherigen Strafverteidigungen. Ihnen war es wichtig, dem Gericht zu vermitteln, dass durchaus Eigenkapital in Form von Unternehmensimmobilien vorhanden gewesen sei, Solarpanels für eine Anlage gekauft worden seien und nur die handelsrechtlichen Eintragungen der Gesellschaften nicht rechtzeitig vorgenommen worden seien. Was anderes hätte das Gericht daraus schließen sollen als das Drängen auf einen Freispruch für ihre Mandanten?

Den Hausmeister, der immer mal wieder in Verträgen auftauchte, hatte Margot vor dem Verhandlungsauftakt noch nie zu Gesicht bekommen. Er erschien ungepflegt mit schmutzigen Fingern, schmutzigen Fingernägeln, Haaren, die aus dem Hemdkragen ragten, und gelben Zähnen, die nicht nur vom Rauchen verfärbt schienen, im schlecht sitzenden Anzug. Er wurde nun durch meinen Sozius, Rechtsanwalt Stephan Hoff, vertreten. Stephan hatte alle Mühe, die Anreise, die Unterkunft an mehreren zusammenhängenden Verhandlungstagen und weitere Problemchen zu klären, damit sein Mandant sich nicht ungewollt zu einem einzigen Verfahrenshindernis entwickelte, was für die Strafzumessung bedeutsam sein konnte.

In der Verhandlung stellte sich heraus, dass sich der jüngere Geschäftspartner des ehemaligen Schulkameraden nicht nur aus Sympathie angenommen hatte, sondern dass dessen Auftreten in der gesamten Angelegenheit genau kalkuliert und alles andere als zu dessen Nutzen war.

Diesen als Handlanger für alle möglichen Dienste tätigen Hausmeister ließen die vornehm wirkenden Geschäftspartner auch Bargeld abheben, das sie danach ohne Quittung in Empfang nahmen, sie schleppten ihn mit zu Notarterminen, bei denen er Unterschriften leistete, deren wirkliche Bedeutung er kaum erfasste, und hatten ihm nun, da die Anklagebank vom Gericht alphabetisch aufgefüllt worden war, den ersten Platz vor dem Richtertisch eingebrockt. Er war wohl der Einzige, dem das Gericht abnahm, sich an bestimmte Sachverhalte nicht erinnern zu können. Seine Gutgläubigkeit und fehlende Raffinesse führten aber nicht dazu, eine geminderte Schuldfähigkeit anzunehmen.

Alle Verhandlungstage wurden ausgeschöpft und noch weitere mussten hinzuterminiert werden. Am Ende erklärten die Anwälte der beiden Hauptangeklagten, dass ein Geständnis ihrer Mandanten durchaus in Betracht käme, um eine mildere Strafe zu erreichen. Die Blicke der Berufs- und ehrenamtlichen Richter sprachen Bände: Damit hatte niemand gerechnet. Weshalb hatte man hier bis zum Schluss alles aufgeboten, was zum Beweis der Unschuld vonnöten war, um dann doch ein Geständnis abzulegen? Die kurz vor Ende der Hauptverhandlung abgegebene Erklärung in Bezug auf ein Geständnis war nach Ansicht des Gerichts etwas verspätet, stand den Angeklagten aber frei. Alle Zeugen mussten zuvor gehört werden, die teils weite Anfahrten zurückgelegt hatten. Für das Urteil war es letztlich egal, dass sich die beiden Haupttäter am Ende geständig einließen, da das Gericht aufgrund des Ergebnisses der Beweisaufnahme zu der Überzeugung gelangte, dass die beiden Geschäftspartner sich strafbar gemacht hatten. Selbstverständlich musste das Gericht die späten Geständnisse strafmildernd berücksichtigen, aber eine wesentliche Auswirkung auf das Strafmaß hatte dies nicht mehr.

Meinem Sozius und mir erhärtete sich die Ansicht, dass die beiden Kollegen nicht ausreichend einschätzten, wie ihr und das Verhalten ihrer Mandanten auf das Gericht wirkten.

Ähnlich verhielt es sich mit einer Bemerkung eines dieser Kollegen in einer der vielen Verhandlungspausen, als wir noch auf das Eintreffen eines Zeugen warteten und ich für meine Mandantin angekündigt hatte, dass diese sich umfassend geständig einlassen werde. Der Kollege meinte, dass im Falle eines umfassenden Geständnisses meiner Mandantin von einer Tatbegehung als Bande ausgegangen werden müsse. Das Strafmaß sei dann aber so hoch, dass eine Bewährung nicht mehr in Betracht käme.

Ich nickte auf diesen Hinweis hin und war damit fertig. Das musste dort und damals trotz aller Kollegialität ausreichen.

Die Kollegen schätzten auch in Bezug auf meine Mandantin die Lage nicht realistisch ein. Sicher war ich mir der Gefahr bewusst, der ich meine Mandantin aussetzte. Andererseits hatte ich anhand der Äußerungen des Gerichts und der Reaktionen bei den Zeugenaussagen, aber auch anhand viel unwesentlicherer Anzeichen, die ebenfalls die Kommunikationsbeziehung ausmachen, erfasst, dass das Gericht von Betrugshandlungen ausging, die als Bande begangen worden waren. Meine Mandantin hatte die Kunden akquiriert, mit denen ihre beiden Geschäftspartner die Verträge schlossen, aus denen man das Geld ziehen wollte, ohne entsprechende Gegenleistungen zu erbringen. Ein halbherziges Geständnis meiner Mandantin hätte ihr nicht geholfen. Für sie gab es nur die Chance, umfassend zu gestehen, damit dieses Geständnis zusammen mit der gezeigten Reue und den Entschuldigungen zu einer deutlichen Milderung führte, die in einer letztlich gerade noch so zu gewährenden Bewährungsstrafe in der Hoffnung mündete, dass sie nicht mehr straffällig würde. Hier anders zu handeln und auf eine andere Entscheidung in einem Verfahren über ein einzulegendes Rechtsmittel zu hoffen, hatte nach meiner Einschätzung weniger Aussicht auf Erfolg als das beabsichtigte Vorgehen.

Das Konzept ging auf: Margot wurde, da sie strafrechtlich noch nie in Erscheinung getreten war, sie selbst nicht durch die Straftaten bereichert worden war, sich zwischenzeitlich bei den Opfern entschuldigt hatte und sich an einem der späteren Verhandlungstage umfassend geständig eingelassen hatte, zu einer Bewährungsstrafe verurteilt, während die Mittäter, die wegen des Widerrufs der Bewährung in einer anderen Sache aus der

Justizvollzugsanstalt zu den Verhandlungsterminen vorgeführt wurden, beide zu weiteren langjährigen Haftstrafen verurteilt wurden. Der Hausmeister, den sein ehemaliger Schulkamerad in die Machenschaften mit hineingezogen hatte, wurde zu einer Bewährungsstrafe verurteilt.

Tu nie was Gutes, dann kann dir auch nichts Schlechtes widerfahren

Die kritische Frage »Müsst ihr euren Mandanten eigentlich alles glauben, was die euch erzählen?« signalisierte uns wieder einmal die Ähnlichkeit zwischen Doreen und ihrer Mutter, die nun die Urlaubsvertretung für ihre Tochter übernommen hatte. Wir saßen bei unserer Morgenrunde in den Lenné-Passagen, jeder mit einer Tasse duftenden Kaffees vor sich, und hatten den Wettlauf gegen die Taxi-Innung gewonnen.

Mit einer Antwort dergestalt, dass das sehr kompliziert sei, vom Rechtsgebiet abhänge und wir aus anwaltlicher Sicht zunächst der Darstellung unseres Mandanten Glauben schenken müssten, gab sich Marion nicht zufrieden. Auch darin ähnelte sie ihrer Tochter.

»In dem Verfahren nachher ist doch klar, dass die eure Mandanten und andere Asylbewerber verprügelt haben. Wie können die das einfach leugnen? In der Zeitung stand doch auch, dass sich ab heute zehn junge Erwachsene dafür verantworten müssen, dass sie syrische Flüchtlinge verprügelt haben.«

»Das nimmt den Angeklagten nicht das Recht, die Tat zu leugnen. Zugunsten unserer Mandanten nehmen wir an, dass die Täter überführt und verurteilt werden können.«

»Ich könnte das nicht! Mal die eine und mal die andere Seite vertreten. Und ihr müsst das alles glauben?«, schwang weiter Ablehnung und Zweifel in der Stimme.

»Mit irgendetwas«, setzte Stephan an, einen großen Schluck seines Milchkaffees nehmend, »muss so ein Fall ja beginnen. Nimm die Mitteilung unseres Mandanten von dem gestohlenen Baufahrzeug in der letzten Nacht: Die Arbeiter hatten die Baustelle verlassen und den Bauzaun mit einer Kette und einem Vorhängeschloss gesichert. Heute Morgen lag die durchtrennte Kette neben dem Zaun, es waren Spuren eines Tiefladers zu sehen und das Baufahrzeug ist verschwunden. Da gibt es keine Anhaltspunkte, dass die Geschichte nicht stimmt und wir Gefahr laufen, uns zu Komplizen eines Versicherungsbetruges zu machen.«

»Und wenn der Fahrzeugschlüssel ebenfalls verschwunden wäre?«, entwickelte Marion den Sachverhalt weiter.

Jetzt sprang ich Stephan zu Hilfe. »Das ist ein anderer Fall. Zunächst können wir uns auf die Angaben des Mandanten verlassen. Punkt. Berufsrechtlich trifft uns auch keine Verpflichtung zur Prüfung der mitgeteilten Tatsachen. Deine Frage betrifft den Fall, dass wir konkrete Anhaltspunkte für die Unrichtigkeit der Angaben des Mandanten haben. Und dann ist es im Strafecht so, dass der Mandant die Polizei, das Gericht und auch uns anschwindeln kann, ohne dass es Konsequenzen für ihn hat. Das gilt für den Angeklagten. Die Zeugen müssen bei der Wahrheit bleiben.«

Marions Gesichtsausdruck konnte ich entnehmen, wie unbefriedigend die Antwort war. Dann erzählte ich von dem Mandanten, dem im Urlaub das ganze Haus mit Antikmöbeln ausgeräumt worden war. Zeugen konnten sich noch an ein Umzugsunternehmen und Leute im Blaumann erinnern. Die Aussagen hinsichtlich des Fahrzeugs und des Kennzeichens gingen so weit auseinander, wie es bei Zeugen üblich ist. Die Möbelpacker seien aber sehr freundlich gewesen. Unser Mandant war es nicht mehr, als er vor fast völlig ausgeräumtem Haus stand. Das Glück im Unglück bestand in einer halbwegs die Schadenssumme ausgleichenden Versicherung.

Nach einem ersten Staunen stellte sich Doreens Mutter vor, Opfer dieser Tat gewesen zu sein, und sie empfand Mitleid mit unserem Mandanten.

Dann war seine Gemäldegalerie Ziel eines Brandanschlags geworden. Hier wurde sogar gegen den Pechvogel selbst ermittelt, aber das Verfahren eingestellt. Die Versicherung zahlte nicht freiwillig und musste erst verklagt werden. Nach dem Einreichen der Klage meldete sich der Versicherer und ließ wissen, dass es bei unserem Mandanten schon der vierte Großschaden gewesen sei, der sich im Verlaufe der letzten zwanzig Jahre zugetragen habe, was statistisch kaum möglich und äußerst unwahrscheinlich sei. Er stellte zwar keine Vermutungen an, hatte aber kein Vergleichsangebot im Koffer und meinte, nur zu zahlen, wenn sie dazu verurteilt würden.

Jetzt sah ich die Zweifel in Marions Gesicht. Einen Zug, den unsere immer so taffe Doreen nicht von ihr geerbt hatte.

Als ich dann vom nächsten Fall, der gestohlenen Jacht, berichtete, wurde aus der Skepsis Empörung. Diese schlug in Verwunderung um, als ich ihr sagte, dass ich das Mandat zwar niederlegen wollte, als sich in einer Verhandlung herausstellte, dass der Mandant gelogen hatte. Doch da der Mandant nach dem großen Verlust keine Güter von Wert mehr besaß und sein gesamtes Vermögen ausgegeben hatte, sei unsere beantragte Prozesskostenhilfe für dieses Schadensersatzverfahren bewilligt worden.

»Das gibt's ja nicht!«

»Doch! Und ich konnte trotz der offensichtlichen Lüge des Mandanten nicht einfach das Mandat niederlegen, weil das Gericht bestimmte, dass ich als Prozessbevollmächtigter beigeordnet sei und weiter diese Aufgabe zu erfüllen habe. Das Gericht wollte natürlich das Verfahren zu Ende bekommen und nicht wegen des Fehlens der vor dem Landgericht notwendigen Vertretung durch einen Anwalt die Sache durch ein Versäumnisurteil in der Schwebe halten.« Das wurde Marion dann doch zu viel. Wie soll man jemandem erklären, dass es ein Versäumnisurteil gibt, obwohl der Mandant anwesend war? Das sprengte den Rahmen unserer morgendlichen Teamrunde.

Da saßen sie nun einander gegenüber: zehn Angeklagte und zehn Verteidiger. Der letzte Angeklagte wurde gerade in Handschellen durch eine Seitentür in den Saal geführt, die über verschlungene und nicht von den Fluren einzusehende Gänge in den Zellentrakt unterhalb des Gerichts führte. Der Verhandlungssaal der Großen Strafkammer war umgeräumt worden, damit in diesem Strafprozess auch alle Beteiligten Platz fanden. Auch auf der Seite der Staatsanwaltschaft wurde der Platz eng, drängten sich doch hier die Nebenkläger mit ihren Anwälten. Einige der Opfer, die als Nebenkläger auftraten, wollten sich die Verfolgung der Verhandlung nicht über die gesamte Zeit antun und blieben bis auf ihre Zeugenaussage dem Prozess fern, was ihr gutes Recht und in dieser Situation verständlich war. Bei der Lektüre des umfangreichen Aktenmaterials war mir zunächst nicht aufgefallen, dass Manuel G. als vermeintlicher Haupttäter vor einigen Jahren in einer völlig anderen Sache eine unrühmliche Rolle gespielt hatte.

*

Der noch sehr kindlich wirkende Junge mit den blonden Haaren, der Stupsnase und den Sommersprossen hätte gut auf einem Kühlschrankfoto seiner stolzen Mutter abgebildet sein können. Es war aber alles ganz anders: Er stand mit weit aufgerissenen Augen vor der Erzieherin, in der einen Hand das Geschirrtuch, in der anderen, fest umklammert, ein kleines, spitzes Messer.

Einerseits ihr Glück, schoss es Susanne durch den Kopf, dass es in der betreuten Wohngemeinschaft nur normales Besteck und zur Zubereitung der Speisen lediglich diese kleinen

Obstmesser gab, andererseits möchte man auch von einem solchen nicht verletzt werden oder Ärgeres … Susanne befand sich nicht zum ersten Mal in einer solchen Situation. Alltäglich war sie glücklicherweise nicht, aber auch nicht völlig ungewöhnlich.

Susanne hatte schon den ganzen Abend mit Manuel herumdiskutieren müssen. Immer wieder begann er damit, er brauche nachts sein Handy. Die Erzieherin hatte erst mit der allgemeinen Ordnung im Hause und dann mit seinen speziellen Problemen argumentiert. Er nahm Beruhigungsmittel und hatte in der Schule erhebliche Konzentrationsstörungen. Wenn er dann noch die ganze Nacht mit seinem Handy spiele, so argumentierte sie, würde er es morgen in der Schule schwer haben zu folgen. Sie wollte den Küchendienst nutzen, um die Wogen zu glätten und sich mit dem fünfzehnjährigen Jungen auszusprechen, der in den letzten Wochen im Verhalten speziell ihr gegenüber immer aggressiver geworden war. Stattdessen eskalierte die Situation weiter, seine Stimme wurde mit jedem Wort immer höher, und nun stand er mit einem Messer vor ihr und bedrohte sie.

Sie sprach beruhigend auf den Jungen ein, der sich vor ihr aufgebaut hatte und fauchte: »Den Ärger gibt's immer nur mit dir!« Er stach in ihre Richtung und sie wich zurück.

»Was soll das? Glaubst du«, zwang sie sich, weiter ruhig zu bleiben, »dass ich dir erlaube, Zigaretten zu kaufen und das Handy zu behalten, wenn du mich bedrohst?«

Der Junge war kaum in der Lage, ihren Gedanken zu folgen. In seinem Leben hatte er immer und immer wieder erfahren, wie Erwachsene ihren Willen mit Gewalt durchzusetzen versuchten oder damit nur ihrer Ohnmacht Ausdruck verliehen, wie der Vater die Mutter und die Kinder schlug, bevor er in den Knast ging, und die Mutter ihre Wut und Verzweiflung in die Energie der Schläge bündelte, die sie seiner Schwester und ihm verpasste. Der Junge verschloss sich, sang tänzelnd vor der Mutter »La, la, la, ich höre gar nicht mehr zu« und steckte sich die Finger in die Ohren. Dafür musste er wieder ein paar Schläge einstecken. Sie drang nicht mehr zu ihm durch, versuchte, im Alkohol Trost zu finden, bemerkte nach solchen Gelagen nicht, dass auch ihr kleiner Schatz Alkohol in Mengen getrunken hatte.

Erst kamen Betreuer, dann Einzelfallhelfer, und als die Mutter mit den Kindern überhaupt nicht mehr zurechtkam, ihr alles zu viel wurde und die Kinder ihr den letzten Nerv raubten, kamen sie in betreute Wohngruppen.

»Nur du verbietest Zigaretten und mein Handy in der Nacht!« Er hatte sie in die Ecke der Küche gedrängt.

»Wir haben hier Regeln. Ohne die geht es eben nicht. Die gelten für alle und da machen wir bei dir keine Ausnahme.«

Bei jedem seiner mehrfachen Ausrufe »Du lügst!« streckte er das Messer vor. »Tina erlaubt mir Zigaretten und Handy.«

»Leg das Messer hin! Wenn du mich verletzt, gibt es weder Zigaretten noch Handy. Dann wird es nicht nur einen Verweis geben. Die Konsequenzen wären schlimmer.«

Der Junge verstand nur das, was er hören wollte. »Wenn ich dich nicht verletze, kann ich mir Zigaretten holen und mein Handy behalten?«

Das »Nein« hatte noch nicht einmal ihre Lippen verlassen, als sie die abrupte Bewegung wahrnahm und ihre Arme schützend vor ihren Körper hielt. Das Messer stach in ihren linken Unterarm und sie schrie auf. Der Junge ließ das Messer fallen, rannte in sein Zimmer und vergrub sich in der Hoffnung in seinem Bett, dass ungeschehen gemacht werden könnte, was eben passiert war.

Susanne befolgte die Anweisungen ihres Arbeitgebers, einer gemeinnützigen Gesellschaft, die unter anderem auch diese Einrichtung des betreuten Wohnens betrieb, rief die Polizei, den Rettungsdienst und informierte ihre Teamleiterin, die kurz nach den Polizeibeamten erschien.

Nachdem sich der Wirrwarr einigermaßen geklärt hatte und die Jugendlichen der Einrichtung wieder in ihren Betten lagen, entspann sich anlässlich der außerplanmäßigen Dienstübernahme durch die Teamleiterin ein Gespräch.

»Manuel sagte vorhin, dass du ihm sein Handy in der Nacht und das Zigarettenkaufen erlaubst.«

»Quatsch! Der spielt uns gegeneinander aus. Das dürfen wir nicht zulassen!« Tina legte wie zur Bekräftigung der Aussage ihre Hand vertraulich auf den verbundenen Arm der Kollegin. »Wir stehen das durch!«

Susanne begannen die Tränen aus den Augen zu rinnen. »Der ist aber auch ein harter Brocken. Immer wieder der Ärger mit ihm und immer wieder bei mir.«

»Soll ich bei der Geschäftsführung wegen einer Versetzung nachfragen?«

»Das würde er«, antwortete sie, sich langsam wieder beruhigend, »als nachträglichen Sieg betrachten.«

»Manuel hat jetzt genug! Die Befragung durch die Polizei, eine drohende weitere Jugendstrafe, diesmal vielleicht Jugendarrest. Nein, als Sieg wertet er das kaum. Er wird jetzt Ruhe geben.« Das klang mehr nach Hoffnung statt Überzeugung. Und etwas resigniert fügte Tina an: »Wenigstens eine Zeit lang.«

»Er ist zurzeit in einer sehr schwierigen Phase. Wenn wir da nicht alle konsequent an einem Strang ziehen …« Susanne brach wieder in Tränen aus.

Sie verabschiedeten sich voneinander und die Teamleiterin tippte eine Nachricht an die Geschäftsführung in ihr Handy, als sie wahrnahm, dass eine Tür geöffnet wurde. Sofort begannen ihre Hände zu zittern.

Manuel stand im Türrahmen und blickte sie kalt an. »Mein Handy!«

Susanne sah sich am Folgetag nicht in der Lage, zur Arbeit zu gehen, obwohl sie sich das fest vorgenommen hatte. Sie schrieb eine Mail an die Geschäftsführung, wonach sie einen Knockout-Tag nahm, einen Tag Abwesenheit ohne Krankenschein. Am Folgetag ging sie zu ihrer Hausärztin, berichtete von dem Vorfall und wurde nach einer Untersuchung eine Woche krankgeschrieben.

Susanne fiel vom Glauben ab, als sie am dritten Tag ihrer Krankheit ein Schreiben ihres Arbeitgebers erhielt, mit dem sie abgemahnt wurde. Sie habe in der letzten Woche unberechtigt den Dienstwagen genutzt, um ein Kind, welches nicht mehr in der Betreuung sei, mit seiner Katze zum Tierarzt zu fahren. Wenn sie nochmals unberechtigt das Dienstfahrzeug nutze, müsse sie mit weiteren arbeitsrechtlichen Konsequenzen bis hin zur Kündigung rechnen.

Zunächst war Susanne nicht in der Lage, einen klaren Gedanken zu fassen, dann grübelte sie und spürte die Empörung in sich wachsen, dass kein Wort zu dem Vorfall mit Manuel verloren wurde. Sie griff zum Handy, um eine befreundete Kollegin anzurufen, die ihr im Vertrauen von der Verärgerung der Geschäftsführung über den Vorfall berichtete. Man wolle dort in Ruhe Geld verdienen und keinen Ärger haben, der zu den Ämtern oder gar hoch bis ins Bildungsministerium zu melden sei. So würde das zwar niemand öffentlich sagen, aber das sei der eigentliche Grund, weshalb Tina beauftragt worden sei, nach Verfehlungen zu suchen, die eine Abmahnung oder Kündigung rechtfertigen könnten. Das sei aber alles sehr vertraulich und vor einem Anwalt oder vor einem Gericht würde sie das nie wiederholen. Dann wäre sie die Nächste.

Sie beendet unter Tränen das Telefonat. Wut stieg in Susanne hoch. Sie arbeitete seit dreizehn Jahren in Schichten dort, war nicht nur als Lehrerin, sondern auch als Erzieherin qualifiziert und bemühte sich immer um die betreuten Kinder. Die Beziehung zu ihrem Lebensgefährten war darüber in die Brüche gegangen, eine Gelegenheit zum Aufbau einer neuen Partnerschaft hatte sich nicht ergeben.

Als das Telefon klingelte und sie auf dem Display die Kollegin aus dem gerade geführten Gespräch erkannte, hatte sie nicht wenig Lust, es einfach weiterklingeln zu lassen oder den Anruf wegzudrücken, besann sich aber eines Besseren. Die Kollegin teilte ihr mit, dass sich der Junge, mit dem sie zum Tierarzt gefahren sei, zu diesem Zeitpunkt noch in der Nachbetreuung befunden habe, sie also berechtigt gewesen sei, den Dienstwagen zu nutzen.

»Selbst wenn nicht«, grollte Susanne zurück, »hätte ich das getan. Der Junge war so unglücklich und die Katze hätte ohne sofortigen Eingriff nicht überlebt. Da musste ich doch helfen.«

Am Folgetag trudelte die nächste Abmahnung ein. Ihr wurde der Vorwurf gemacht, einen betreuten Jugendlichen ohne Aufsicht vor dem Haus warten gelassen zu haben, während sie eine Fahrt zum Tierarzt mit einem nicht mehr in der Betreuung befindlichen Jugendlichen unternommen habe. Damit habe sie wiederholt in grober Weise die Aufsichtspflichten verletzt. Verärgert erinnerte sie sich an diesen siebzehnjährigen Jungen, der ihr angekündigt hatte, erst später von einem Besuch bei seinen Eltern zurückzukommen, weswegen sie davon ausgegangen war, selber rechtzeitig einzutreffen. Aus ihrer Sicht waren die paar Minuten Wartezeit auch nicht problematisch, die sich durch einen Streit mit den Eltern und das frühere Verlassen des Elternhauses ergeben hatten.

Susanne rief in unserer Kanzlei an, da wir sie schon früher in einer Arbeitsrechtssache vertreten hatten. Nur deshalb beriet ich ausnahmsweise auch telefonisch, kam aber schnell zu der Überzeugung, dass der Arbeitgeber zur Vorbereitung einer beabsichtigten Kündigung Abmahnungen ausspreche, um einerseits Voraussetzungen für eine verhaltensbedingte Kündigung zu schaffen und andererseits Druck auf sie auszuüben. Susanne blieb unbeirrt, wollte gegen die Abmahnungen vorgehen, um den Arbeitsplatz kämpfen und, was ihr noch wichtiger erschien: Sie wollte sich weiter in den Erziehungsprozess einbringen, weil sie die Gefahr von Fehlentwicklungen gerade in Fällen wie Manuels sah.

Mein Hinweis, dass man sie durchaus von der Erfüllung ihres Erziehungsauftrages abhalten könne, indem man eine Kündigung aussprach, gegebenenfalls sogar außerordentlich oder im Falle einer ordentlichen Kündigung durch eine Freistellung, verhallte genauso wie meine Skepsis gegenüber einem Rechtsstreit bezüglich der Abmahnungen. Meine Bedenken, dass ein Rechtsstreit den Konflikt erst recht weiter eskalieren ließe, und der Rat, gegen die Abmahnungen inzident im zu erwartenden Kündigungsschutzprozess vorzugehen, erreichten sie nicht. Am Ende des Telefonats bot ich ihr an, die Sache ausführlicher in der Kanzlei zu besprechen, worauf sie nicht einging.

Da ich ihr nicht das geraten hatte, was sie hören wollte, suchte sie einen anderen Kollegen auf, der ihr sogleich empfahl, gegen die Abmahnungen zu klagen. Er diktierte die Klage und sandte sie als Entwurf an die Rechtsschutzversicherung mit der Bemerkung, dass die Klage eingereicht werde, sobald der Versicherer die Kostenübernahme für den Rechtsstreit vor dem Arbeitsgericht erkläre.

Die Abmahnungen und der Rechtsstreit warfen Susanne in ihrem Genesungsprozess erheblich zurück. Neben den körperlichen Verletzungen durch die Schnittwunde dominierte nun die psychische Belastung wegen des Rechtsstreits. So blieb sie weiterhin arbeitsunfähig.

Ihre Rechtsschutzversicherung bestätigte den Versicherungsschutz und man traf sich zu einer Güteverhandlung vor dem Arbeitsgericht. Die Richterin hörte sich die Vorwürfe der einen und die Rechtfertigung der anderen Seite an. Entscheidungsreif war die Sache ohnehin noch nicht, und das ist auch nicht der Zweck einer Güteverhandlung. Man einigte sich darauf, die Abmahnungen noch zwei Monate in der Personalakte zu belassen und danach herauszunehmen.

Als in Susanne die leichte Hoffnung aufglomm, die Lösung ihrer Probleme durch den gerichtlichen Vergleich in Angriff genommen zu haben, wurde sie eines Besseren belehrt, als am Folgetag nach der Gerichtsverhandlung wieder eine Abmahnung ins Haus flatterte. Sie war empört darüber, dass der Arbeitgeber während des Termins von der Abmahnung bereits Kenntnis hatte, ohne dies jedoch zu erwähnen.

Diesmal ahnte sie aber den Grund: Ein paar Tage vor dem Angriff Manuels hatte sie einen unbekannten Freund eines betreuten Jugendlichen in der Wohngemeinschaft übernachten lassen. Dies nahm der Arbeitgeber nun zum Grund der Abmahnung. Ihr Verhalten hatte gegen eindeutige Regeln des Hauses verstoßen.

Sie sei zum Sachverhalt aber nicht angehört worden, meinte sie zu ihrer Verteidigung, als sie sich in der Kanzlei einen Termin zu einer Beratung holte. Doreen war wenig erfreut darüber, ihr einen Beratungstermin zu geben, nachdem sie erfahren hatte, dass Susanne bei den ersten beiden Abmahnungen skeptisch gegenüber meinen Empfehlungen gewesen war und sich woanders hatte beraten und in einem Gerichtsverfahren vertreten lassen.

Im darauf folgenden Beratungsgespräch teilte ich Susanne mit, dass ich auch jetzt nicht empfahl, gerichtlich gegen die neue Abmahnung vorzugehen. Die Abmahnung könne durchaus gerechtfertigt sein. Susanne erklärte zu ihrer Handlungsweise, dass der fast erwachsene Betreute sich geweigert habe, in der Wohngemeinschaft zu übernachten, wenn nicht auch sein Kumpel dort mit schlafen dürfe; er würde sich auch an alle Regeln halten. Susanne hatte für sich entschieden, dass es wichtiger sei, den betreuten Jugendlichen nicht alleine auf der

Straße übernachten zu lassen, als den strikten Regelungen des Arbeitgebers zu folgen. Im Hause sei zwar Manuel gewesen, sie habe jedoch sofort erkannt, dass er den Gast nicht als Konkurrenten betrachtete und so von einer ruhigen Nacht ausgegangen werden konnte, die es dann auch geworden sei. Der Arbeitgeber suche offensichtlich nach allen möglichen Gründen, um ihr das Leben zu erschweren. Als ob die Last, die sie zu tragen habe, nicht ohnehin reichen würde.

Susanne entgegnete mir auf meine restriktiven Äußerungen, dass sie sich die Schritte des Arbeitgebers nicht gefallen lassen werde, und ich beharrte auf meinem Standpunkt, das Verhältnis nicht durch eine Klage gegen die erneute Kündigung weiter belasten zu wollen. Sie ließ sich diesmal darauf ein, die Sache nochmals zu überdenken. Allerdings brauchte sie sich wegen einer erneuten Klage gegen die dritte Abmahnung keine Gedanken mehr zu machen, da ihr kurz darauf eine ordentliche Kündigung in den Briefkasten gesteckt wurde und sie alsbald wieder in der Kanzlei vor mir saß.

Meine Mandantin hatte Einwendungen gegen die Kündigung, die ein Arbeitsgericht nur marginal interessieren dürften. Da habe man doch tatsächlich die Kündigung ohne Briefmarke einfach heimlich in ihren Briefkasten eingeworfen. Das schlage doch dem Fass den Boden aus! Dass ich derlei Zustellungen oft zur Kenntnis nehme, beruhigte sie wenig. Der Arbeitgeber habe das Schreiben durch einen Mitarbeiter oder einen Beauftragten einwerfen lassen, der zuvor gegebenenfalls Zeuge davon gewesen sei, wie das Kündigungsschreiben in das Kuvert getütet worden sei.

»Aber ein Kündigungsschreiben ohne Angabe von Kündigungsgründen?«, hielt sie weiter empört dagegen.

»Auch das interessiert wenig. Im Rahmen des Kündigungsschutzprozesses wird die Gegenseite die Gründe offenlegen müssen. Jetzt werden wir mit Nichtwissen das Vorliegen von

Kündigungsgründen bestreiten«, mir war bei der Formulierung des Satzes bereits klar, dass die nächste Frage auf das sogenannte Nichtwissen abzielen würde, »und darlegen, dass die bisher mit Abmahnungen gerügten Verhaltensweisen nicht zum Anlass der Kündigung genommen werden können.«

Nach und nach gewann Susanne das Vertrauen zurück. Misslich war der Umstand des Vergleichs bezüglich der vorherigen Abmahnungen, weil man sich darauf geeinigt hatte, sie zunächst in der Personalakte zu belassen, und der Arbeitgeber sich darauf im Kündigungsschutzverfahren berufen würde. Wir erarbeiteten Stück für Stück die Kündigungsschutzklage. Jetzt war meine Mandantin sogar leicht optimistisch. Das wollte ich ihr nicht nehmen, aber auch nicht die Vorstellung evozieren, dass die Sache einfach gewonnen und das Arbeitsverhältnis fortgesetzt werden könne. Hinzu kam die Mitteilung einer Kollegin bezüglich einer geplanten Versetzung in eine räumlich entfernte Wohngemeinschaft, was aber nach Susannes Meinung so nicht ginge. Meine Frage, was denn gegen eine Versetzung spreche, ob die Entfernung unzumutbar sei oder andere Einwendungen erhoben werden könnten, beantwortete sie mit ihrer Verpflichtung gegenüber Manuel. Sie sei die Bezugsbetreuerin und die einzige Erzieherin, die mit dem Jungen im Sinne der gestellten Ziele zurechtkomme. Die anderen Kolleginnen und auch die Teamleiterin hätten Angst vor Manuel und würden seinen Aufenthalt in der Wohngemeinschaft nur verwalten. Sie vermute auch, dass der Junge über die Teamleiterin jetzt den Arbeitgeber mit gefärbten Informationen füttere, damit er sie aus der Wohngemeinschaft drängen könne. Würde er mit solchen Verhaltensweisen durchkommen, wäre dies für seine Entwicklung verheerend. Leider musste ich ihr erklären, dass ihr Pflichtbewusstsein sie ehre, es hier aber darum gehe, ihr Arbeitsverhältnis zu retten.

Bereits in der weiteren Güteverhandlung machte der Vertreter des Arbeitgebers deutlich, meine Mandantin nicht wieder in der alten Wohngemeinschaft beschäftigen zu wollen. Endlich habe man da Ruhe reingebracht. Sie würde an einem anderen Standort eingesetzt werden, bekundete die Arbeitgeberseite, dies wäre den arbeitsvertraglichen Regelungen zufolge jederzeit möglich. In eine andere Wohngemeinschaft wollte Susanne keinesfalls, weshalb sie sich nolens volens mit einem Abfindungsvergleich einverstanden erklärte, der das Arbeitsverhältnis beendete; sie hatte mit ihrer Qualifikation schon eine neue Tätigkeit in Aussicht.

Beim Hinausgehen wollte sie dem Vertreter des Arbeitgebers noch einige Hinweise zum Umgang mit Manuel geben, wofür dieser jedoch kein Ohr mehr hatte.

*

Noch ahnte keiner der Besucher, dass es die Shisha-Bar in der Nähe des Bahnhofs nicht mehr lange geben würde. Schließlich erfreute sie sich bei der Kundschaft unterschiedlichster Couleur großer Beliebtheit, die Preise waren moderat und man fand immer jemanden, den man kannte. Aber es gab auch andere Zeichen, von denen nicht zuletzt eines ein Foto in den sozialen Medien war: ein Facebook-Profilfoto des Betreibers, auf dem er in dunkler Kleidung in einer Wüste stand, sein Gesicht zur Hälfte mit einem Schal bedeckt, den arabische Schriftzeichen zierten. Rechts und links neben ihm standen, dem Körperbau nach zu urteilen, Jugendliche, deren Gesichter bis auf kleine Sehschlitze völlig in schwarze Tücher gehüllt waren. Sie hielten Maschinenpistolen in die Höhe. Und dann gab es in der Sisha-Bar gelegentlich Polizeieinsätze, wenn der Betreiber die Lage nicht mehr allein unter Kontrolle bekam.

Fawad besuchte hier in dem Bemühen, die Familienbande auch in der Fremde fest zu knüpfen, seinen Onkel, der Elektronikingenieur war. Er hingegen besuchte gerade einen Aufbau-Sprachkurs an der Uni, um im kommenden Semester sein

Studium der Elektrotechnik fortzusetzen, das er in Syrien aufgrund des Bürgerkrieges nicht beendet hatte. Schräg gegenüber saßen noch zwei junge Syrer, denen sie bereits im Heim begegnet waren. Es war schon spät und die anderen Gäste, die an diesem Tisch gesessen hatten, waren bereits gegangen. Das war den Jugendlichen durchaus recht, da sie auf ihren alten Smartphones herumtippten und noch ein Date mit den Mädchen klarmachen wollten, die sie hier beim letzten Besuch kennengelernt hatten. Es hatte heute Taschengeld auch für Ahmed und Abdel gegeben, deren Asylverfahren noch lief. Da sie kein Konto hatten, war ihnen das Geld in bar ausgezahlt worden. Sie hatten sich wie viele der anderen Flüchtlinge Aufladecodes für ihre Handys gekauft, um mit Verwandten und Freunden in der Heimat zu telefonieren. Und jetzt? Jetzt wollten sie vor den deutschen Mädchen nicht die armen Schlucker und Bittsteller sein, sondern ein wenig auf den Putz hauen.

Die Tische am anderen Ende der Bar unterschieden sich schon auf den ersten Blick durch das Bier, den Schnaps und die vielen Mixgetränke von den Tischen der anderen Gäste. Mit steigendem Alkoholkonsum wurden die Stimmen der Deutschen lauter und die Stimmung aufgeheizter. Ungefähr ein Dutzend junger Männer und zwei junge Frauen feierten den Geburtstag des an der Stirnseite sitzenden Anführers der Truppe, der seine vormals blonden Haare schon seit einigen Jahren schwarz gefärbt und heute mit so viel Gel eingeschmiert hatte, dass ein Seitenscheitel an der Stirn klebte, der unmissverständlich zum Ausdruck brachte, wer sein Idol war. Sein Kopf sank trotz des von seinen Kameraden verursachten Lärms immer wieder auf seine Brust; ein Tribut, den er an die letzten durchzechten Nächte zu zahlen hatte.

»Auf den Führergeburtstag«, erscholl es im Gastraum.

Manuel erhob den Kopf und straffte den Körper. Das hatte ihm gegolten. Er stand zackig auf, jedenfalls nach seinem Dafürhalten, obwohl Beobachter es gut für das schwankende Emporschrauben eines Säufers halten konnten, der sich nur noch zum Wasserlassen von seinem Platz erhob. Er reckte den rechten Arm zum Hitlergruß, schrie »Sieg Heil!«, was zunächst von Maik und dann einem Teil seiner Gäste erwidert wurde, und trank einen weiteren kräftigen Schluck Bier. Die anderen schrien und soffen mit. Weißer Schaum klebte vor ihren Mündern. Die meisten von ihnen hatten gerade ihr Geld vom Jobcenter bekommen.

Manuel, der dabei war, der neue Anführer des losen Haufens zu werden, blickte auf Maik, hob sein Glas und brüllte: »Auf Maik, an dem der Staat wieder mal ein Exempel statuiert hat. Auch der Führer ist für seine Überzeugung in den Knast gegangen.«

So viel war Maik klar: Er würde seine Rolle an Manuel abtreten müssen, solange er im Knast saß. Zu blöd auch, dass sie ihn erwischt hatten. Mit seinem Bruder hatte er einer kleinen Zecke aufgelauert, als diese nach der Schule auf dem Weg nach Hause war. Nach den Informationen anderer Kameraden tat sich diese rote Socke in der Argumentation zu angeblichen Gräueltaten während der NS-Zeit hervor und kritisierte Mitschüler, die Judenwitze machten, wenn im Chemieunterricht oder in anderen Fächern von »Gas« die Rede war. Da war es Zeit geworden, dem eine Lektion zu erteilen. Gerade als der Schüler an seinem Wohnblock angelangt war, rannten Maik und sein Bruder um die Ecke und ergriffen den Jungen, der die Haustür nicht schnell genug öffnen konnte. Schläge prasselten auf ihn ein und, als er am Boden lag, Tritte. Als ein Bus um die Kurve kam und der Fahrer laut hupte, waren die Peiniger einen Augenblick unaufmerksam. Der Schüler konnte sich erheben und zum Bus rennen. Maik und sein Bruder nahmen die Verfolgung auf. Der Fahrer öffnete geistesgegenwärtig die Tür und verschloss sie sofort wieder. Als der Bus losfuhr, schnappte sich Maik einen großen Stein aus einem Blumenbeet und feuerte ihn mit einer solchen Wucht gegen eine der Seitenscheiben des Busses, dass diese riss. Für

Maik, der für ähnliche Taten schon mehrfach verurteilt worden war, gab es nun keine Bewährung mehr.

Als zwei Mädchen die Bar betraten, wurden sie vom Gegröle der deutschen Trinker begrüßt, deren Enttäuschung groß war, als diese an ihrem Tisch vorbeiliefen, ohne von ihnen Notiz zu nehmen, und sich zu den ausländischen Jungen setzten. Die zwei jungen Frauen in ihrem Gefolge fühlten sich am richtigen Tisch und begannen was von Rassenschande zu schwatzen, dass diese Schlampen sich nicht zu schade fänden, mit Kanaken rumzumachen, und weiter Absurdes.

Eine der Frauen am Tisch der Deutschen stand wacklig auf, befahl einem der kräftigen jungen Männer, ihr die Hand zu reichen, und stieg auf den Tisch. Krachend fielen Gläser bei dem Versuch um, sich zu der Musik lasziv zu bewegen.

Das andere Mädchen feuerte sie an und brüllte zu ihr hoch: »Jeanette, mach es wie deine Alte auf dem Foto von letzter Woche! Los, runter mit den Klamotten!«

Die Umhersitzenden grölten noch lauter.

Da stieg die Tänzerin schnell wieder herunter. Der Barbetreiber machte kehrt und unterließ es, seine Gäste zu maßregeln.

Jeanette giftete in Richtung ihrer Freundin, dass sie die Fresse halten solle. Es war ihr unsagbar peinlich gewesen, als ein gemeinsamer Bekannter vor einigen Tagen ein Bild ihrer Mutter geschickt hatte, die volltrunken und nackt auf einem Tisch vor nicht minder betrunkenen Männern posierte. Und dann hatte die blöde Kuh ihr vorhin das Bild gezeigt.

Jeanette zischte der jungen Frau wutentbrannt zu: »Du sagst hier niemandem was wegen dem Foto! Sonst lasse ich dich abstechen wie ein Ferkelchen. Du weißt, wen ich alles kenne!« Ihr war nicht recht klar, woher die Wut kam und wem sie wirklich galt, aber thematisiert wollte sie diese neue Peinlichkeit ihrer Alten hier nicht wissen.

Und das mit dem Jugendarrest hatte ihr doch auch nur ihre Mutter eingebrockt. Ihre blöde, hässliche, fette Mutter mit der Schweinsnase! Sie hasste ihre Mutter. Die hatte in ihrem Leben nichts, aber auch gar nichts auf die Reihe bekommen. Und sie hatte diesen Fluch geerbt. Ihr Leben wäre besser, viel besser, ganz anders verlaufen, wenn sie andere Eltern gehabt hätte. Man konnte sich seine Scheißeltern eben nicht aussuchen. An den immer besoffenen Vater hatte sie keine andere Erinnerung als die Schreie der Mutter. Es gab nicht mal ein Foto von ihm. Sie musste nach ihm kommen, da sie hübsch war. Mit ihrer Schönheit war sie bisher auch überall durchgekommen. Fast überall. In der Schule hatte es noch geklappt. Aber in der Berufsschule schon nicht mehr. Und im Job? Den letzten hatte sie gerade verloren. Sie brauchte jetzt Geld und diese bescheuerte Alte zahlte ihr nicht mal das ihr zustehende Kindergeld aus, sondern versoff es lieber. Die blanke Wut stieg in ihr auf. Welche Mutter zeigt schon die eigene Tochter an? Hier schien einiges aus dem Ruder zu laufen. Die Freundin, der eben eine ähnliche Drohung wie der Mutter widerfahren war, kannte Jeanettes Unberechenbarkeit. Eben waren sie noch Freundinnen gewesen und schon schickte sie ihr einen ihrer Rockerfreunde auf den Hals, der sie eiskalt abschlachten würde. Dafür würde sie sich bei ihm auf ihre Art bedanken.

Jeanette setzte sich auf Manuels Schoß. »Du spendierst mir doch noch ein Bier, oder?«

Der Anführer blickte wieder in die Runde: nur noch seine Leute, zwei junge Ausländer an einem Tisch, zu denen sich die beiden deutschen Mädchen gesetzt hatten, und am anderen Tisch ein älterer Ausländer, ins Gespräch vertieft mit einem jungen Ausländer. Er brüllte durch den ganzen Laden: »Eine Runde Bier für alle! Auch für meine Kanaken-Freunde da an den Tischen. Die werden doch zur Feier des Tages mit mir Bier trinken!«

Eines der Mädchen flüsterte dem jungen Syrer etwas zu, der gleich mit dem Kopf schüttelte.

»Doch, doch, du feierst mit mir, oder willst du mich beleidigen?«, rief Manuel hinüber. »Und ihr da am anderen Tisch, der alte Freier, der seinen Prügel gleich in den arabischen Hengst stecken möchte, tut nicht so, als ob ihr mich nicht hören würdet!« Manuel gab Jeanette einen Klaps auf den Hintern. »Komm mal hoch, Netti!« Sie stand auf und Manuel versuchte, es ihr gleichzutun.

»Mannomann«, rief er auf wackligen Beinen, »habe ich getankt! Weiß gar nicht, ob ich das alles bezahlen kann.«

»Gib mal Ruhe!«, rief der dunkelhaarige Inhaber der Shisha-Bar. Manuel beachtete ihn nicht weiter. Sie kannten den Inhaber als recht wehrhaft, wenn er Krawallbrüder rausschmeißen musste, aber mit einem guten Dutzend Leuten würde er sich dennoch nicht anlegen.

Manuel ging an den Tisch, an dem Fawad mit seinem Onkel saß. »Du hast doch auch so ein tolles Handy von meinem Geld. Und mit Scheinen winken kannst du doch auch. Du kannst dich jetzt mal bei allen echten Deutschen dafür bedanken, dass wir euch die Kohle in den Rachen schmeißen, und eine Runde auf meinen Geburtstag ausgeben, wenn du schon nicht mit mir trinkst.«

Fawad und sein Onkel taten immer noch so, als ob sie Manuel nicht hörten, der nun mit seiner Faust so kräftig auf den Tisch schlug, dass alle Gläser wackelten.

*

Nun war Manuel mit seinen einundzwanzig Jahren so alt, dass kein Jugendstrafrecht mehr Anwendung fand und er zusammen mit den anderen neun Tätern auf der Anklagebank saß. Schon bei den Angaben zur Person wurde augenfällig, dass nur einer der Angeklagten es geschafft hatte, eine Berufsausbildung zu beenden. Manuel, so viel wusste ich aus den Akten, hatte einige Anläufe genommen, um eine Ausbildung abzuschließen, es aber nie gepackt; manchmal waren es Allergien beim Umgang mit bestimmten Materialien, ein anderes Mal Auseinandersetzungen mit Kollegen oder seine dauernde Unpünktlichkeit und Unzuverlässigkeit, dies häufig in Verbindung mit Alkoholexzessen oder Drogeneinnahme, die zum Abbruch geführt hatten. Zu seiner Person gab es ein umfangreiches psychiatrisches Gutachten, das die zerrüttete Familiensituation, die Überforderung der Mutter, den Heimaufenthalt – so viel war mir schon aus dem früheren arbeitsgerichtlichen Verfahren bekannt –, aber auch einen Schulabbruch, immer stärkere Aggressivität gegenüber seinem Umfeld und Tätlichkeiten gegenüber anderen Schülern und Bewohnern schilderte sowie seine Konzentrationsstörungen und Wutausbrüche erwähnte. Nach der Diagnose und der Erwähnung der Medikation gelangte der Gutachter zur Bestätigung der Schuldfähigkeit. Ein vergleichbares Gutachten lag zu Maik S. vor, der sich zum Zeitpunkt der Verhandlung im Strafvollzug wegen der anderen Sache befand, weshalb er direkt aus dem Knast zu den Verhandlungen gefahren werden musste.

Die Angeklagten ließen sich zunächst zu den Vorwürfen der gemeinschaftlichen gefährlichen Körperverletzung und des gemeinschaftlichen Verwendens von Kennzeichen verfassungswidriger Organisationen in Tateinheit mit Volksverhetzung nicht ein.

*

Fawad und sein Onkel konnten nicht länger vorgeben, nichts mitbekommen zu haben, nachdem Manuels Faust in der Shisha-Bar auf ihren Tisch gedonnert war.

Der Wirt kam nun doch an den Tisch. »Keinen Ärger in meiner Bar!«

Manuel schaute diesen komischen Araber an. Der wollte ihm was befehlen? Wer war der denn? Manuels Leute waren nun ruhig und schauten auf ihn. Auch Maik blickte mit einem überlegenen Lächeln herüber. Er konnte sich doch vor seinen Jungs von dem Araber nichts vorschreiben lassen! Mit dem Inhaber der Bar waren sie eigentlich immer gut ausgekommen. Das war irgendeiner von denen, die die Juden hassten und die Syrer, die hier nur abkassieren wollten, auch nicht leiden konnten. Genau sah Manuel bei dem ganzen Araberkram auch nicht durch.

»Nun gut«, beruhigte er den Barbesitzer, »schlachten wir die Feiglinge nicht hier, sondern draußen. Los, Jungs, wir empfangen unsere angeblichen Kriegsflüchtlinge draußen, damit sie sehen, was wirklicher Schmerz ist.«

»Ihr geht jetzt nach Hause«, erklärte der Barmann. »Nicht hier drinnen und auch nicht draußen vor meiner Bar gibt es Ärger. Verstanden?«

Manuel lief vor Wut rot an. Das war zu viel.

Der Inhaber der Bar holte sein Handy hervor, wählte die Nummer der Polizeiwache, die er gelegentlich anrufen musste, und teilte unter den Augen seiner Gäste der Polizei mit, dass die Situation zwischen deutschen und syrischen Gästen zu eskalieren drohe und eine körperliche Auseinandersetzung bevorstehe. Für die Gäste war dann nur noch das Ende des Gesprächs zu hören: »Ja, ich bin hier vor Ort.«

Manuel und seine Gäste bezahlten und verließen die Bar, als eine Polizeistreife vorfuhr. Nachdem sich die beiden Polizisten einen Überblick über die Situation verschafft hatten, nahmen sie zur Gefahrenabwehr die Personalien einiger der deutschen Gäste auf, die noch vor dem Eingang stehen geblieben waren.

*

In der Verhandlung erklärte Fawad zu seiner Person, dass er die Hochschulreife in Syrien erlangt und die ersten Semester

Elektrotechnik studiert habe. Er hoffe, nach dem Deutschkurs das Studium an der Uni fortsetzen zu können. Der Dolmetscher musste dabei nur gelegentlich eingreifen.

Er habe am Tattag in Berlin sein Taschengeld bekommen und sei davon zu seinem Onkel gereist, den er an der Asylunterkunft in Frankfurt an der Oder abgeholt habe. Sie hätten sich in Ruhe unterhalten wollen, und am späten Abend habe er beabsichtigt, mit dem Regionalexpress zurück nach Berlin zu fahren.

Als Zeuge berichtete er vom Besuch in der Shisha-Bar. Er sei so sehr in das Gespräch mit seinem Onkel vertieft gewesen, dass er zwar lauteres Sprechen wahrgenommen habe, aber den anderen Gästen erst Aufmerksamkeit zu schenken begonnen habe, als einer der Angeklagten, den er auch im Gerichtssaal erkannte, laut zu schreien begonnen habe und an ihren Tisch gekommen sei.

*

Das Geräusch von auf dem Boden schleifendem Eisen war so unerbittlich wie unerträglich. Wenn dieser andauernde und immer näher kommende Klang nicht der Realität entsprungen wäre, hätte er auch dem Soundtrack eines Horrorfilms entstammen können. Fawad, der sich nach dem Geschehen einer psychotherapeutischen Behandlung unterziehen lassen musste, hört diesen Ton immer noch. Er zog in jener Nacht seinen Onkel am Arm und forderte ihn auf, schneller zu gehen. Eine Kriegsverletzung hinderte den Onkel daran, mit seinem Neffen loszurennen.

Das auf Stein kratzende Eisen kam immer näher. Auf der anderen Straßenseite erkannten sie die Silhouetten der zwei anderen syrischen Gäste, die mit ihnen die Shisha-Bar verlassen hatten. Die deutschen Mädchen hatten sich bereits von ihnen getrennt. Auch der Schritt ihrer Landsleute war schneller als gewöhnlich. Sollte er sie rufen? Waren sie in der Gruppe nicht stärker? Oder hofften die da drüben davonzukommen, wenn sie vor ihnen liefen und ihn und seinen Onkel denen zum Fraße vorwarfen?

Fawad konnte seinen Puls in der Schlagader des Halses fühlen. Schweiß rann ihm von der Stirn. Sehen konnte er die Verfolger noch nicht. Natürlich wussten die, dass es in Richtung der Asylunterkunft ging.

Dann rief jemand: »Attacke!«

Manuel ließ die Eisenstange fallen, damit er nicht noch in Versuchung kam, mit dieser auf die Flüchtlinge einzuschlagen. Schnell hatten sie Fawad und seinen Onkel eingeholt; sie begannen sofort, auf sie einzuprügeln. Die beiden Landsleute, die auf der anderen Straßenseite liefen, kamen herüber, um zu helfen, und wählten dabei den Notruf der Polizei. Fawad und sein Onkel hatten sich zunächst zu wehren versucht, dann aber unter der Wucht der Fäuste das Gleichgewicht verloren und wurden jetzt Opfer von Fußtritten. Ein paar Deutsche lösten sich aus der Gruppe und schlugen auf die Syrer ein, die ihren Landsleuten helfen wollten.

Erstaunlich schnell kam ein Polizeiauto mit Sondersignal. In der Verhandlung äußerten die Polizisten, immer in der Nähe gewesen zu sein, aber nicht geglaubt zu haben, dass die Täter einen Angriff wagen würden, da sie die Personalien einiger von ihnen festgestellt hatten. Sie hatten sofort medizinische Hilfe gerufen und noch in der Nacht waren die ersten Täter verhaftet worden.

An einem weiteren Verhandlungstag ließ sich Manuel durch Verlesung eines Teilgeständnisses durch seinen Verteidiger in der Sache ein, soweit es die gemeinschaftliche gefährliche Körperverletzung betraf. Er versuchte, die Beteiligung der anderen Täter herunterzuspielen, übernahm die Verantwortung für die Tat und entschuldigte sich bei den Opfern, was das Gericht außer im Fall von Maik S. dazu veranlasste, nach weiteren Geständnissen zwar Haftstrafen auszusprechen, diese aber noch einmal zur Bewährung auszusetzen, da sie unter zwei Jahren lagen. Je nach dem Grad ihrer Verletzung und der weiteren Auswirkungen wurde den Opfern ein Schmerzensgeld zugesprochen, was die Täter ebenfalls zu zahlen hatten.

Als ich einige Monate später mit Freunden auf dem Weihnachtsmarkt mit einem afrikanischen Songwriter und Sänger, der dort als Weihnachtsmann auftrat, ein Selfie machte, sah ich in einer Gruppe neben anderen damaligen Angeklagten auch Manuel wieder, der dafür nur ein Kopfschütteln übrighatte, mehr aber auch nicht.

Das Neue Berlin – eine Marke der
Eulenspiegel Verlagsgruppe Buchverlage GmbH

ISBN 978-3-360-02755-9

Umschlaggestaltung: Buchgut, Berlin unter Verwendung eines Motivs von AdobeStock/fleshkovich

Printed in the EU

www.eulenspiegel.com